PASAJES DE LA GUERRA REVOLUCIONARIA: CONGO

PASAJES DE LA GUERRA REVOLUCIONARIA: CONGO

ERNESTO CHE GUEVARA

PRÓLOGO POR ALEIDA GUEVARA

Centro de Estudios
CHE GUEVARA

Seven Stories Press/Ocean Sur
140 Watts Street
New York, NY 10013
www.sevenstories.com

ISBN: 978-1-64421-140-3 (paperback)
ISBN: 978-1-64421-078-9 (ebook)

Impreso en los Estados Unidos

9, 8, 7, 6, 5, 4, 3, 2, 1

Agradecemos el esfuerzo y dedicación que nuestro Comandante en Jefe Fidel Castro, dedicara a la revisión minuciosa de este documento.

Centro de Estudios Che Guevara

ÍNDICE

PASAJES DE LA GUERRA REVOLUCIONARIA: CONGO

EL CHE GUEVARA EN EL CONGO

Gabriel García Márquez

Nada ilustra mejor la duración e intensidad de la presencia cubana en África más que el hecho de que el Che Guevara mismo, en el apogeo de su vida y el pico de su fama, se fue a luchar en la guerra de guerrillas en el Congo. Dejó Cuba el 26 de abril de 1965 —el mismo día en el que envió su carta de despedida a Fidel Castro, en la que renunciaba a su cargo de comandante y todo lo que lo ataba legalmente al gobierno— viajó solo en un vuelo comercial, encubierto con un nombre falso y alterando con maestría apenas dos rasgos de su apariencia. En su bolso de mano llevaba obras literarias y una buena cantidad de inhaladores para aliviar su insaciable asma. Las horas muertas las pasaría en cuartos de hotel jugando infinitas partidas de ajedrez consigo mismo. Un tiempo después se reunió con doscientas tropas cubanas en el Congo, que habían viajado desde la Havana en un barco cargado de armas. El objetivo puntual de la misión del Che era entrenar a la guerrilla del Consejo Nacional de la Revolución, que estaba luchando contra Moïse Tshombe, esa marioneta de los ex colonialistas belgas y las compañías mineras internacionales. A Patrice Lumumba lo habían asesinado y, aunque el jefe titular del Consejo Nacional de la Revolución era Gaston Soumialot, la persona que estaba realmente a cargo de la operación era Laurent Kabila, instalado en su escondite de Kigoma, en la orilla opuesta al lago Tanganyika. Sin dudas esta situación ayudó al Che Guevara a mantener su identidad real en secreto y, para mayor seguridad, tampoco aparecía él como líder principal de la misión. Por este motivo era conocido bajo el seudónimo «Tatu», que es la palabra en swahili para el número tres.

Desde abril hasta diciembre de 1965 el Che Guevara estuvo en el Congo, no sólo entrenando a las guerrillas sino guiándolas y luchando a la par de ellas. Sus conexiones personales con Fidel Castro, que han sido objeto de muchísimas especulaciones, nunca se debilitaron: ambos mantuvieron un contacto permanente y amistoso a través de un refinado sistema de comunicación.,

Luego de que Tshombe haya sido derrocado, los congoleños le pidieron a los cubanos que retiren las tropas, en función de concretar un armisticio. El Che se fue así como llegó: sin espamentos. Se tomó un vuelo normal a Dar es-Salaam en Tanzania y mantuvo la cabeza enterrada en un libro de problemas de ajedrez que leyó y releyó durante las seis horas de viaje. En el asiento de al lado, su ayudante cubano trataba de esquivar las misivas del comisario político del ejército de Zanzíbar, un viejo admirador del Che que habló acerca de él durante todo el vuelo, en el intento de obtener novedades y reiterando su deseo de verlo de nuevo alguna vez.

En ese fugaz y anónimo pasaje por África, el Che Guevara plantaría una semilla que nadie podrá destruir. Algunos de sus hombres se fueron a Brazzaville a entrenar a las guerrillas para el PAIGC [Partido Africano para la Independencia de Guinea y Cabo Verde] (liderado en ese entonces por Almícar Cabral) y especialmente para el MPLA. Más tarde, una de estas columnas entró a Angola en secreto y, bajo el nombre «Columna Camilo Cienfuegos», se unió a la lucha contra los portugueses. Otra columna se infiltró en Cabinda para luego cruzar el río Congo e implantarse en la región de Dembo, el lugar de nacimiento de Agostinho Neto, donde la lucha contra los portugueses se había prolongado cinco siglos. Entonces, la ayuda reciente [1975–91] por parte de Cuba a Angola es el resultado no de un impulso pasajero sino de una política consistente de La Revolución cubana hacia África. En este caso, sin embargo, había un nuevo elemento dramático en la compleja decisión que tenía que tomar Cuba. Ya no era sólo una cuestión de enviar ayuda sino de embarcarse en una guerra convencional a gran escala, a más de diez mil kilómetros de distancia, con un costo económico y humano incalculable, y muchas consecuencias políticas impredecibles.

NOTA EDITORIAL

En una carta a su madre —escrita desde México, en octubre de 1956—, el joven Ernesto Guevara declaraba cómo había decidido «cumplir primero las funciones principales, arremeter contra el orden de cosas, con la adarga al brazo, todo fantasía, y después, si los molinos no me rompieron el coco, escribir». Estas líneas, anuncian la consumación definitiva de un cambio en relación con el tiempo anterior, y dan cuenta de un camino de vida en el cual se integran armónicamente la acción y la reflexión, la comprensión y la transformación del mundo.

Che, el revolucionario, no es solo actor, sino también testimoniante de los hechos. El valor de ese testimonio, radica tanto en la importancia de los acontecimientos vividos, como en la lectura analítica de los mismos, que se presenta con el propósito de ofrecer una sistematización con sentido teórico de la práctica, en tanto ejemplo y antecedente —que no receta estricta ni modelo dogmático a seguir— para las nuevas experiencias de liberación.

El primer texto que enlaza de manera directa con aquella declaración, es su conocido *Pasajes de la guerra revolucionaria*, compendio de una serie de artículos escritos a partir de su vivencia de los dos años de lucha guerrillera en Cuba, publicados originalmente en la revista *Verde Olivo*.

Una diferencia entre los pasajes de la vivencia guerrillera cubana, y estos otros, escritos a partir de la experiencia congolesa, radica en la posición desde la cual se escribe: en aquellos, desde la victoria; aquí, sin haberla alcanzado. Sin embargo, precisamente tal distinción, revela una coherencia: aquel compromiso inexcusable con la verdad estricta, considerado por Che característica primera y fundamental de quien escribe la historia, en el prólogo de las crónicas de la guerra cubana. Y además, manifiesta esa condición que debe acompañar al revolucionario, de hacer un 'análisis con sentido educativo no solo de los triunfos, sino de todas sus acciones.

Hay también, en estas páginas, un análisis más agudo en comparación con sus pasajes cubanos, en correspondencia con la madurez de pensamiento que ha alcanzado el cronista. La narración aquí resulta más crítica —y autocrítica, como siempre fue característico en Che— de los hechos, sin que ello suponga, en ningún momento, pesimismo alguno en relación con el desenlace concluyente de los acontecimientos a favor de la libertad y la justicia.

Esta segunda edición íntegra de los *Pasajes de la guerra revolucionaria: Congo*, llega casi una década después que se publicara el texto por primera vez, en 1998 —muchos años después de haber sido escritos, como el propio Che previera—. En esta oportunidad, se ha realizado una detenida revisión —a partir de la última versión del original corregido por Che— de los nombres tanto de los combatientes como de los lugares geográficos de la región que sirviera de escenario a lo narrado aquí.

En ambos casos, se han cotejado todas las fuentes disponibles — incluido, cuando ello ha sido posible, un diccionario de swahili—. Lo que se presenta, tal como se explica en las notas respectivas, es el resultado final de tal labor, en la cual resultó de inestimable valor el apoyo de dos de los participantes en la gesta: el médico y comandante Oscar Fernández Mell, así como el compañero Marcos A. Herrera Garrido. Deseamos dejar constancia, por ello, de nuestra gratitud por el tiempo que dedicaran a tal propósito.

Se han agregado además, como parte de ese mismo objetivo de lograr una mejor comprensión del texto, un conjunto de notas aclaratorias en relación con determinados hechos, circunstancias, planteamientos o personalidades mencionadas. A diferencia de las realizadas por el propio Che en el original —las cuales aparecen al pie de cada página e indicadas por asteriscos—, estas notas editoriales han sido numeradas y ubicadas al final del texto.

Asimismo, se incluyen un mapa de la región —imprescindible para lograr una mejor ubicación y conocimiento del lector—, así como facsimilares que coadyuvan en la sustentación de varias notas editoriales. Como anexo, se presenta un listado general de los nombres verdaderos y en swahili de los combatientes cubanos que participaron en esta misión.

La participación de Che en la guerrilla congolesa, resulta — como él mismo lo definiera— el reinicio del ciclo revolucionario y expresión de una práctica internacionalista consecuente con sus tesis liberadoras tercermundistas; en sus propias palabras, era «parte de una idea de lucha que estaba totalmente organizada en mi cerebro». Es, pues, nueva afirmación —ya en madurez— de esa confluencia entre pensamiento y acción, que se articulan de manera creciente a lo largo de su vida, hasta la gesta boliviana, conformando y dándole esa particular fuerza y sentido a su ejemplo.

Se entrelazan, en estas páginas, la descripción de los hechos vinculados a esta experiencia local, con los análisis desde una perspectiva mundial; reflexiones sobre la dominación imperialista y la liberación de los pueblos, que resultan continuidad de un pensamiento que comprende desde sus discursos en Ginebra, Naciones Unidas y Argelia, hasta su «Mensaje a la Tricontinental»; un ideario actuante que tiene como bandera «la causa sagrada de la redención de la humanidad».

Centro de Estudios Che Guevara
Septiembre de 2006

ÁFRICA

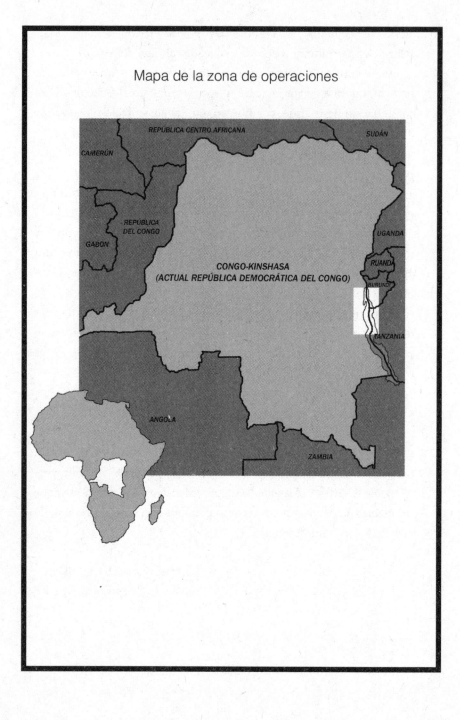

Mapa de la zona de operaciones

CONGO

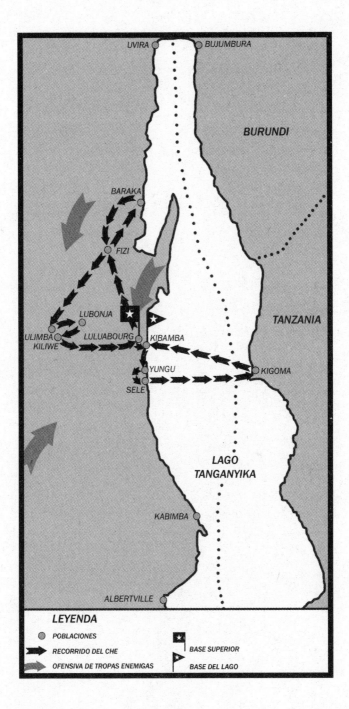

LEYENDA

- ● POBLACIONES
- ➡ RECORRIDO DEL CHE
- ➡ OFENSIVA DE TROPAS ENEMIGAS
- ▰★ BASE SUPERIOR
- ▷★ BASE DEL LAGO

PRÓLOGO A LA PRIMERA EDICIÓN

Siempre me han dicho que hay que comenzar un día, pero no me advirtieron que podía ser tan difícil. Este libro fue escrito por un hombre que admiro mucho y respeto desde que tengo conciencia; desgraciadamente ha muerto y por tanto no podrá darme su opinión sobre lo que yo escriba; y lo peor para nosotros es que no pueda explicarles a ustedes lo que quiso decir en ese momento, y si hoy, más de treinta años después de aquellos hechos, agregaría alguna nota aclaratoria, tampoco lo sabemos. Por eso digo que esta tarea es sumamente difícil. Publicar *Pasajes de la guerra revolucionaria: Congo*, documento inédito, conservado en su archivo personal, que contiene además la corrección de estilo, la incorporación de observaciones y la eliminación de algunas notas, es un gran compromiso con la historia, pues se sabe que anteriormente se han divulgado otras versiones, las que se corresponden con las primeras transcripciones redactadas por el Che. Si bien autoriza a los editores a realizar los cambios que consideren necesarios, nosotros hemos respetado íntegramente el texto que escribió, pues lo hace después de terminada su misión en el Congo y sometiendo sus notas de la contienda a un análisis crítico y profundo, lo que hace posible «extraer experiencias que sirvan para otros movimientos revolucionarios».

En la «Advertencia preliminar» comienza diciendo: «Esta es la historia de un fracaso». Aunque no estoy de acuerdo, entiendo su estado de ánimo, y es cierto que puede considerarse una derrota, pero personalmente pienso que fue una epopeya. Los que han vivido algún tiempo en ese continente comprenderán sin duda lo que digo; la degradación a que fue sometida desde hace siglos por los llamados colonizadores europeos todavía deja sentir sus efectos dentro de la población africana; la imposición de una cultura diferente, de otras religiones, la paralización del desarrollo normal de una civilización y la explotación de las riquezas naturales, incluyendo la utilización de la fortaleza física de estos hombres como esclavos, arrancados de su hábitat, maltratados, sometidos a humillaciones; deja huellas profundas en estos seres humanos. Si analizamos que todo esto es provocado por otros hombres que todavía hoy se sienten en el derecho de hacerlo y que nosotros de una u otra forma lo permitimos, podemos comenzar a entender cómo reaccionan ante algunos hechos.

De todas formas, muchos se preguntarán por qué el Che Guevara participó en este proceso revolucionario, qué lo motivó para tratar de ayudar a este movimiento. Él mismo nos da la respuesta cuando afirma: «Porque, en cuanto al imperialismo yanqui, no vale solamente el estar decidido a la defensa; es necesario atacarlo en sus bases de sustentación, en los territorios coloniales y neocoloniales que sirven de basamento a su dominio del mundo».

Desde siempre el Che expresa su deseo de continuar la lucha en otras tierras del mundo. Como médico de profesión y guerrillero de acción, sabía de las limitaciones que la vida impone al hombre y de los sacrificios que demanda de este una actividad tan difícil como la guerra de guerrillas, por lo que es entendible la ansiedad que sentía por hacer realidad sus sueños en las mejores condiciones físicas posibles. Sabemos de su arraigado sentido de la responsabilidad y de su madurez política y el compromiso contraído con muchos compañeros que confiaban en él para continuar la lucha.

Realiza un viaje previo por el continente africano, donde tiene la oportunidad de conocer a algunos de los dirigentes de los movimientos revolucionarios activos en esos momentos, y conoce sus dificultades y preocupaciones. En todo momento mantiene contacto con Fidel Castro, quien en una carta inédita, fechada en diciembre de 1964, le comunica sobre las gestiones que mientras tanto se van realizando desde Cuba:

Che:

Sergio [del Valle] acaba de reunirse conmigo y me informó pormenorizadamente cómo marcha todo. Al parecer no hay dificultad alguna para llevar a cabo el programa. Verbalmente Diocles [Torralba] te dará la información pormenorizada. [...]

La decisión final sobre la fórmula la adoptaremos a tu regreso. Para poder escoger entre las alternativas posibles es necesario conocer las opiniones de nuestro amigo [Ahmed Ben Bella]. Trata de mantenernos informados por vía segura.

De ninguna forma puede olvidarse que en esta batalla, junto al Che, participó un grupo de cubanos con la convicción de que: «Nuestro país, solitario bastión socialista a las puertas del imperialismo yanqui, manda sus soldados a pelear y morir en tierra extranjera, en un continente lejano, y asume la plena y pública responsabilidad de sus actos; en este desafío, en esta clara toma de posición frente al gran problema de nuestra época, que es la lucha sin cuartel contra el imperialismo yanqui, está la significación heroica de nuestra participación en la lucha del Congo».

El Che, junto al grupo de hombres que dirige, pretende fortalecer lo más posible el movimiento de liberación del Congo, lograr un frente único, decantar a los mejores y a los que estén dispuestos a continuar la lucha por la liberación definitiva de África. Trae consigo la experiencia obtenida en Cuba y la pone al servicio de la nueva revolución.

La cruda realidad del Congo, su atraso, la falta de desarrollo político ideológico de la gente y contra lo cual había que luchar con firmeza y decisión, golpea al Che. No faltaron momentos de desaliento y de incomprensiones, pero ante esas adversidades se eleva como una visión profética la enorme confianza y el amor que él sentía por los hombres que deciden crear para sus pueblos posibilidades de desarrollo y mayor dignidad.

En África la historia se ha encargado de hacer realidad esas premoniciones durante más de treinta años, cuando a una conciencia revolucionaria se le ha incorporado una cultura de guerra ascendente, hasta lograr triunfos supremos como los de Cuito Cuanavale, Etiopía, Namibia, entre otros, contribuyendo a la soberanía e independencia del continente.

Ya cuando el Che se encontraba en plena actividad combativa en tierra congolesa, la Revolución Cubana, que había preservado el mayor tiempo posible la absoluta discreción sobre la actividad internacionalista que él realizaba —soportando con firmeza durante muchos meses un diluvio de calumnias—, decide, al constituirse el primer Comité Central del Partido, hacer pública su carta de despedida, pues ya era imposible dejar de explicar al pueblo cubano y al mundo la ausencia de quien fuera uno de los más sólidos y legendarios héroes de la Revolución.

En sus notas, el Che llega a la conclusión de que el conocimiento de esta misiva provoca un distanciamiento con los combatientes cubanos: «Había ciertas cosas comunes que ya no teníamos, ciertos anhelos comunes a los cuales tácita o explícitamente había renunciado y que son los más sagrados para cada hombre individualmente: su familia, su tierra, su medio». Si es esta la sensación que tiene en esos momentos, podrán imaginar cuán difícil fue para el compañero Fidel lograr que regresara a Cuba. En varias ocasiones le escribe y trata de convencerlo, lo logra con argumentos sólidos. El 6 de junio de 1966, en carta inédita, le escribe:

Querido Ramón:

Los acontecimientos han ido delante de mis proyectos de carta. Me había leído íntegro el proyecto de libro sobre tu experiencia en el C. [Congo] y también, de nuevo, el manual sobre guerrillas, al objeto de poder hacer un análisis lo mejor posible sobre estos temas, sobre todo, teniendo en cuenta el interés práctico con relación a los planes en la tierra de Carlitos [Carlos Gardel]. Aunque de inmediato no tiene objeto que te hable de esos temas, me limito por el momento a decirte que encontré sumamente interesante el trabajo sobre el C. y creo que vale realmente la pena el esfuerzo que hiciste para dejar constancia escrita de todo.

[...]

Sobre tu situación

Acabo de leer tu carta a Bracero [Osmany Cienfuegos] y de hablar extensamente con la Doctora [Aleida March].

En los días en que aquí parecía inminente una agresión yo sugerí a varios compañeros la idea de proponerte que vinieras; idea que realmente resultó estar en las mentes de todos. El Gallego [Manuel Piñeiro] se encargó de sondear tu opinión. Por la carta a Bracero veo que tú estabas pensando exactamente igual. Pero en estos precisos instantes ya no podemos hacer planes basados en ese supuesto, porque, como te explicaba, nuestra impresión ahora es que de momento no va a ocurrir nada.

Sin embargo, me parece que dada la delicada e inquietante situación en que te encuentras ahí, debes, de todas formas, considerar la conveniencia de darte un salto hasta aquí.

Tengo muy en cuenta que tú eres particularmente renuente a considerar cualquier alternativa que incluya poner por ahora un pie en Cuba, como no sea en el muy excepcional caso mencionado arriba. Eso, sin embargo, analizado fría y objetivamente obstaculiza tus propósitos, algo peor, los pone en riesgo. A mí me cuesta trabajo resignarme a la idea de que eso sea correcto e incluso de que pueda justificarse desde un punto de vista revolucionario. Tu estancia en el llamado punto intermedio aumenta los riesgos; dificulta extraordinariamente las tareas prácticas a realizar; lejos de acelerar, retrasa la realización de los planes y te somete, además, a una espera innecesariamente angustiosa, incierta, impaciente.

Y todo eso, ¿por qué y para qué? No media ninguna cuestión de principios, de honor o de moral revolucionaria que te impida hacer un uso eficaz y cabal de las facilidades con que realmente puedes contar para cumplir tus objetivos. Hacer uso de las ventajas que objetivamente significan poder entrar y salir de aquí, coordinar, planear, seleccionar y entrenar cuadros y hacer desde aquí todo lo que con tanto trabajo solo deficientemente puedes realizar desde ahí u otro punto similar, no significa ningún fraude, ninguna mentira, ningún engaño al pueblo cubano o al mundo. Ni hoy, ni mañana, ni nunca nadie podría considerarlo una falta, y menos que nadie tú ante tu propia conciencia. Lo que sí sería una falta grave, imperdonable, es hacer las cosas mal pudiéndolas hacer bien. Tener un fracaso cuando existen todas las posibilidades del éxito.

No insinúo ni remotamente un abandono o posposición de los planes ni me dejo llevar por consideraciones pesimistas ante las dificultades surgidas. Muy al contrario, porque creo que las dificultades pueden ser superadas y que contamos más que nunca con la experiencia, la convicción y los medios para llevar a cabo los planes con éxito, es por lo que sostengo que debemos hacer el uso más racional y óptimo de los conocimientos; los recursos y las facilidades que se cuenta. ¿Es que realmente desde que se engendró la ya vieja idea tuya de proseguir la acción en el otro escenario, has podido alguna vez disponer de tiempo para dedicarte por entero a la cuestión para concebir, organizar y ejecutar los planes hasta donde ello sea posible? [...]

Es una enorme ventaja en este caso que tú puedas utilizar esto, disponer de casas, fincas aisladas, montañas, cayos solitarios y todo cuanto sea absolutamente necesario para organizar y dirigir personalmente los planes, dedicando a ello ciento por ciento tu tiempo, auxiliándote de cuantas personas sean necesarias, sin que tu ubicación la conozcan más que un reducidísimo número de personas. Tú sabes absolutamente bien que puedes contar con estas facilidades, que no existe la más remota posibilidad de que por razones de Estado o de política vayas a encontrar dificultades o interferencias. Lo más difícil de todo, que fue la desconexión oficial, ha sido logrado, y no sin tener que pagar un determinado precio de calumnias, intrigas, etc. ¿Es justo que no saquemos todo el provecho posible de ello? ¿Pudo contar ningún revolucionario con tan ideales condiciones para cumplir su misión histórica en una hora en que esa misión cobra singular relevancia para la humanidad, cuando se entabla la más decisiva y crucial lucha por el triunfo de los pueblos? [...]

[...] ¿Por qué no hacer las cosas bien hechas si tenemos todas las posibilidades para ello? ¿Por qué no nos tomamos el mínimo de tiempo necesario aunque se trabaje con la mayor rapidez? ¿Es que acaso Marx, Engels, Lenin, Bolívar, Martí, no tuvieron que someterse a esperas que en ocasiones duraron décadas?

Y en aquellas épocas no existían ni el avión ni el radio ni los demás medios que hoy acortan las distancias y aumentan el rendimiento de cada hora de la vida de un hombre. Nosotros en México, tuvimos que invertir 18 meses antes de regresar aquí. Yo no te planteo una espera de décadas ni de años siquiera, solo de meses, puesto que yo creo que en cuestión de meses, trabajando en la forma que te sugiero, puedes ponerte en marcha en condiciones extraordinariamente más favorables de las que estamos tratando de lograr ahora.

Sé que cumples los treinta y ocho el día 14. ¿Piensas acaso que a esa edad un hombre empieza a ser viejo?

Espero no te produzcan fastidio y preocupación estas líneas. Sé que si las analizas serenamente me darás la razón con la honestidad que te caracteriza. Pero aunque tomes otra decisión absolutamente distinta, no me sentiré por eso defraudado. Te las escribo con entrañable afecto y la más profunda y sincera admiración a tu lúcida y noble inteligencia, tu intachable conducta y tu inquebrantable carácter de revolucionario íntegro, y el hecho de que puedas ver las cosas de otra forma no variará un ápice esos sentimientos ni entibiará lo más mínimo nuestra cooperación.

Ese mismo año el Che regresa a Cuba.

Al cumplirse el primer aniversario del triunfo de la Revolución del Congo, participé en las celebraciones, tuve la posibilidad de conversar con algunos de los compañeros que combatieron junto a él y aproveché la oportunidad para comentarles la publicación de este libro; me preocupaban sus opiniones, pues el Che es crítico, directo, y pretendía que este documento permitiera analizar los errores cometidos para no volver a incurrir en ellos; hace señalamientos específicos a varios dirigentes entre los que destaca el líder congoleño Laurent Kabila, quien hoy es el dirigente máximo de su pueblo.

El contacto con estos hombres me permitió comprobar que recuerdan con respeto y cariño al Che Guevara; la mayoría de ellos eran muy jóvenes en esa época, pero según sus propias palabras no pueden olvidar la imagen de sencillez y modestia que les transmitió el Che al brindarles respeto y ponerse bajo su mando, por lo que están conscientes que las recomendaciones hechas por él siempre serán útiles para la gran tarea que tienen por delante, la de unificar el país y lograr que por primera vez en muchos años sea el pueblo congolés el que disfrute de sus propias riquezas.

Los hombres no mueren cuando son capaces de guiar con su vida y su ejemplo a muchos otros, y estos logran continuar la obra.

Aleida Guevara
Junio de 1998

PASAJES DE LA GUERRA REVOLUCIONARIA: CONGO

A Bahasa y sus compañeros caídos,
buscándole sentido al sacrificio.

ACLARACIÓN DE ALGUNOS TÉRMINOS[1]

La mayoría de las palabras aquí expuestas pertenecen al swahili y son accidentes geográficos o nombres propios. El swahili es una lengua fonética, de pronunciación bastante parecida al español, pero con las siguientes variantes: la *J* se pronuncia como nuestra *Y* consonante; la *Y* como la *I*; la *Z* como su similar francesa (sibilante). No se utiliza la letra *C*; el sonido fuerte es dado por la *K* y el suave por la *S*; la *B* y la *V* como el español purista (labial y labiodental); la *G* siempre tiene sonido suave. Léase la *W* como la *U*. No hay acento ortográfico; el prosódico es grave casi siempre. Estas nociones bastan para poder leer las palabras glosadas.

Abdallah: Combatiente cubano, sargento.

Achali: Combatiente cubano, sargento; voluntario para el rescate de los compañeros quedados en el Congo.

Afendi: Combatiente cubano, soldado.

Agano: Combatiente cubano, sargento.

Ahiri: Combatiente cubano, soldado.

Aja: Combatiente cubano, soldado; voluntario para el rescate de los compañeros quedados en el Congo.

Ajili: Combatiente cubano, soldado.

Akika: Combatiente cubano, sargento; fue jefe de un pelotón en las últimas compañías mixtas formadas.

Alakre: Combatiente cubano, soldado.

Albertville:[2] Ciudad industrial y minera, puerto sobre el Lago Tanganyika.[3] Fue la base de operaciones del ejército represivo.

Alfred: Comisario político congolés; adscripto al Estado Mayor.

Almari: Combatiente cubano, sargento.

Aly: Combatiente cubano, 1er. capitán; fue casi todo el tiempo jefe de los hombres situados en Kabimba.

Ami: Combatiente cubano, soldado.

Amia: Combatiente cubano, soldado.

Anga: Combatiente cubano, soldado.

Angalia: Combatiente cubano, soldado.

Anzali: Combatiente cubano, cabo.

Anzurumi: Coronel congolés, jefe del Estado Mayor de la 2da. Brigada con asiento en la zona de Fizi.

Arasili: Combatiente cubano, soldado; voluntario para el rescate de los compañeros quedados en el Congo.

Arobaini: Combatiente cubano, soldado; herido, fue evacuado en fecha anterior a nuestra salida.

Arobo: Combatiente cubano, soldado.

Awirino: Combatiente cubano, soldado; desaparecido durante una retirada.

Azi: Combatiente cubano, teniente; estuvo al mando de diversos grupos de combate.

Azima: Combatiente cubano, teniente; 2do. jefe de la 2da. Compañía Mixta.

Bahasa: Combatiente cubano, soldado; muerto de resultas de las heridas sufridas el 24 de octubre de 1965.

Bahati: Combatiente cubano, soldado.

Banhir:[4] Combatiente cubano, soldado.

Baraka: Pequeño puerto sobre el Lago Tanganyika en el camino de Fizi a Uvira.

Bemba, Charles: Combatiente congolés; trabajó a mi lado como comisario político sin tener ese grado en el ejército congolés.

Bendera, Feston: Comisario político de una agrupación congolesa.

Bidalila: Coronel congolés; jefe de la 1ra. Brigada con asiento en Uvira. Ascendido a general.

Birulo: Insecto en swahili; para nosotros fue sinónimo de piojo.

Bondo: Poblado a la orilla del Lago Tanganyika.

Bujumbura: Capital del Reino de Burundi.

Bukali:[5] Comida congolesa; harina de yuca a la que se da consistencia pastosa con agua hirviendo.

Bukavu: Capital de la provincia de Kivu; 35 000 habitantes.

Calixte: Comandante congolés, jefe del frente de Makungu.

Changa: Combatiente cubano, capitán; fue el encargado de transportar los abastecimientos y mensajes desde Kigoma.

Chei:[6] Combatiente cubano, soldado.

Compagnie: Combatiente ruandés incorporado a nuestra tropa.

Danhusi: Combatiente cubano, soldado; ayudante mío durante una parte de la lucha.

Dawa: Medicamento en swahili; rito mágico mediante el cual se preserva al combatiente de las balas enemigas.

Duala: Combatiente cubano, cabo.

Faume: Comandante congolés que encabezaba una guerrilla en la zona de Katenga; no llegamos a trabar contacto con él.

Fizi: Pequeño poblado cercano al Lago Tanganyika, sede del Estado Mayor de la 2da. Brigada; pequeño nudo vial.

François: Comandante congolés muerto en el mismo accidente que le costara la vida a [Léonard] Mitoudidi.

Freedom Fighters: «Luchadores por la Libertad» en inglés; nombre genérico con que se designa a los miembros de las organizaciones revolucionarias en el exilio.

Front de Force-Front Bendera: Punto fortificado del enemigo cercano a la carretera de Albertville-Lulimba. Hay allí una central hidroeléctrica.

Gbenyé [, Christophe]: Presidente del Congo en armas por autodesignación; como ministro del Interior en el gobierno de [Cyrille] Adoula ordenó la detención de [Antoine] Gizenga.

Gizenga [, Antoine]: Ex viceprimer ministro del Congo; preso en época de [Moïse-Kapenda] Tshombe,[7] fue liberado luego del golpe de [Joseph Désiré] Mobutu.[8]

Hamsini: Combatiente cubano, soldado.

Hindi: Médico cubano.

Hukumu: Combatiente cubano, soldado.

Huseini: Comandante congolés; fue jefe de la tropa congolesa en la Base Superior[9] y en la barrera de Lubondja.

Ila, Jean: Comandante congolés; jefe de la tropa acantonada en Kalonda-Kibuyu.

llunga, Ernest: Combatiente congolés; fue mi profesor de swahili hasta enfermar seriamente.

Ishirini: Combatiente cubano, soldado; jefe del grupo de voluntarios para el rescate de los compañeros quedados en el Congo.

Israel: Combatiente cubano, sargento.

Jungo:[10] Poblado sobre el Lago Tanganyika, al sur de la Base del Lago.[11]

Kabambare: Poblado en la ruta de Albertville a Stanleyville.[12] La zona fue dominada por las fuerzas revolucionarias mucho tiempo.

Kabila [, Laurent-Désiré]: Segundo vicepresidente del Consejo Supremo de la Revolución del Congo;[13] jefe del Frente Oriental.

Kabimba: Poblado sobre el Lago Tanganyika ocupado por el enemigo; en las cercanías estaba el extremo sur de nuestro frente.

Kaela: Poblado del Lago Tanganyika entre Kazima y Kisoshi.

Kalonda-Kibuyu: Caserío en la ruta Katenga-Lulimba; allí estaba acantonada una guerrilla congolesa.

Kanyanja: Poblado ruandés del altiplano, situado entre Nganja y Front de Force.

Kanza [, Thomas]: Político congolés; ministro de Relaciones Exteriores en el gobierno de Gbenyé.

Kapita: Jefe político de pequeña aldea congolesa; su cargo es inferior al de presidente, título dado al jefe de varias agrupaciones.

Karamba:[14] Lugar geográfico entre Baraka y Kazima.

Karim: Combatiente cubano, teniente; comisario político.

Karume [, Sheikh Abeid Amani]: Presidente de Zanzíbar, primer vicepresidente de Tanzania.

Kasabuvabu, Emmanuel: Encargado de abastecimientos del Estado Mayor.

Kasai: Provincia del Congo donde opera [Pierre] Mulele; hay grandes yacimientos de diamantes.

Kasali: Comandante congolés adscripto al Estado Mayor.

Kasambala: Combatiente cubano, cabo.

Kasolelo-Makungu:[15] Lugar donde estaba emplazado el campamento del comandante Calixte.

Kasongo: Puerto fluvial en el Congo, ñudo de carreteras; hay fuerzas revolucionarias en la zona.

Kasulu: Médico cubano y traductor del francés (de nacionalidad haitiana).

Katanga: La más rica e industrializada de las provincias congolesas; está situada al sur de nuestra zona de operaciones.

Katenga: Poblado en la ruta Albertville-Lulimba.

Kawawa [, Rashid Mfaume]: Segundo vicepresidente de Tanzania.

Kawawa: Combatiente cubano, cabo, muerto en la acción de Front de Force.

Kazima: Poblado sobre el Lago Tanganyika; única región donde existía un pequeño llano entre las montañas y el lago. Fue ocupado por el enemigo para amenazar la base.

Kent [, Sammy]: Comisario político, nativo de Kenia. Adscripto al Estado Mayor.

Kibamba: Nombre convencional dado al punto donde se estableció la base en el lado congolés del Lago Tanganyika.

Kiliwe: Arroyo afluente del Kimbi;[16] en esa zona sufrimos la sorpresa del 24 de octubre de 1965.

Kimba [, Évariste]: Fugaz Primer Ministro del Congo; sucedió a Tshombe.

Kimbi: Subafluente del río Congo; nace en las montañas del Lago Tanganyika.

Kisoshi: Poblado situado entre Rwandasi y Kaela, a orillas del lago.

Kisua: Combatiente cubano, teniente; fue segundo de Aly en la zona de Kabimba.

Kivu: Provincia del Congo, parte norte de nuestro frente.

Kiwe: Encargado de información en el Estado Mayor; estudiante de periodismo.

Kumi: Médico cubano.

Lambert: Teniente coronel; jefe de operaciones de la 2da. Brigada.

Lubichako: Arroyo y poblado en la vertiente oeste de las montañas del Lago Tanganyika.

Lubondja: Poblado entre Lulimba y Fizi.

Lulimba: Poblado en la carretera Albertville-Bukavu; de allí sale un ramal para Kabambare.

Maffu: Combatiente cubano, teniente; tuvo a su cargo el grupo de combatientes que quedó con los ruandeses.

Maganga: Combatiente cubano, sargento.

Makambile, Jerome: Antiguo diputado provincial del Movimiento Nacional Congolés.

Makungu: Poblado cercano a Front de Force; fue tierra de nadie hasta la última ofensiva enemiga.

Marembo: Combatiente cubano, soldado.

Massengo [, Ildephonse]: Jefe del Estado Mayor del Frente Oriental; sucedió a Mitoudidi.

Moulana: General mayor; jefe de la 2da. Brigada con asiento en Fizi.

Mbili: Combatiente cubano; dirigió un buen número de acciones; jefe de la 1ra. Compañía mixta.

Mbolo: Poblado situado en la ruta Baraka-Uvira en la costa del Lago Tanganyika.

Mitoudidi [, Léonard]: Jefe del Estado Mayor del Frente Oriental; murió ahogado en un accidente.

Moja: Combatiente cubano, comandante; miembro del Comité Central del Partido Comunista de Cuba; fue Jefe de la 2da. Compañía, como instructor de los oficiales cubanos.

Morogoro: Cirujano cubano.

Motumbo: Piragua; en general es hecha a partir de un tronco ahuecado a fuego y hacha.

Muganga:[17] Voz swahili con que se designa indistintamente a los médicos occidentales y los hechiceros nativos.

Mukundi: Zona del Congo, cercana a la línea férrea de Albertville

Mulele [, Pierre]: Antiguo ministro de Lumumba; fue el primero en tomar las armas y se mantiene en la zona de Kasai.

Mundandi [, Joseph]:[18] Comandante de origen ruandés; capitaneó un grupo de esa nacionalidad que operaba en Front de Force.

Mustafa: Combatiente cubano, soldado.

Mutchungo: ministro de Salud Pública en el Consejo Superior de la Revolución; permanecía en el Congo hasta el final de las operaciones.

Muteba [, Christophe]: Jefe de Comunicaciones en el Estado Mayor congolés.

Muyumba [, Norbert]: Delegado del CNL [Consejo Nacional de Liberación][19] en Tanzania; posteriormente se internó en el país, dirigiéndose a la zona de Mukundi.

Mwenga: Pueblo de la carretera Fizi-Bukavu.

Nabikumo:[20] Arroyo y poblado entre Lubondja y Nganja.[21]

Nane: Combatiente cubano, sargento.

Nbagira: ministro de Relaciones Exteriores del Consejo Supremo de la Revolución; estuvo hasta el último momento en la zona de Uvira y se manifestó dispuesto a reingresar.

Nganja: Poblado del altiplano habitado por pastores ruandeses.

Ngoja, Andre: Combatiente congolés, actuaba en la zona de Kabambare.

Ngenje: Combatiente cubano, sargento; a última hora fue nombrado jefe de la Base del Lago.

Nne: Combatiente cubano, teniente; murió en la acción de Front de Force.

Nor-Katanga: Provincia del Congo situada al sur de nuestro frente.

Nyangi: Poblado cercano a Front de Force; avanzada del enemigo.

Nyerere, Julius: Presidente de Tanzania.

Olenga [, Nicholas]: General congolés; jefe del frente de Stanleyville.

Ottu: Combatiente cubano, cabo; se retiró enfermo antes de finalizar la lucha.

Pascasa: Coronel congolés del frente de Mulele; murió en El Cairo en una riña entre revolucionarios.

Pombe: Destilado de la fermentación de la yuca y el maíz.

Pombo: Combatiente cubano, teniente; jefe de mi grupo de ayudantes.

Rabanini: Combatiente cubano, soldado.

Rafael:[22] Nuestro delegado en Tanzania.

Rebokate: Combatiente cubano, teniente.

Rivalta, Pablo: Nuestro embajador en Tanzania.

Ruandasi: Punto de la costa del Lago Tanganyika a cuatro kilómetros de Kibamba.

Saba: Combatiente cubano, soldado.

Salumu: Capitán congolés; tenía a su cargo la defensa de la zona de Kazima en los últimos días.

Sele: Poblado situado a unos 15 kilómetros al sur de Kibamba; de allí partimos de retorno.

Siki: Combatiente cubano, comandante; miembro del Comité Central del Partido Comunista de Cuba; hizo las tareas de jefe de Estado Mayor [Oscar Fernández Mell].

Simba: León en swahili; título dado a los combatientes del Ejército de Liberación.

Singida: Combatiente cubano, sargento.

Sita: Combatiente cubano, soldado.

Sitaini: Combatiente cubano, soldado; se retiró por enfermedad.

Sitini: Combatiente cubano, sargento.

Siwa: Combatiente cubano, teniente; 2do. jefe de la 1ra. Compañía mixta.

Soumialot [, Gaston-Émile]: Presidente del Consejo Superior de la Revolución.

Sultán: Combatiente cubano, soldado.

Tano: Combatiente cubano, soldado.

Tatu: Tres en swahili; mi nombre en el Congo.

Tchamlesso [, Dihur Godefroid]: Ver «Tremendo Punto».

Tembo: Elefante, nombre en swahili de Emilio Aragonés, miembro del Comité Central del Partido Comunista de Cuba.

Thelathini: Combatiente cubano, sargento; muerto en la acción de Front de Force.

Tom: Combatiente cubano, soldado; fue el comisario político de la tropa hasta la llegada de Karim.

«Tremendo Punto»: Apodo de Tchamlesso; miembro del Estado Mayor de Massengo en los últimos tiempos, anteriormente delegado en Tanzania.

Tuma: Combatiente cubano, teniente, jefe del grupo de transmisiones.

Tumaini: Combatiente cubano, sargento; mi ayudante.

Uta: Combatiente cubano, capitán.

Uvira: Poblado situado en el extremo norte del Lago Tanganyika y límite de nuestro frente por el norte.

Zakarias: Capitán ruandés que dirigió la tropa de esa nacionalidad durante la ausencia del comandante Mundandi.

Zombe: Comida congolesa hecha de hojas de yuca.

ADVERTENCIA PRELIMINAR

Esta es la historia de un fracaso. Desciende al detalle anecdótico, como corresponde a episodios de la guerra, pero está matizada de observaciones y de espíritu crítico ya que estimo que, si alguna importancia pudiera tener el relato, es la de permitir extraer experiencias que sirvan para otros movimientos revolucionarios. La victoria es una gran fuente de experiencias positivas pero también lo es la derrota, máxime considerando las circunstancias extraordinarias que rodean el episodio: los actuantes e informantes son extranjeros que fueron a arriesgar sus vidas en un territorio desconocido, de otra lengua y al cual los unía solamente los lazos del internacionalismo proletario, inaugurando un método no practicado en las guerras de liberación modernas.

Cierra la narración un epílogo que plantea las interrogantes de la lucha en África y, en general, de la lucha de Liberación Nacional contra la forma neocolonial del imperialismo que constituye su modalidad de presentación más temible, dado los enmascaramientos y sutilezas que conlleva y la larga experiencia que en este tipo de explotación tienen las potencias que la practican.

Estas notas serán publicadas transcurrido bastante tiempo desde su dictado y, tal vez, el autor no pueda ya hacerse responsable de lo que aquí está dicho. El tiempo habrá limado muchas aristas y, si tiene alguna importancia su aparición, los editores podrán hacer las correcciones que crean necesarias, mediante las pertinentes llamadas, a fin de aclarar los acontecimientos o las opiniones a la luz del tiempo decantado.

Más correctamente, esta es la historia de una descomposición. Cuando arribamos a territorio congolés, la Revolución estaba en un período de receso; sucedieron luego episodios que entrañarían su regresión definitiva, por lo menos en este momento y en aquel escenario del inmenso campo de lucha que es el Congo. Lo más interesante aquí, no es la historia de la descomposición de la Revolución Congolesa, cuyas causas y características son demasiado profundas para abarcarlas todas desde mi punto de observación, sino el proceso de descomposición de nuestra moral combativa, ya que la experiencia inaugurada por nosotros no debe desperdiciarse y la iniciativa del Ejército Proletario Internacional no debe morir frente al primer fracaso. Es preciso analizar a fondo los problemas que se plantean y resolverlos. Un buen instructor en el campo de batalla hace más por la revolución que instruir una cantidad considerable de novatos en ambiente de paz, pero las características de ese instructor, catalizador en la formación de los futuros cuadros técnicos revolucionarios, debe ser bien estudiada.

La idea que nos guiaba era la de hacer luchar juntos hombres experimentados en batallas por la liberación —y luego contra la reacción— en Cuba, con hombres sin experiencia y provocar, con esto, lo que nosotros llamábamos la «cubanización» de los congoleses. Se verá que el efecto fue diametralmente opuesto y cómo se produjo con el tiempo la «congolización» de los cubanos. Llamamos «congolización» a la serie de hábitos y actitudes frente a la Revolución que caracterizaron al soldado congolés en aquellos momentos de la lucha; esto no entraña una opinión despectiva hacia el pueblo congolés; lo entraña, sí, hacia el soldado de aquel entonces. Las causas de que esos combatientes tuvieran características tan negativas también tratarán de explicarse en el curso de la historia.

Como una norma general, norma que siempre he seguido, aquí solo se dice la verdad, al menos mi interpretación de los hechos, aunque esta pueda ser enfrentada por otras apreciaciones subjetivas o corregidas, si se deslizan errores en el relato de acontecimientos.

En algunos momentos en que la verdad resultare indiscreta o

inconveniente se omite la referencia, ya que hay cosas que el enemigo debe ignorar y aquí se plantean los problemas que puedan servir a los amigos para un eventual reordenamiento de la lucha en el Congo (o su inicio en cualquier país del África o de otros continentes cuyos problemas sean semejantes). Entre las referencias omitidas están las vías y métodos para llegar al territorio de Tanzania, trampolín de nuestra entrada al escenario de esta historia.[23]

Los nombres de los congoleses que figuran aquí son reales pero casi todos los de los integrantes de nuestra tropa están dados en swahili, según los bautizáramos al penetrar en territorio congolés; los verdaderos nombres de los compañeros participantes figurarán en una lista anexa, si los editores lo consideraran útil. Es necesario destacar, por último, que si, ateniéndonos a la verdad estricta y a la importancia que pueda tener para futuros movimientos de liberación a iniciarse, hemos puntualizado aquí distintos casos de debilidad, de hombres aislados o por grupos, y hacemos énfasis en la desmoralización general que nos había ganado, eso no quita nada a lo heroico de la gesta; la heroicidad de la participación está dada por la actitud general de nuestro gobierno y del pueblo de Cuba. Nuestro país, solitario bastión socialista a las puertas del imperialismo yanqui, manda sus soldados a pelear y morir en tierra extranjera, en un continente lejano, y asume la plena y pública responsabilidad de sus actos; en este desafío, en esta clara toma de posición frente al gran problema de nuestra época, que es la lucha sin cuartel contra el imperialismo yanqui, está la significación heroica de nuestra participación en la lucha del Congo. Es allí donde hay que ver la disposición de un pueblo y de sus dirigentes no solo para defenderse, sino para atacar. Porque, en cuanto al imperialismo yanqui, no vale solamente el estar decidido a la defensa; es necesario atacarlo en sus bases de sustentación, en los territorios coloniales y neocoloniales que sirven de basamento a su dominio del mundo.[24]

PRIMER ACTO

En este tipo de historia es difícil encontrar el primero de los actos. Para comodidad de la narración, consideraré como tal un viaje que hube de hacer por el territorio africano en el que tuve oportunidad de codearme con muchos de los líderes de los distintos movimientos de liberación.[25] Particularmente instructiva fue la visita a Dar es-Salaam, residencia de una considerable cantidad de *Freedom Fighters* que, en su mayoría, viven cómodamente instalados en hoteles y han hecho de su situación un verdadero oficio, a veces lucrativo y casi siempre cómodo. En este ambiente se sucedieron las entrevistas, en las cuales solicitaban, en general, entrenamiento militar en Cuba y ayuda monetaria. Era el leitmotiv de casi todos.

Conocí también a los luchadores congoleses. Desde el primer encuentro pudimos precisar la extraordinaria cantidad de tendencias y opiniones diversas que matizaba al grupo de dirigentes de esta Revolución. Hice contacto con Kabila y su Estado Mayor; me produjo una impresión excelente. Decía venir del interior del país. Parece ser que solo venía de Kigoma, poblado tanzano sobre el Lago Tanganyika y uno de los escenarios principales de esta historia, que servía de punto de partida para cruzar al Congo y también de cómoda vivienda y refugio para los revolucionarios cuando se hastiaban de la azarosa vida en las montañas situadas al otro lado de la faja de agua.

La exposición de Kabila fue clara, concreta y firme; dejó entrever su oposición a Gbenyé y Kanza y lo poco de acuerdo que estaba con Soumialot. La tesis de Kabila era que no se podía hablar de un gobierno congolés porque no se había consultado a Mulele, el iniciador de la lucha, y que, por tanto, el presidente solo podía ostentar el título de jefe del Gobierno Nororiental del Congo. Con esta afirmación dejaba también fuera de la influencia de Gbenyé su propia zona que era la suroriental y que él lidereaba como vicepresidente del Partido.[26]

Kabila se daba perfecta cuenta de que el enemigo principal era el imperialismo norteamericano y se manifestaba dispuesto a luchar consecuentemente hasta el final contra él. Sus manifestaciones y su acento de seguridad me hicieron, como ya dije, muy buena impresión.

Otro día hablamos con Soumialot. Es un hombre distinto; mucho menos desarrollado políticamente, de mucha más edad, tenía apenas el instinto primario de permanecer callado o hablar muy poco y con frases vagas, con lo cual parecía expresar una gran sutileza de pensamientos pero, por más esfuerzos que hiciera, no podía impresionar como un verdadero conductor de pueblos. Explicó lo que después él mismo ha declarado públicamente: su participación como ministro de Defensa en el gobierno de Gbenyé, cómo fueron tomados de sorpresa por la acción de este, etc., y también dejó claramente expuesta su oposición a Gbenyé y, sobre todo, a Kanza. A estos últimos no los conocí personalmente, salvo un ligero apretón de manos a Kanza al encontrarnos en un aeropuerto.

Hablamos largamente con Kabila sobre lo que nuestro gobierno consideraba una falta estratégica de algunos amigos africanos; frente a la manifiesta agresión de las potencias imperialistas se impulsaba la consigna: «El problema del Congo es un problema africano», y se actuaba en consecuencia. Nuestro parecer era que el problema del Congo era un problema del mundo y Kabila estuvo de acuerdo.[27] Le ofrecí a nombre del gobierno, unos 30 instructores y las armas que pudiéramos tener y aceptó encantado. Recomendó premura en el envío de ambas cosas, lo que también hizo Soumialot en otra conversación; este último señaló la conveniencia de que los instructores fueran negros.

Decidí tantear la disposición de ánimo de los demás *Freedom Fighters*; pensaba hacerlo en reuniones separadas, conversando amigablemente con ellos, pero debido a un error del personal de la embajada, se realizó una reunión «tumultuaria» en la cual participaron 50 o más personas, representantes de movimientos de diez o más países, cada uno dividido en dos o más tendencias. Les hice una exhortación, analizando los pedidos que, casi unánimemente, nos habían hecho en cuanto a ayuda monetaria y entrenamiento de hombres; expliqué el costo de entrenar un hombre en Cuba, la cantidad de dinero y de tiempo que se invierte y la poca seguridad de que resultaran combatientes útiles para el movimiento.

Expliqué nuestra experiencia de la Sierra Maestra, donde lográbamos aproximadamente un soldado de cada cinco reclutas entrenados y uno bueno por cada cinco soldados; argumenté con la mayor vehemencia posible, frente a los exasperados *Freedom Fighters*, que el dinero invertido en entrenamiento iba a ser en gran parte mal empleado; el soldado no se puede hacer en una academia y menos el soldado revolucionario.[28] Este se hace en la guerra. Puede obtener un título en cualquier centro de estudios, pero su graduación real, como la de un profesional cualquiera, se logra en el ejercicio de la profesión, por su reacción frente a los disparos enemigos, al sufrimiento, a la derrota, al acoso continuo, a las situaciones adversas. Nunca se podía predecir por las afirmaciones, ni aun por la historia anterior del individuo, su reacción frente a todos estos accidentes de lucha en la guerra del pueblo. Por tanto, les propuse que el entrenamiento no se realizara en nuestra lejana Cuba, sino en el Congo cercano, donde se luchaba, no contra un títere cualquiera como era Tshombe, sino contra el imperialismo norteamericano que, en su forma neocolonial, amenaza la recién adquirida independencia de casi todos los pueblos de África o ayuda a mantener subyugadas las colonias. Les hablé de la importancia fundamental que, en nuestro concepto, tenía la lucha de liberación del Congo; una victoria tendría alcance y repercusiones continentales, y también una derrota.

La reacción fue más que fría; aunque la mayoría se abstuvo de toda clase de comentarios, hubo quienes pidieron la palabra para reprocharme violentamente por ese consejo. Aducían que sus pueblos, maltratados y envilecidos por el imperialismo, iban a reclamar si se producían víctimas que no lo serían de la opresión en ese país, sino de una guerra por liberar otro Estado. Traté de hacerles ver que aquí no se trataba de lucha dentro de fronteras sino de guerra contra el amo común, omnipresente tanto en Mozambique como en Malawi, Rhodesia[29] o Suráfrica, el Congo o Angola. Nadie lo entendió así. Fría y cortésmente se despidieron, y quedó claro en nosotros la impresión de lo mucho que tiene que caminar el África antes de alcanzar una verdadera madurez revolucionaria, pero nos quedaba siempre la alegría de haber encontrado gentes dispuestas a seguir la lucha hasta el final. Desde ese momento, estaba planteada la tarea de seleccionar un grupo de cubanos negros, y enviarlos, voluntariamente por supuesto, a reforzar la lucha del Congo.

SEGUNDO ACTO

Este segundo acto comienza en Cuba y comprende algunos episodios de significación no aclarable por el momento, como mi designación al frente de las huestes cubanas, a pesar de ser blanco, la selección de los futuros combatientes, la preparación de mi salida clandestina, las pocas despedidas que era posible efectuar, las cartas explicatorias; toda una serie de maniobras subterráneas, que es peligroso, aún hoy, poner en el papel y que, en todo caso, pueden ser explicadas posteriormente.[30]

Después del agridulce ajetreo de las despedidas que, en el mejor de los casos, serían para mucho tiempo, quedaba el último peldaño, el del viaje clandestino, que tampoco es oportuno narrar.

Dejaba atrás casi once años de trabajo para la Revolución Cubana al lado de Fidel, un hogar feliz, hasta donde puede llamarse hogar la vivienda de un revolucionario consagrado a su tarea, y un montón de hijos que apenas sabían de mi cariño. Se reiniciaba el ciclo.

Un buen día aparecí en Dar es-Salaam. Nadie me conoció; ni el mismo embajador, viejo compañero de lucha, invasor[31] con nosotros y capitán del Ejército Rebelde, pudo identificarme a mi llegada.

Nos instalamos en una pequeña finca, alquilada para el propósito de albergarnos mientras esperábamos el grupo de 30 hombres que me acompañaría. Hasta ese momento éramos tres: Moja, comandante, negro, oficialmente jefe de la tropa; Mbili, compañero blanco de gran experiencia en estas lides; Tatu, yo, que fungía como médico, explicando mi color por el hecho de hablar francés y tener experiencia guerrillera. Nuestros nombres significaban: uno, dos y tres, en ese orden; para ahorrarnos dolores de cabeza, decidimos numerarnos por orden de llegada y usar como nombre el número swahili que nos tocara.

No había comunicado a ningún congolés mi decisión de luchar en su país, así como, ahora, mi presencia. En la primera conversación con Kabila no podía hacerlo porque no había nada decidido y, luego de aprobarse el plan, hubiera sido peligroso que se conociera mi proyecto antes de llegar a destino; había que atravesar mucho territorio hostil. Decidí, pues, presentar un hecho consumado y actuar de acuerdo a como reaccionaran ante mi presencia. No se me ocultaba el hecho de que una negativa me colocaba en una posición difícil, pues ya no podría regresar, pero también calculaba que para ellos sería difícil negarse. Estaba realizando un chantaje de cuerpo presente.

Surgió un problema que no estaba previsto; Kabila, como todos los miembros del Gobierno Revolucionario, estaba en El Cairo, discutiendo los aspectos de la unidad de la lucha y la nueva constitución de la organización revolucionaria. Sus segundos, Massengo y Mitoudidi, estaban con él. Quedaba solamente un delegado llamado Tchamlesso, quien después tomó el apodo cubano de «Tremendo Punto». Bajo su responsabilidad, Tchamlesso aceptó los 30 instructores que nosotros ofrecíamos en primera instancia pero, al comunicarle que teníamos unos 130 hombres dispuestos a comenzar la lucha, todos negros, también bajo su responsabilidad los aceptó. Esto cambiaba algo el aspecto primero de nuestra estrategia, ya que nosotros pensábamos actuar sobre la base de 30 cubanos, aceptados como instructores.

Partió un delegado a El Cairo a comunicar a Kabila y sus compañeros que habían llegado los cubanos (aunque no mi presencia), mientras nosotros esperábamos el arribo de los primeros contingentes.

La tarea más urgente era encontrar un barco con buenos motores, rápido, que nos permitiera cruzar con relativa seguridad los 70 kilómetros que tiene de ancho, en el punto de travesía, el Lago Tanganyika. Uno de nuestros buenos expertos había llegado anteriormente para hacerse cargo de la doble tarea de comprar las lanchas y efectuar un cruce exploratorio del lago.

Tras de una espera de varios días en Dar es-Salaam, la cual no por ser corta fue menos angustiosa para mí, que quería estar dentro del Congo cuanto antes, el día 20 de abril por la noche salió el primer grupo de cubanos. Íbamos 14 y habíamos dejado cuatro que acababan de llegar y para los cuales no estaba comprado todavía el equipo; nos acompañaban dos choferes, el delegado congolés (Tchamlesso) y un delegado de la policía de Tanzania para obviar problemas en la ruta.

Desde el primer momento tomábamos contacto con una realidad que nos persiguió durante la lucha: la falta de organización. Eso me preocupaba pues nuestro tránsito ya debía haber sido detectado por el imperialismo, que domina todas las compañías de aviación y los aeropuertos de la zona; sin contar con que en Dar es-Salaam tenía que llamar la atención la compra de artículos en desusadas cantidades, como mochilas, nylons, cuchillos, frazadas, etc.

No solo la organización congolesa era mala; la nuestra también. No nos habíamos preparado a fondo para acometer la tarea del equipamiento de una compañía y solo habíamos asegurado fusiles y municiones para los soldados (todos armados con el FAL belga).

Kabila no había llegado y anunciaba, por lo menos, dos semanas más de permanencia en El Cairo, de manera que, sin haber podido discutir con él mi participación, tenía que continuar el viaje de incógnito y, por lo tanto, no podía anunciarme al gobierno de Tanzania y pedir su aquiescencia. Para ser sincero, estos inconvenientes no me desagradaban mucho pues tenía interés en la lucha del Congo y temía que mi ofrecimiento provocara reacciones demasiado agudas y alguno de los congoleses, o el mismo gobierno amigo, me pidieran abstenerme de entrar en la lid.

El día 22 de abril por la noche llegábamos a Kigoma después de un fatigoso viaje, pero las lanchas no estaban listas y tuvimos que permanecer allí, esperando al día siguiente para el cruce. Inmediatamente, el comisionado de la región, que nos recibió y nos alojó, me dio las quejas de los congoleses. Desgraciadamente, todo parecía indicar que muchas de sus apreciaciones eran justas; los comandantes jefes de la zona, que habían recibido a nuestra primera delegación exploratoria, estaban ahora en Kigoma y pudimos constatar que otorgaban pases desde el frente para ir allí. Este pueblo era un remanso al cual los más afortunados podían llegar para vivir al margen de los azares de la lucha. La nefasta influencia de Kigoma, sus burdeles, sus licores y, sobre todo, su refugio cierto, no sería nunca suficientemente valorada por la jefatura revolucionaria.

Por fin, en la madrugada del día 24 de abril, tocábamos tierra congolesa ante un grupo de extrañados soldados con buen armamento de infantería que, muy solemnemente, nos hicieron una pequeña guardia de honor. Pasamos a ocupar un bohío desalojado expresamente para nosotros.

Las primeras informaciones, obtenidas no sé cómo por nuestros agentes de inspección, nos decían que el lado congolés está formado por una llanura de 10 millas de ancho y luego se alzaban las montañas; en realidad, el lago es el estrecho cajón de un valle relleno de agua y las montañas,[32] tanto en Kigoma como en el otro lado, comienzan en el mismo borde. En el lugar bautizado como Kibamba, emplazamiento del Estado Mayor, prácticamente a los 10 pasos de desembarcar se empezaba a subir una fatigosa loma, para nosotros más dura aún dada la falta de entrenamiento previo.

PRIMERAS IMPRESIONES

Casi inmediatamente después de llegar, tras la pausa de un corto sueño en el suelo del bohío, entre mochilas y trastos, comenzamos a trabar conocimiento con la realidad congolesa. Percibimos desde los primeros instantes una división neta: al lado de gente de muy poca preparación, campesinos en su mayoría, se notaban otros con una cultura superior, una vestimenta distinta, un mayor conocimiento del francés; entre uno y otro grupo de hombres un distanciamiento total.

Las primeras personas con quienes trabé conocimiento fueron Emmanuel Kasabuvabu y Kiwe, que se presentaron como oficiales del Estado Mayor General; el primero como encargado de abastecimientos y armamentos, el segundo de información. Eran dos muchachos locuaces y expresivos que rápidamente, por lo que decían y por sus reticencias, dieron la idea de las divisiones existentes en el Congo. Más tarde «Tremendo Punto» me citó a una pequeña reunión, donde no asistieron estos compañeros sino otro grupo integrado por el comandante de la base y los jefes de algunas brigadas: el de la Primera Brigada, coronel Bidalila,* que mandaba el frente de Uvira; en representación de la Segunda Brigada, comandada por el general mayor Moulana, estaba el teniente coronel Lambert y, representando lo que probablemente sería otra brigada en el futuro, según se decía, estaba Ngoja Andre, quien luchaba en la zona de Kabambare. «Tremendo Punto» muy entusiasmado, propuso que Moja, jefe oficial de nuestras fuerzas, participara en todas las reuniones y decisiones del Estado Mayor con algún otro cubano que nombraría él mismo; observé la cara de

---

* Según las últimas informaciones ha sido ascendido a general.

los circunstantes y no pude constatar aprobación a la propuesta; parecía que «Tremendo Punto» no gozaba de particular simpatía entre los jefes.

La causa de la hostilidad entre los grupos residía en que unos hombres, mal que mal, permanecían cierto tiempo en sus frentes y los otros solo transitaban entre la base del Congo y Kigoma, siempre para buscar algo que no estaba a mano. El caso de «Tremendo Punto» era más grave ante los ojos de los luchadores pues, como delegado en Dar es-Salaam, solo venía ocasionalmente.

Seguimos amigablemente la conversación, ignorando la propuesta hecha, y me enteré de algunas cosas nuevas para mí; el teniente coronel Lambert, simpático, con aire festivo, me explicó cómo para ellos los aviones no tenían ninguna importancia porque poseían la *dawa*, medicamento que hace invulnerable a las balas.[33]

—A mí me han dado varias veces, y las balas caen sin fuerza al suelo.

Lo explicó entre sonrisas y me sentí obligado a festejar el chiste en que veía una forma de demostrar la poca importancia que se le concedía al armamento enemigo. A poco me di cuenta de que la cosa iba en serio y que el protector mágico era una de las grandes armas de triunfo del Ejército congolés.

Esta *dawa* hizo bastante daño para la preparación militar. El principio es el siguiente: un líquido donde están disueltos jugos de hierbas y otras materias mágicas se echa sobre el combatiente al que se le hacen algunos signos cabalísticos y, casi siempre, una mancha con carbón en la frente; está ahora protegido contra toda clase de armas del enemigo (aunque esto también depende del poder del brujo); pero no puede tocar ningún objeto que no le pertenezca, no puede tocar mujer y tampoco sentir miedo so pena de perder la protección. La solución a cualquier falla es muy sencilla; hombre muerto, hombre con miedo, hombre que robó o se acostó con alguna mujer; hombre herido, hombre con miedo. Como el miedo acompaña a las acciones de la guerra, los combatientes encontraban muy natural el achacarle la herida al temor, es decir a la falta de fe. Y los muertos no hablan; se les puede cargar con las tres faltas. La creencia es tan fuerte que nadie va a combate sin hacerse la *dawa*. Siempre temí que esta superstición se volviera contra nosotros y que nos echaran la culpa del fracaso de algún combate en que hubiera muchos muertos. Busqué varias veces la conversación con distintos responsables para tratar de ir haciendo una labor de convencimiento contra ella. Fue imposible; es reconocida como un artículo de fe. Los más evolucionados políticamente dicen que es una fuerza natural, material y que, como materialistas dialécticos, reconocen el poder de la *dawa* —cuyos secretos dominan los brujos de la selva.

Finalizada la conversación con los jefes, me entrevisté a solas con «Tremendo Punto» y le expliqué quién era; la reacción fue de aniquilamiento. Repetía las frases, «escándalo internacional» y «que nadie se entere por favor, que nadie se entere»; aquello había caído como un rayo en día sereno y temí por las consecuencias, pero mi identidad no podía seguir ocultándose durante más tiempo si queríamos aprovechar la influencia que pudiera ejercer.

Salió esa misma noche «Tremendo Punto» con el encargo de hacer conocer a Kabila mi presencia en el Congo. Junto con él partieron los funcionarios cubanos que nos habían acompañado en el cruce y el técnico naval. Este llevó el encargo de enviar, a vuelta de correo, por así decir, dos mecánicos, ya que una de las debilidades observadas era la carencia absoluta de mantenimiento de los distintos motores y barcos encargados del cruce del lago.

Al día siguiente, pedí que nos enviaran al campamento definitivo, una base situada a cinco kilómetros del Estado Mayor en el punto más alto de la sierra, que, como ya dije, nace en el borde del lago. Allí mismo empezaron las dilaciones; el comandante había ido a Kigoma donde tenía que arreglar algunos asuntos y debíamos esperar su retorno. En vez de esto se discutió un plan de entrenamiento bastante arbitrario y yo hice una contraposición: dividir 100 hombres en grupos no mayores de 20 y darles nociones de infantería a todos, con alguna especialización en armamento, ingeniería (cavar trincheras sobre todo), comunicaciones y exploración, adecuadas a nuestra capacidad y los medios con que contábamos; hacer un programa de cuatro a cinco semanas y enviar el grupo a realizar acciones, comandado por Mbili. Luego volverían a la base y se haría una selección de los hombres que hubieran resultado útiles. Mientras, la segunda compañía estaría en entrenamiento y, cuando retornara una del frente, iría la otra. De esta manera, pensaba, se podría ir haciendo la necesaria selección, simultáneamente con el entrenamiento de los hombres. Les explicaba, una vez más, que, debido a la forma de reclutamiento, había que considerar que de los 100 hombres solamente quedarían 20 como posibles soldados y de allí solamente dos o tres como futuros cuadros dirigentes (en el sentido de ser capaces de conducir una fuerza armada al combate).

Como de costumbre, recibimos una evasiva por respuesta; me pidieron que lo pasara por escrito. Así se hizo, pero nunca supe del destino del papel. Seguimos insistiendo en subir y empezar el trabajo en la Base Superior. Teníamos calculado perder una semana en el acondicionamiento de la misma para iniciar el trabajo con cierto ritmo y esperábamos solo la solución del sencillo problema del traslado pero no se podía subir porque el comandante no había llegado; había que esperar porque «estamos en reuniones». Así pasó uno y otro día. Cuando se replanteaba el asunto (y yo lo hacía con una persistencia realmente irritante) surgía siempre un nuevo pretexto que, aún hoy, no sé a qué atribuir. Tal vez fuera real que no quisieran empezar los trabajos preparatorios para no desconocer la autoridad correspondiente, en este caso el comandante de la base.

Un día le di orden a Moja de que fuera con algunos hombres

hasta la misma Base Superior con el pretexto del entrenamiento en marchas; así lo hizo y retornó el grupo por la noche, cansado, mojado, aterido. Se trataba de un lugar muy frío y húmedo, con constante neblina y lluvia pertinaz; estaban haciendo una choza, según decían, para nosotros, y eso demoraría algunos días. Con mutua paciencia, yo exponía diversos argumentos para subir: nosotros podíamos contribuir a la construcción de la casa con nuestro trabajo ya que veníamos con espíritu de sacrificio y a ayudar, no a ser una carga, etc., etc., y ellos buscaban nuevos pretextos dilatorios.

En esta temporada de obligado asueto comenzaron las sabrosas conversaciones con el compañero Kiwe, el jefe de Información. Es un conversador inagotable que habla francés a una velocidad casi supersónica. Fue haciéndome, día a día, en medio de distintas conversaciones, el análisis de varios personajes importantes de la Revolución Congolesa. Uno de los primeros que sufriera los embates de su lengua, fue Olenga, general que estuvo en la zona de Stanleyville y en el Sudán. Según Kiwe, Olenga era poco más que soldado, tal vez teniente en las tropas de Bidalila; este le encargó que hiciera unas excursiones hacia la zona de Stanleyville y que después retornara, pero Olenga comenzó sus acciones en aquellos momentos fáciles de flujo revolucionario y, cada vez que tomaba un pueblo, se adjudicaba un grado. Cuando llegó a Stanleyville ya era General. Allí pararon las conquistas del Ejército de Liberación, lo que no dejó de ser una solución, porque si sigue no hubieran alcanzado todos los grados conocidos en el ambiente militar para premiar al compañero Olenga.

Para Kiwe, el verdadero jefe militar era el coronel Pascasa (que después fuera muerto en una riña entre los propios congoleses, en El Cairo); él era el hombre que tenía verdaderos conocimientos militares y actitud revolucionaria y era el representante de Mulele.

Otro día comenzó muy sutilmente las críticas a Gbenyé,

comentando, como de pasada, que este había tenido una actitud poco clara al principio y ahora era Presidente; era un revolucionario, sí, pero había más revolucionarios, etc. Con el correr de los días y el aumento del conocimiento mutuo, fue presentada la imagen de un Gbenyé más apto para dirigir una cuadrilla de ladrones que un movimiento revolucionario. No me constan todas las afirmaciones del amigo Kiwe pero algunas son muy conocidas, como la historia de su participación en la prisión de Gizenga, cuando era ministro del Interior en el gobierno de Adoula. Otras lo son menos, pero de ser ciertas arrojan una luz tenebrosa sobre este sujeto, como las tentativas de asesinar a Mitoudidi y sus conexiones con la embajada yanqui de Kenia.

En otra oportunidad el que sufrió el castigo de la lengua de Kiwe fue Gizenga, del que dijo que era un revolucionario, pero un oportunista de izquierda, que todo lo quería hacer por la vía política, que pensaba hacer una revolución con el ejército y que, incluso, se le había dado dinero para organizar las fuerzas revolucionarias en Leopoldville[34] y él lo había dedicado a formar un partido político.

Las charlas con Kiwe me daban una cierta idea de las características de algunos personajes pero, sobre todo, me indicaban a las claras lo poco sólido de ese agrupamiento de revolucionarios, o de descontentos, que formaban el Estado Mayor de la Revolución Congolesa.

Y los días transcurrían. El lago era cruzado por distintos mensajeros, con una fabulosa capacidad para distorsionar cualquier noticia, o por vacacionistas que iban a Kigoma con algún pase.

En mi calidad de médico (epidemiólogo, lo que, con perdón de esa ilustre rama de la fauna de Esculapio, me daba derecho a no saber nada de medicina), trabajé unos días en el dispensario con Kumi, observando varios hechos alarmantes. En primer lugar, la cantidad de casos de enfermedades venéreas, provocadas, en una buena medida, por contagio en Kigoma. No me preocupaba en ese momento el estado sanitario de la población o de las prostitutas de Kigoma, pero sí el que fueran capaces de contagiar tanta gente, resultado de las facilidades dadas a los combatientes para atravesar el lago. Se nos plantean también otras interrogantes: ¿quién pagaba esas mujeres?, ¿con qué dinero?, ¿cómo se gastaban los fondos de la Revolución?

También desde los primeros días de nuestra estancia, tuvimos oportunidad de ver algunos casos de intoxicación alcohólica provocada por el famoso *pombe*. El *pombe* es un licor que se destila a partir de una chicha de harina de maíz y de yuca; esta tiene poco alcohol, pero el destilado es de efectos terribles. Presumiblemente, no lo sea tanto por la graduación alcohólica como por la cantidad de impurezas que contenga, dados los métodos rudimentarios de fabricación. Había días en que el *pombe* inundaba aquel campamento dejando una secuela de riñas, intoxicaciones, distintas faltas a la disciplina, etc.

El dispensario empezaba a ser visitado por los campesinos de los alrededores que recibían a través de «Radio Bemba» la noticia de la presencia de médicos en la zona. Nuestra provisión de medicinas era pobre pero vino a salvarnos una partida de medicamentos soviéticos, aunque estas no eran enviadas con el criterio de atención a la población civil, como es natural, sino para satisfacer las necesidades de un ejército en campaña. Y aun así no había un surtido completo. Este fenómeno de falta de balance fue constante durante toda nuestra permanencia en el Congo. Los envíos de armas y equipos muy valiosos se hacían de tal forma que siempre resultaban incompletos; cañones y ametralladoras a los que faltaban parque o piezas vitales, fusiles que llegaban con la munición cambiada, minas sin detonadores, era característica obligada del abastecimiento desde Kigoma.

A mi juicio, aunque no he podido dilucidar el punto, esto

se debía a la falta de organización del Ejército de Liberación congolés y la carencia de cuadros que fueran capaces de hacer una evaluación mínima de los equipos que llegaban. Otro tanto ocurrió con las medicinas, pero, además, quedaron almacenadas sin orden ni concierto en la Playa,[35] donde estaban también las reservas de alimentos y las armas, todo mezclado en un alegre y fraternal caos. Varias veces traté de que nos dejaran organizar el depósito y aconsejé que algunos tipos de municiones, como las granadas de bazucas o de morteros fueran quitadas de allí, pero hasta mucho después no se logró nada.

De Kigoma llegaban todos los días noticias contradictorias; alguna que otra, a fuerza de repetirse, se cumplía; había un grupo de cubanos, esperando, ya sea un bote, un motor o algo para pasar; Mitoudidi cruzaba mañana, o pasado mañana; pasado mañana venía otra vez la noticia de que cruzaba al día siguiente, etc.

En estos días llegaron también informaciones de la Conferencia de El Cairo,[36] traídas por Emmanuel en uno de sus constantes ires y venires a Kigoma; los resultados significaban un triunfo completo de la línea revolucionaria. Kabila se quedaba un tiempo más porque tenía que asegurar que se cumpliera lo acordado y después iría a algún otro sitio a operarse un quiste, no muy grave pero molesto, y esto lo demoraría un poco.

Teníamos que hacer algo para evitar un ocio absoluto. Se inició el estudio del francés, del swahili y también clases de cultura general, ya que nuestra tropa estaba bastante necesitada de ella. Dado su carácter y los profesores, las clases no podían agregar mucho al acervo cultural de los compañeros pero, consumían tiempo y esa era una función importante. Todavía nuestra moral se mantenía alta aunque ya comenzaban las murmuraciones entre los compañeros que veían pasar los días infructuosamente, y se cernía sobre nosotros el fantasma de las fiebres que, en una u otra forma, nos atacó a casi todos, ya fuera paludismo o algún otro tipo de fiebre tropical; a menudo cedían con antipalúdicos, pero dejaba secuelas muy molestas de desgano general, falta de apetito, debilidad, que contribuían a desarrollar el incipiente pesimismo de la tropa.

Con el correr de los días se hacía más clara la imagen del caos organizativo: participé personalmente en el reparto de las medicinas soviéticas y aquello parecía un mercado gitano; cada uno de los representantes de los grupos en armas sacaba cifras, aducía hechos y razones para tener acceso a mayores cantidades de medicamentos. Varias veces tuve choques tratando de que no se llevaran algunas medicinas y equipos especializados que se perderían sin provecho en los frentes, pero todos querían tener de todo. Empezaron a barajarse sumas fabulosas de hombres; uno anunció 4 000, el otro tenía 2 000 y así sucesivamente. Eran inventadas; tenían apenas la base objetiva de un grupo de campesinos, que podían calcularse en esas cantidades y que convivían con el Ejército, suministrándole futuros combatientes, pero la real cifra de tropas o de hombres armados que permanecían en los campamentos era extraordinariamente inferior a esos guarismos.

La pasividad de los distintos frentes durante estos días era casi total, y si se atendían algunos heridos de balas, eran de resultas de accidentes, ya que casi nadie tenía la más mínima idea de lo que era un arma de fuego y, jugando con ellas o por descuido, se disparaban.

El día 8 de mayo llegaron, por fin, 18 cubanos encabezados por Aly y también lo hizo el jefe del Estado Mayor, Mitoudidi, quien debía volver a Kigoma inmediatamente a buscar armas y municiones. Tuvimos con él una conversación amigable y me dejó una grata impresión de seguridad, seriedad y espíritu de organización. Kabila mandaba decir que tuviera mucha reserva con mi identidad, de manera que seguí en el incógnito, cumpliendo mis aparentes tareas de médico y traductor.

Resolvimos con Mitoudidi que al día siguiente sería el traslado a la Base Superior, lo que se cumplió quedando abajo Moja, Nane y Tano, atacados por la fiebre, y el médico Kumi atendiendo el hospital. Yo era enviado como médico y traductor a la Base. En ella había apenas 20 congoleses aburridos, solitarios y entumidos. Comenzó la lucha para tratar de romper aquella modorra; empezamos clases de swahili, dadas por el comisario político de la base y de francés a cargo de otro compañero que allí estaba. Además, comenzamos la construcción de albergues, ya que el clima era muy frío. Estábamos a 1 700 metros sobre el nivel del mar y 1 000 sobre el nivel del lago y en esta zona los vientos alisios que vienen del Océano Índico se condensan y las precipitaciones son casi constantes. Rápidamente, nos dimos a la tarea de hacer algunas construcciones y comenzaron a florecer los fogones con que ahuyentábamos el frío nocturno.

PRIMER MES

Cerca de la Base Superior, a unas cuatro horas de camino a pie (único medio de locomoción posible), se alza un grupo de pequeñas aldehuelas de no más de 10 chozas cada una, diseminadas en una vasta área de pastos naturales. El conjunto recibe el nombre genérico de Nganja y está habitada por una tribu proveniente de Ruanda. A pesar de vivir durante varias generaciones en el Congo, mantienen imborrable el espíritu de su patria; se dedican a la vida pastoril, aunque no nómada, y hacen de la vaca el centro de su economía; sirve para proveer alimentos y también moneda. Muchas veces nos enteramos de las cuitas de algún soldado ruandés que no tenía las vacas requeridas por el padre de la mujer de sus sueños. Porque también la mujer se compra y, más aún, tener varias es un signo de poder económico, sin contar con que es ella quien trabaja en la agricultura y en el hogar.

Esta vecindad, nos permitiría, en el transcurso de la guerra, recurrir de vez en cuando a la preciosa carne vacuna que cura, casi, hasta la nostalgia.

Los ruandeses y las distintas tribus congolesas se tratan como enemigos y están claramente delimitadas las divisorias entre los grupos étnicos, lo que hace muy difícil un trabajo político de unión regional (fenómeno que se repite a lo largo y ancho del territorio congolés).

En los primeros días de mi estancia en la Base Superior rendí tributo al clima del Congo en forma de una fiebre bastante alta aunque no de muy larga duración. Nuestro médico, Kumi, me hizo la visita subiendo desde el Lago pero lo envié de vuelta, ya que era necesario en el dispensario y me sentía mejor. A los tres o cuatro días, trajeron un herido de alguna escaramuza en Front de

Force; el hombre llevaba seis días sin recibir atención médica, tenía un brazo fracturado del balazo y una abundante supuración. Me levanté a atenderlo bajo una llovizna fría y, quizás, eso provocó la recaída, ahora con fiebre muy alta y delirio, lo que hizo necesario el segundo viaje de Kumi a la base (que era para él como subir el Everest) y, según dicen los testigos presenciales, pues yo no estaba en condiciones de apreciar detalles, después de subir la alta y empinada montaña, su estado parecía más grave que el del paciente.

Tampoco fue muy larga la recaída, a lo sumo unos cinco días, pero pude apreciar los resultados por un extraordinario decaimiento que me acometió quitándome el ánimo hasta de comer. Durante el primer mes, no menos de una docena de compañeros pagaron el noviciado en la tierra hostil con estas fiebres violentas cuyas secuelas eran tan molestas.

La primera orden formal que se recibe está dada por Mitoudidi, que ya ha llegado de Kigoma, y es de prepararnos para participar en el ataque de Albertville que se haría en dos columnas. Se supone que nosotros tendremos una participación destacada en el combate. La orden es absurda; no hay preparativos hechos, nosotros somos solo 30, de los cuales hay 10 enfermos o convalecientes, pero explico a la gente las instrucciones y les digo que hay que estar preparados para ir a la lucha, aunque trataré de cambiar esos planes o demorarlos al menos.

El día 22 de mayo oímos una de las tantas noticias locas que nos desconcertaban: «Viene un ministro cubano en camino por la loma; llegaron un montón de cubanos más». Aquello era tan irracional que nadie podía creerlo, sin embargo, para hacer un poco de ejercicio bajé algunos tramos de la montaña y, con gran sorpresa, me encontré con Osmany Cienfuegos.[37] Tras los abrazos, las explicaciones; había venido a hablar con los gobernantes de Tanzania y, de paso, solicitado permiso para hacer una visita a los compañeros del Congo; en principio se negaron, alegando que después iban a querer los demás ministros cubanos visitar también el centro de operaciones, pero, en definitiva, cedieron y estaba allí. Me enteré también de que mi presencia no era aún conocida por el gobierno de Tanzania.

Con Osmany llegaban 17, del grupo de 34 hombres que habían arribado a Kigoma y en general las noticias que traía eran muy buenas. Personalmente, sin embargo, trajo para mí, la noticia más triste de la guerra: en conversaciones telefónicas desde Buenos Aires, informaban que mi madre estaba muy enferma, con un tono que hacía presumir que ese era simplemente un anuncio preparatorio. Osmany no había podido recabar ninguna otra. Tuve que pasar un mes en la incertidumbre, esperando los resultados de algo que adivinaba pero con la esperanza de que hubiera un error en la noticia, hasta que llegó la confirmación del deceso de mi madre.[38] Había querido verme poco tiempo antes de mi partida, presumiblemente sintiéndose enferma, pero ya no había sido posible pues los preparativos de mi viaje estaban muy adelantados. No llegó a conocer una carta de despedida para ella y mi padre dejada en La Habana; solo la entregarían en octubre, cuando se hiciera pública mi partida.

Mitoudidi subió a la Base Superior y discutimos los distintos aspectos de la situación militar, él insistía en confeccionar un gran plan estratégico para la toma de Albertville, pero logré convencerlo de que era demasiado ambicioso y, por ende, arriesgado, el meterse ahora con Albertville; era más importante lograr un verdadero conocimiento de toda la zona de operaciones y de los medios con que contábamos, ya que en el Estado Mayor no existía una imagen clara de lo que ocurría en cada uno de los aislados frentes. Todo dependía de las informaciones de los jefes que, para exigir algo, inflaban las cantidades y, para disculparse, achacaban los desastres a la falta de municiones o de armas. Resolvimos de común acuerdo mandar delegaciones a distintos puntos para precisar la situación de las respectivas tropas nuestras y del enemigo, así como la correlación de fuerzas.

Se organizaron cuatro grupos encargados de hacer los estudios pertinentes. Aly, con tres compañeros más, iría a la zona de Kabimba, Nne, con otros dos, a Front de Force; Moja y Paulu a la zona de Baraka, Fizi, Lulimba; Mitoudidi y yo iríamos a Uvira. Este último viaje no se llegó a realizar; primero ocurrieron las dilaciones habituales: falta de botes, falta de gasolina, imprevistos; luego Kabila anunció su inminente llegada y hubo que esperarlo día tras día, sin resultado.

Los primeros informes de la inspección de Kabimba y Front de Force mostraban que existían fuerzas realmente armadas y, al parecer, con disposición para luchar, sin ningún entrenamiento ni disciplina en el caso de Kabimba, con alguna en Front de Force, pero con el mismo grado de desorganización en cuanto al control de armamentos, vigilancia del enemigo, trabajo político, etc.

En el análisis del mes finalizado (mayo), que coincide aproximadamente con el primero de nuestra estancia (recuérdese que los primeros llegamos el 24 de abril), apunté en mi diario de campaña lo siguiente:

Hasta la llegada de Mitoudidi fue tiempo perdido, después se han podido hacer exploraciones y hemos encontrado buena receptividad a nuestras sugerencias. Quizás mañana comience el entrenamiento serio de un grupo de hombres que me prometió. Es casi seguro que en el transcurso del mes de junio podremos demostrar algo entrando en combate.

El defecto mayor de los congoleses es que no saben tirar y por eso se desperdicia parque; hay que comenzar por allí. La disciplina aquí es muy mala pero da la impresión de que en el frente la cosa cambia, allí los muchachos están sujetos a una disciplina aceptable aunque siempre con una notable falta de organización.

Las tareas más importantes son: enseñarles tiro, a luchar en emboscadas (verdadera lucha de guerrillas) y ciertas normas militares de organización que nos permitan concentrar todo el poder en un punto atacado.

Hoy podemos decir que la aparente mayor disciplina de los frentes era falsa y los tres aspectos en que debíamos hacer énfasis: el tiro, la técnica de emboscadas y la concentración de unidades para hacer ataques más importantes, nunca se lograron en el Congo.

Las agrupaciones tenían un carácter tribal y un criterio de guerra de posiciones; los combatientes ocupaban lo que se llama allí las barreras. Estas barreras estaban situadas, en general, en lugares bien elegidos desde el punto de vista táctico, en lomas muy altas, de difícil acceso. Pero los hombres hacían vida de campamento, sin realizar acciones ni recibir entrenamiento, confiados en la inactividad del ejército enemigo y contando para su abastecimiento con los campesinos. Estos tenían que llevarles la comida y sufrían, además, frecuentemente vejaciones y malos tratos. La característica fundamental del Ejército Popular de Liberación era la de ser un ejército parásito; no trabajaba, no se entrenaba, no luchaba y exigían de la población abastecimientos y trabajo, a veces con dureza extrema. Los campesinos estaban expuestos a las exacciones de grupos que bajaban con pases de los campamentos, exigiendo algún alimento extra y comiéndose, en reiteradas oportunidades, los pollos y algunos manjares de relativo lujo que tuvieran aquellos en reserva.

La comida básica del soldado revolucionario era el *bukali*, que se prepara de la siguiente manera: se pela la yuca y se deja secar al sol unos días, luego se muele en un mortero exactamente igual a los pilones de café de nuestra Sierra; esa harina, tamizada, se echa en agua hirviendo hasta que se hace una pasta, y así se come. Con buena voluntad, el *bukali* suministra los hidratos de carbono, pero era harina de yuca casi cruda y sin sal lo que se comía; esto se complementaba a veces con el *zombe,* hojas de yuca machacadas y hervidas, sazonadas con un poco de aceite de palma, y con la carne de algún animal cazado; había bastante caza en aquella zona, pero no era habitual sino más bien ocasional el comerla. No se podía decir que los combatientes estuvieran bien alimentados; del Lago se recibía muy poco. Pero entre sus malos hábitos, figuraba el que tampoco eran capaces de marchar hacia la base a buscar comida. Sobre sus hombros, solamente el fusil, la canana y sus cosas personales, que, en general, no pasaban de una frazada.

Después de un tiempo, al comenzar la vida en comunidad con este original ejército, aprendimos algunas exclamaciones típicas de su modo de ser. Si a la gente se le daba algo para cargar decía: «*Mimi hapana motocari*», que quiere decir, «Yo no soy camión»; en algunos casos, cuando iban con cubanos: «*Mimi hapana cuban*», es decir, «Yo no soy cubano». La comida, así como las armas y las municiones para el frente, debían transportarlas también los campesinos. Está claro que un ejército de este tipo solamente podía tener justificación si, como su contrapartida enemiga, de vez en cuando luchara. Como se verá, tampoco cumplía este requisito. De no cambiar el orden de cosas existentes, la Revolución Congolesa estaba irremisiblemente condenada al fracaso debido a sus propias debilidades internas.

MUERE UNA ESPERANZA

Los días siguientes transcurrieron con una tónica parecida a los anteriores: jornadas angustiosas en que el ángulo formado por las dos colinas que morían en el lago, dejando ver solo el pedazo de agua por ellas enmarcado como horizonte, empezaba a hacerse odioso.

Mitoudidi, a pesar de su buena voluntad, no hallaba la fórmula para hacernos trabajar, frenado, probablemente, por alguna orden concreta de Kabila y esperaba ansiosamente la llegada de este; todos nosotros aguardábamos con igual angustia mientras pasaban los días, uno tras otro, sin cambio para la tropa expedicionaria.

Moja retornó de su viaje de inspección a Baraka, Fizi y Lulimba. La impresión que traía era realmente desastrosa. A pesar de un recibimiento entusiasta de la población y muy correcto por parte de los compañeros jefes, se notaron varios síntomas peligrosos. El primero fue la manifiesta hostilidad con que se hablaba, tanto de Kabila y de Massengo, como del compañero Mitoudidi; a todos ellos se les acusaba, más o menos veladamente, de ser extranjeros allí pero, por sobre todas las cosas, de ser unos simples viajantes que no estaban nunca donde su pueblo los necesitaba.[39] Había bastantes hombres armados en la zona pero tarados por la pésima organización que, se puede decir, no solo era similar en sus efectos a los otros casos ya conocidos, sino aun peor. Los jerarcas se pasaban el día bebiendo en tal forma que caían en borracheras increíbles sin preocuparse siquiera de ocultarlo a la población, pues lo consideraban un acto natural de «hombres». Debido a las facilidades que en esa época había en el lago para el transporte de materiales esenciales, tenían una cantidad suficiente de gasolina y los viajes de ida y vuelta a uno y otro lado del extenso territorio ocupado por ese sector se sucedían, sin que nadie pudiera adivinar en ellos alguna finalidad concreta.

La barrera situada frente a Lulimba estaba a unos siete kilómetros de esa población, en lo alto de la montaña, y hacía tiempo que las fuerzas revolucionarias no bajaban a atacar, ni hacían el menor reconocimiento de la zona; toda la actividad se limitaba a disparar con un cañón de 75 milímetros sin retroceso. Sin conocer las reglas del tiro indirecto (con ese cañón se puede hacer blanco directo solo a un kilómetro y medio) y sin saber exactamente la situación del enemigo, se dedicaban a un gigantesco entretenimiento de cohetería con cartuchos de 75 milímetros.

Puse en conocimiento de Mitoudidi todas estas cosas y me manifestó que la impresión de los enviados era real, que Moulana, el jefe de esa zona, un autotitulado general mayor, era un anarquista sin ninguna conciencia revolucionaria y debía ser sustituido. Se le había llamado para hablar con él pero se negaba a ir sospechando que sería arrestado.

Ya que no se podía hacer otra cosa, seguimos insistiendo en las expediciones exploratorias y volvimos a enviar a Nne y Nane, al frente de pequeños grupos, para continuar la inspección en la zona de Front de Force y de Katenga que parecían ofrecer algunas posibilidades. También Aly salió con la misión de explorar Kabimba; la zona misma del pueblo, la carretera de Kabimba a Albertville y buscar algún camino practicable entre Front de Force y Kabimba, pero se vio impotente ante los obstáculos puestos por el jefe de ese sector.

Todos los días teníamos el mismo cántico matinal: Kabila no llegó hoy, pero mañana sin falta, o pasado mañana…

Y seguían arribando barcos con una buena cantidad de armas de gran calidad; era verdaderamente lastimoso observar cómo se desperdiciaban recursos de los países amigos, de China y de la Unión Soviética fundamentalmente, el esfuerzo de Tanzania, la vida de algunos combatientes y de civiles para realizar tan poca cosa.

Mitoudidi se había dedicado a organizar la Base [Superior], había metido en cintura a los bebedores, tarea no muy sencilla porque ella sola significaba lidiar con el 90 ó 95% de la gente; había congelado la entrega de armas y municiones y, entre otras cosas, exigía que los sirvientes de las armas pesadas, delante de él, hicieran una demostración de sus conocimientos antes de adjudicarles una nueva unidad, lo que garantizaba, al menos, que no se entregarían más. Pero faltaba demasiado por hacer y era un solo hombre; sus segundos lo ayudaban muy poco en la tarea.

Intimamos bastante. Le expliqué que mi debilidad mayor era la falta de contacto directo con los combatientes que no hablaban francés, y él me envió como profesor de swahili a uno de sus jóvenes ayudantes para poder comunicarme directamente en esta lengua con los congoleses. Era un muchacho inteligente, Ernest Ilunga, quien debía iniciarme en el misterio de la lengua. Comenzamos con mucho entusiasmo las clases de tres horas diarias, pero la verdad es que yo fui el primero en reducir a una hora la enseñanza, y no por falta de tiempo; era lo que me sobraba, desgraciadamente, sino por incompatibilidad completa entre mi carácter y las lenguas. Existía otro inconveniente que no fui capaz de zanjar durante toda mi estancia en el Congo; el swahili es una lengua con gramática, bastante desarrollada y rica, pero en este país, por sus peculiaridades, las gentes lo hablan como lo que ellos llaman su lengua nacional, al lado de la lengua materna, el dialecto de su propia tribu, de manera que el swahili viene a ser, en cierta medida, lengua de conquistadores o símbolo de un poder superior. Casi todos los campesinos la usan como segunda lengua. Sumado esto al atraso de la zona, hace que hablen un idioma sumamente simplificado, un «*basic* swahili» y, además, se adaptaban muy fácilmente a nuestra media lengua, pues les resultaba más cómodo hablar de esa manera. Enredado en esas contradicciones, no hablé el swahili gramatical ni el propio de esa región del Congo, en toda mi estancia allí.

En estos días trabé conocimiento también con Mundandi, el comandante ruandés de Front de Force. Había estudiado en China y daba una impresión bastante agradable de seriedad y firmeza pero, en el transcurso de la primera conversación, me soltó una batalla en que había causado 35 bajas al enemigo. Le pregunté cuántas armas había ocupado como resultado de esas 35 bajas. Me contestó que ninguna, porque los habían atacado con bazucas y las armas habían desaparecido en pedazos minúsculos. Mis cualidades diplomáticas nunca han sido muy grandes y le dije simplemente que eso era mentira; se disculpó argumentando que él no había estado presente en el combate, eso le habían informado sus subordinados, etc., y allí paró el incidente pero, como la exageración es una norma habitual dentro de esta zona, el decir con tanta franqueza que una mentira es mentira no es el mejor método para establecer relaciones fraternas con nadie.

El día 7 de junio, emprendí camino hacia la Base Superior tras de haber consultado con Mitoudidi sobre la veracidad de los «mañanas» de Kabila.

Tácitamente me dijo que no esperaba su llegada, teniendo en cuenta, además, que en esos días estaba de visita Chou En-lai[40] por Dar es-Salaam y era lógico que Kabila fuera allí a tratar de hablar sobre algunos pedidos hechos al dirigente chino.

Cuando estaba subiendo la fatigosa loma de la Base Superior llegó un mensajero a avisarnos que Mitoudidi se acababa de ahogar. Su cadáver estuvo tres días sumergido y solamente el día 10 se le enterró, después que el lago lo devolviera a la superficie. Gracias a la presencia de dos cubanos que estaban en el bote cuando el accidente, a toda una serie de conversaciones e indagaciones personales, pude llegar a la siguiente conclusión:

Mitoudidi iba a Ruandasi, lugar donde pensaba trasladar el Estado Mayor, situado apenas a unos tres kilómetros de la base de Kabimba[41] pero, debido a lo incómodo del camino, salió por agua. Soplaba un fuerte viento y había olas grandes en el lago. Parece ser que su caída al agua fue accidental, todo lo indica así; a partir de ese momento se suceden una serie de hechos extraños que uno no sabe si atribuir directamente a la imbecilidad, a la extraordinaria superstición —ya que el lago está poblado por toda clase de espíritus— o a algo más serio. El hecho es que Mitoudidi que nadaba un poco, alcanzó a sacarse las botas y estuvo pidiendo auxilio durante unos 10 ó 15 minutos, según las afirmaciones de los distintos testigos. Se tiró gente a salvarlo, uno de ellos fue su ordenanza que también se ahogó; el comandante François que iba con él (nunca supe si cayó al mismo tiempo o se tiró a salvarlo), también desapareció. Al producirse el accidente pararon el motor del bote, fuera de borda, con lo cual este perdía toda su maniobrabilidad, después lo arrancaron pero parecía que alguna fuerza mágica no le permitía acercarse a donde estaba Mitoudidi; por fin, mientras este continuaba pidiendo auxilio, la barca se dirigió a la orilla y los compañeros lo vieron desaparecer poco después.

Tan complicado es el esquema de relaciones humanas entre todos los jefes congoleses, que uno no sabe qué decir de esto, lo cierto es que el comandante del bote en ese momento, también comandante del ejército, tiempo después fue enviado a otro frente, explicándoseme el traslado como debido a una serie de incidentes que este compañero había tenido en la base.

Así, en un accidente estúpido, perdió la vida el hombre que había implantado un comienzo de organización en aquel caos terrible que era la base de Kabimba.[42] Mitoudidi era joven, apenas pasaba los treinta años, había sido funcionario de Lumumba y luchado con Mulele. Según Mitoudidi, Mulele lo había enviado a esa zona en momentos en que allí no había ninguna organización revolucionaria actuando. En las frecuentes conversaciones que tuvimos, me explicaba de los métodos diametralmente opuestos que usaba Mulele, la característica totalmente distinta que había tomado la lucha en aquella otra parte del Congo, aunque nunca insinuó siquiera una crítica contra Kabila o Massengo y atribuía todo el desbarajuste a las peculiaridades de la región.

No sé por qué motivo, tal vez por razones raciales o de prestigio anterior, cuando llegó Kabila a la zona fue el jefe y Mitoudidi su jefe de Estado Mayor. Lo real era que la única persona con autoridad desaparecía ahora en el lago. Al día siguiente ya se sabía la noticia en los contornos y Kabila daba señales de vida con una pequeña nota en que me decía lo siguiente:

Acabo de conocer la suerte del hermano Mitu, así como de otros hermanos. Usted puede verlo, esto me hiere profundamente.

Lo que me inquieta es su seguridad; yo quiero llegar enseguida. Pues para nosotros esta triste historia es nuestro destino. Todos los camaradas con los cuales usted llegó deberán quedarse en el lugar hasta mi retorno, salvo que quieran ir a Kabimba o hacia Mundandi, a Bendera.

Confío en su firmeza, nosotros activaremos todo para que en una fecha precisa desplacemos la base.

Trate con el compañero Muteba algunas cuestiones, así como con Bulengai y Kasabi durante mi ausencia.

Amistad,

Kabila

El compañero Muteba, quien estaba muy impresionado por la muerte de Mitoudidi, fue a verme para precisar cuáles eran nuestras ideas sobre todo lo ocurrido. Pensaban hacer el traslado de la base, según yo creía, por problemas de superstición; no quise hacer objeciones pues me lucía un asunto muy delicado y me pareció lo más oportuno eludir la respuesta. Discutimos sobre los problemas más importantes que nos habían llevado al Congo; ya nos acercábamos a los dos meses de estancia allí y todavía no habíamos hecho absolutamente nada. Le hablé de los informes que había entregado al compañero Mitoudidi, pero estos habían desaparecido con él y pidió entonces que le hiciera uno general de la situación para enviar a Kabila; emprendí esa tarea y escribí lo que sigue (debo dejar constancia de que este texto se aparta levemente del original debido a que mi francés macarrónico me obligaba, en determinado momento, a buscar la palabra que conocía, sacrificando aquella que quería decir realmente. La carta está dirigida al camarada Muteba y es de carácter confidencial).

Consideraciones generales: Dado el escaso mes y medio de experiencia congolesa, no puedo aventurar muchas opiniones. Considero que tenemos delante un peligro principal: el imperialismo norteamericano.

Innecesario es hacer un análisis de por qué son un peligro concreto los norteamericanos. La Revolución Congolesa está en un período de reagrupación de fuerzas, luego de las últimas derrotas sufridas. Si los yanquis han aprendido la lección de otras revoluciones, este es el momento que deben elegir para golpear duro y tomar, primeramente, medidas tales como la neutralización del lago, es decir, hacer todo lo necesario para cerrar nuestra principal vía de suministros de todo tipo. Por otra parte, los acontecimientos mundiales, tales como la lucha en Vietnam y la reciente intervención en Santo Domingo, atan algo sus manos. Por eso el tiempo es un factor fundamental para la consolidación y desarrollo de la revolución, lo que no se puede efectuar sino sobre la base de golpes duros al enemigo; la pasividad es el comienzo de la derrota.

Pero a la movilización de todas nuestras fuerzas y el ataque de las del enemigo, se opone nuestra propia falta de organización. Esto se percibe en varios aspectos diferentes y concatenados:

1ro. La falta de un mando central único con poder real sobre todos los frentes, confiriendo lo que se llama en el lenguaje militar, la unidad de doctrina (me refiero específicamente a esta zona y no al Congo en general).

2do. La carencia general de cuadros con nivel cultural adecuado y fidelidad absoluta a la causa revolucionaria, lo que trae como consecuencia la proliferación de jefes locales con autoridad propia y libertad táctica y estratégica de acción.

3ro. La dispersión de nuestras armas pesadas por medio de una distribución igualitaria que deja sin reservas a la jefatura, sin contar con el mal uso que se hace de estas armas.

4to. La falta de disciplina en las unidades, contagiadas del espíritu localista preponderante y sin ningún entrenamiento previo.

5to. La incapacidad de los mandos para mover coordinadamente unidades de cierta envergadura.

6to. La carencia general del entrenamiento mínimo necesario para manejar un arma de fuego, lo que se agrava en el caso de armas que exijan preparación combativa especial.

Todo esto produce la incapacidad de realizar acciones tácticas de cierta envergadura y, por ende, la paralización estratégica. Son males que toda revolución debe enfrentar y no tiene por qué asustarnos; solo hay que tomar medidas sistemáticas para subsanarlas.

Participación de los cubanos: Nuestra población negra era la más explotada y discriminada de la población. Su participación en la lucha fue muy importante, por intermedio del campesinado oriental, pero este era analfabeto en su gran mayoría.

Como consecuencia, muy pocas de nuestras figuras militares principales o de los cuadros intermedios con preparación seria, eran negros. Al hacernos el pedido de enviar preferentemente negros cubanos, buscamos entre los mejores elementos del ejército que tuvieran alguna experiencia combativa y el resultado es que nuestro grupo tiene, así lo consideramos, muy buen espíritu de combate y conocimientos precisos de la táctica sobre el terreno, pero poca preparación académica.

Lo anterior es una introducción a nuestra propuesta de acción: dadas las características de la tropa, nuestra participación debe efectuarse fundamentalmente en tareas combativas o relacionadas con la lucha directa.

Podríamos hacerlo de dos maneras:

1ro. Fraccionar nuestro grupo entre las distintas unidades del frente como instructores en el manejo de las armas y luchando entre las fuerzas congolesas.

2do. Combatiendo en unidades mixtas, mandadas en un primer momento por cubanos, realizando acciones tácticas bien definidas y ampliando su radio de acción mediante el desarrollo y formación de cuadros de mando congoleses (dado el escaso número de nuestras fuerzas estas unidades no debieran ser más de dos). Se mantendría una base central de entrenamiento con instructores cubanos en la medida en que fueran necesarios.

Nosotros nos inclinamos a esta segunda proposición por razones militares y políticas; militares porque garantizaríamos una conducción de acuerdo con nuestra concepción de la lucha guerrillera (que creemos es justa), políticas, porque con nuestros éxitos podríamos alcanzar a disipar la atmósfera que se crea en torno a tropas extranjeras con distintas concepciones religiosas, culturales, etc., y nos permitiría un mejor control de nuestros elementos. Dispersos podrían provocar conflictos debido a la falta de comprensión de la realidad congolesa que nuestro mando, considera, está adquiriendo.

Podríamos realizar algunos trabajos complementarios (y necesarios), como son los planes de entrenamiento de las unidades; la contribución a la formación de un Estado Mayor General (el dominio de los servicios y, especialmente, los armamentos, está flojo); la organización de la salud pública o la sanidad militar; cualquier otro trabajo que se nos encomiende.

Nuestra apreciación de la situación militar: Ahora se habla con insistencia de la toma de Albertville; creemos que, en el momento actual, es una tarea superior a nuestras fuerzas por las siguientes razones:

1ro. No hemos sido capaces de desalojar al enemigo de puntos enclavados en nuestro sistema natural de defensa (estas montañas).

2do. No tenemos la experiencia suficiente para una tentativa de tan largo alcance que supone la movilización de unidades, por lo menos, hasta escala de batallón y su sincronización con un alto mando de las operaciones.

3ro. No tenemos suficiente equipo bélico para una acción de esa envergadura.

Albertville debe caer como resultado de una acción paulatina y tenaz —quizás sea más adecuado decir que será abandonado por el enemigo—. Primero tenemos que disminuir totalmente su moral de combate, hoy en relativa alza, mediante ataques sistemáticos a sus comunicaciones y refuerzos; aniquilar u obligar a la retirada de las fuerzas de Kabimba, Front de Force, Lulimba, etc., mediante esta táctica, combinado con ataques frontales allí donde la correlación de fuerzas nos sea más favorable, infiltraciones en todas las carreteras que conducen a

Albertville con sabotajes y emboscadas frecuentes y paralización de su economía; toma de Albertville.

Por razones que ampliaré en otro informe, después de conocer el resultado de las exploraciones, me parece que el punto más adecuado para iniciar las operaciones es Katenga. Las razones que puedo dar hoy son las siguientes:

1ro. Su guarnición es relativamente pequeña.

2do. Se puede (eso creemos) organizar emboscadas a los refuerzos, ya que su línea de abastecimientos corre paralela a las montañas.

3ro. Su caída y mantenimiento en nuestras manos provocaría el aislamiento de Lulimba, puerta para Kasongo.

Después de esta carta envié el informe sobre el reconocimiento de Katenga, el análisis de la situación y una recomendación de ataque. En ese momento era relativamente fácil atacar Katenga dado que, por la falta total de actividad de nuestras fuerzas, el enemigo prácticamente no tenía vigilancia en la zona.

UNA DERROTA

Los reemplazantes de Mitoudidi se embarcaron para Kigoma y a algunos, como el compañero Muteba, receptor de mi carta a Kabila, no los vimos más durante la guerra.

El caos comenzó a enseñorearse nuevamente de la base, ahora con un furor casi consciente, como queriendo aprovechar el tiempo perdido durante la intervención de Mitoudidi, sucediéndose órdenes y pedidos sin la más mínima traza de racionalidad. Se sembró de ametralladoras la margen del lago pidiéndonos cubanos para manejarlas, lo que condenó a la inactividad a un grupo de compañeros. Dadas las condiciones de indisciplina imperante no se podía aspirar a defender la base de los ataques aéreos con ametralladoristas congoleses que no conocían el manejo del arma y no querían aprenderlo (no las empuñaron, salvo honrosas excepciones, durante toda nuestra estancia en el Congo), huían ante la aviación y no la cuidaban ordenadamente. Esas ametralladoras cumplieron algún papel rechazando a la aviación enemiga pues esta, tripulada por mercenarios al fin, después de una o dos escaramuzas no tenía mayor interés en luchar contra las armas de fuego y se trasladaba a ametrallar y bombardear zonas donde no hubiera ninguna defensa antiaérea. A pesar de todo, considero que la fijación en el Lago de estos hombres constituyó un gasto inútil de nuestra fuerza de combate ya que el ataque enemigo era inoperante; cuatro «tataguas» T-28 y dos B-26 cumplían la tarea.

Seguíamos con las mismas dificultades en la Base Superior; sin alumnos, ya que nunca llegaron los prometidos por Mitoudidi, viendo arribar representantes de lejanas guerrillas a llevarse armas y municiones que desperdiciarían, perderían o romperían sin utilidad ninguna y con muchos compañeros atacados por las fiebres del Congo. A mediados del mes de junio llegó el compañero Mundandi; junto con él venían algunas cartas de Kabila. Me decía lo siguiente, en una fechada el 16 de ese mes:

Camarada, he leído y releído el informe que ha dirigido al hermano Muteba para mi conocimiento. Ya le dije camarada, quiero empezar las emboscadas; el camarada Mundandi le hablará. Permita que una buena cincuentena de cubanos participen en el ataque del 25 de junio con el rango de combatientes bajo la dirección de Mundandi.

Usted es revolucionario, debe soportar todas las dificultades que hay allí, pues de un instante a otro llegaré. Puede también enviar a Kabimba una buena docena de hombres.

Saludos íntimos,

Kabila

Como posdata: Yo he apreciado el plan sobre Bendera que Nando me ha hecho ver. Es casi el mismo que nosotros hemos concebido, coraje y paciencia. Yo sé también que usted sufre de la desorganización pero nosotros hacemos todo por paliarla, es el defecto de la ausencia de dirigentes.

Hasta la vista,

Kabila

Comenzamos a discutir con Mundandi, ya que Kabila estaba de acuerdo, según sus afirmaciones, con el plan de ataque que le había mandado y que no era sobre Bendera, sino sobre Katenga, que está a unos kilómetros de ese punto. Mundandi se mostró huidizo; él no tenía plan concreto, solo la orden de atacar el día 25 de junio. Le pregunté por qué esa fecha y tampoco podía responder; le hablamos de nuestro plan de no atacar directamente a Bendera sino el pequeño poblado de Katenga y atraer los refuerzos sobre ese punto para destruirlos en la carretera y no decía sí ni no. Parecía un infeliz a quien se le ha encargado una tarea superior a sus fuerzas; algo de eso había pero también una gran dosis de disimulo.

Evidentemente, entre Mundandi y Kabila decidieron atacar Front de Force, tal vez confiados en que un ataque por sorpresa podría llevar a una victoria de grandes proporciones sobre el ejército enemigo. Temía por la seguridad de los compañeros cubanos y ruandeses que debían participar en la acción, si se lanzaban a un ataque directo sobre posiciones desconocidas, en las cuales había trincheras, defensas naturales y armas pesadas. La primera reacción mía fue participar personalmente en las operaciones; Kabila había precisado que los hombres debían ponerse a las órdenes de Mundandi, con lo cual rechazaba sutilmente una de mis proposiciones de que fueran cubanos los que dirigieran las acciones tácticas en que participaran tropas mixtas. Decidí que no era lo más importante esto pensando que mi autoridad podría imponer soluciones atinadas en eventuales discusiones, pues Mundandi conocía mi identidad y parecía respetarme, por lo que escribí a Kabila una pequeña nota en la cual le decía lo siguiente:

Querido camarada:

Gracias por su carta. Puedo asegurarle que mi impaciencia es la de un hombre de acción; no significa ninguna crítica. Soy capaz de comprender porque he vivido personalmente en condiciones parecidas.

Espero también su llegada con impaciencia porque lo considero un viejo amigo y le debo una explicación. Al mismo tiempo debo ponerme a sus órdenes de manera incondicional.

Según sus órdenes, los cubanos salen mañana hacia Front de Force, desgraciadamente hay muchos enfermos y el número será un poco más bajo (40). En Kabimba hay cuatro camaradas. A medida que lleguen los otros los enviaremos.

Le pido un favor: déme permiso para ir a Front de Force, sin otro título que el de «Comisario Político» de mis camaradas, completamente a las órdenes del camarada Mundandi. Acabo de hablar con él y está de acuerdo. Pienso que esto podría ser útil. Estaría de regreso tres o cuatro días después de haber recibido su llamada.

Con mis saludos,

Tatu

Efectivamente, había discutido con Mundandi, la posibilidad de mi presencia y, de la boca para fuera, por los menos, estaba de acuerdo, pero me recalcó que debía mandar los hombres sin esperar la respuesta de Kabila, lo que hacía sospechar que sería negativa.

La respuesta llegó unos días después y no fue negativa; siguiendo su característica, era huidiza. Todavía tuve tiempo de escribir otra carta más, precisando que me dijera francamente sí o no, carta que ya no admitía una respuesta tangencial y que simplemente no contestó, por lo tanto no fui a Front de Force.

El día señalado salieron los hombres; no pudieron ser los 40 anunciados sino 36, pero poco después enviábamos siete hombres más, lo que hacía un total de 43. Llegaba luego la noticia de que todos estaban bien, pero el ataque se había atrasado —Mundandi no había aparecido por allí—. Hacían el pedido de algún médico para tenerlo cerca, pedido que podíamos satisfacer en ese momento debido a que acababa de llegar un grupo de 39 compañeros más entre los cuales había tres galenos, un cirujano, un ortopédico y un clínico.

El primer informe del combate decía así:

Tatu o Kumi, a las 05:00 hrs. del día de hoy, 29 de junio de 1965, empezó el ataque. Vamos bien, parece que Katenga está siendo atacada, para allá hay cinco compañeros nuestros, Nane, jefe del grupo y dos compañeros ruandeses.

Patria o muerte,

Moja

Y después:

Son las 07:30 hrs., esto va bien, muy contenta la gente y portándose bien. Todo comenzó a la hora fijada, abrimos el fuego con un cañonazo y un morterazo. Después le envío más datos.

Pero simultáneamente con esta nota llegaban noticias alarmantes, de veintenas de muertos, de cubanos muertos, de gente herida, que me hacían pensar que no todo andaba bien; anteriormente había recibido una esquela en la cual me decían, poco antes de salir:

El día 29 efectuamos la cosa, que es en Front de Force, no fue posible convencer al hombre, informaremos después el asunto.

Largas discusiones tuvieron los compañeros Mbili y Moja para convencer al comandante Mundandi, de que no hiciera el ataque en la forma planeada por él, pero se estrellaron contra su firme posición; alegaba tener órdenes de Kabila. Después, Kabila diría que no había dado tales órdenes.

Front de Force o Front Bendera está centrado por una hidroeléctrica construida en las márgenes del río Kimbi; la toma de agua está prácticamente en las montañas dominadas por los ruandeses; por el llano (pues la montaña cae a pico sobre el altiplano de la cuenca del río Congo) van las líneas eléctricas. El poblado se divide en dos partes; una vieja, anterior a la hidroeléctrica y otra más nueva, cercana a la casa de las turbinas, donde hay un barrio militar con más de 80 casas. El río Kimbi es una de las defensas naturales que tiene y estaba convenientemente reforzado por trincheras que habían sido muy superficialmente exploradas antes del ataque. Cuenta con un campo para aviones menores. Se calculaba que podía haber allí un batallón, de 500 a 700 hombres del enemigo, y a cuatro kilómetros, en el entronque con la carretera que va a Albertville, existía otra agrupación formada por tropas especiales y se decía que estaba allí la Escuela de Cadetes o una Escuela de Preparación Militar.

Lo único que se logró de Mundandi fue que en los principales puntos de combate se pusieran jefes cubanos. En el esquema adjunto[43] se puede ver aproximadamente la disposición del ataque que se realizaría solamente por el lado norte, con emboscadas en ambos lados de la carretera de Lulimba a Albertville. El plan era el siguiente:

Un pequeño grupo dirigido por Ishirini, atacaría lo que se llama el *charriot*, la toma que va a suministrar el agua a la turbina de la hidroeléctrica; abajo, cruzando el río Kimbi, un grupo de hombres dirigidos por el teniente Azi, debería atacar las posiciones fortificadas más cercanas a la montaña; por el centro, el teniente Azima con un grupo de ruandeses tomaría el aeropuerto y avanzaría a unirse con Azi; impidiendo el movimiento desde Lulimba estaría el teniente Maffu con otro grupo y la posición más fuerte, con un cañón de 75 [milímetros] y otras armas pesadas, sería la del teniente Nne, que se emboscaría en el acceso desde Albertville. El puesto de mando estaría situado del otro lado del río Kimbi en las primeras estribaciones de las montañas y allí permanecerían Moja y Mundandi. Al principio este había planteado tener dos puestos de mando pero se le convenció de que era mejor unificarlos.

Este plan tenía algunos inconvenientes serios: Nne debía marchar hacia una zona desconocida, ya que no había sido explorada. Maffu conocía algo del terreno y Azi también, Azima había hecho una inspección superficial observando con anteojos desde la montaña, pero, para lo que nosotros podíamos esperar que ocurriera, la llegada de refuerzos desde Albertville, debíamos tener una emboscada muy bien acondicionada y sin embargo íbamos a emplazarla a ciegas. Mucho se discutió con Mundandi para dirigir el esfuerzo fundamental sobre Katenga y al final se logró que este aceptara el enviar una orden de ataque al capitán Salumu pero, como después se comprobó, esta fue dada para el día 30 mientras que Mundandi lo hacía el 29.

En Front de Force, las cosas no transcurrieron, ni remotamente, tan bien como lo hacían esperar los primeros partes.

Ishirini tenía que ir junto con otros dos cubanos y siete ruandeses con lanzacohetes y fusiles, su función era tirar sobre el *charriot* para silenciar un nido de ametralladoras y tratar de provocar algún daño en la planta; se apagaron las luces unos minutos pero eso fue todo. Los combatientes ruandeses se quedaron a unos dos kilómetros del lugar de la acción y la realizaron solamente los cubanos. Para dar una idea del desorden que reinó, transcribo íntegro el informe del compañero teniente Azi, encargado de atacar a través del río Kimbi.

Al salir a cumplir la misión, coloqué el mortero, el cañón y la ametralladora antiaérea y las terrestres a tiro directo del enemigo, a 300 metros, exceptuando el mortero que estaba a 500 metros, siguiendo con 49 ruandeses y cinco cubanos. Pasando el río que estaba a 150 ó 200 metros de los morteros enemigos, al pasar el río, a unos 100 metros de la posición enemiga, se le escapó un tiro a un ruandés desorganizándose la tropa y perdiéndose cinco de ellos, quedando 44. Organicé el personal en tres grupos, dos cubanos en mi grupo y los otros dos, uno en cada grupo. A las 03:00 hrs. del día 29 ya las posiciones estaban ocupadas, en partes a 25 metros del enemigo y en otras a más distancia. Se escucharon algunos disparos de ametralladoras del enemigo. A las 05:00 hrs., como estaba previsto, rompió el fuego el cañón, los morteros, la ametralladora antiaérea y las terrestres y acto continuo rompimos nosotros fuego contra la infantería. Todas las armas dieron en el blanco; el fuego se mantuvo ininterrumpido hasta las seis horas, teniendo a esta hora tres heridos por mi frente. A las 07:00 hrs. por el flanco izquierdo no escuchaba los disparos de nuestra tropa. Me desplacé un poco y noté que faltaban muchos ruandeses, armé a tres cubanos con ametralladoras cambiándoles el FAL, siendo estos Achali, Angalia y yo, con un capitán ruandés. A las 08:45 hrs. tenía dos muertos ruandeses; me desplacé a la izquierda a buscar a Tano, para mandar un mensaje a Moja y el personal del centro y el grupo de la izquierda se habían retirado por su cuenta incluyendo los oficiales ruandeses, me quedaban 14 ruandeses, me faltaba un cubano que era Tano, que estaba en el grupo del centro. Envié el primer mensaje a Moja con Angalia. A las 10:00 hrs. me quedaban cuatro ruandeses, entre ellos un oficial. Aguanté hasta las 12:00 hrs., me retiré unos 25 metros más atrás, habiendo dos muertos más y tres heridos. Envié otro mensaje a Moja, aguanté ahí hasta las 12:30 hrs., me retiré para la posición del mortero y el cañón, pasando el río. Antes de retirarme busqué la posición donde se encontraban Tano y Sita, ambos no aparecieron y más tarde apareció Sita. En la posición del mortero recibí órdenes de Moja de retirar el mortero, las ametralladoras y el cañón y dejar una emboscada por si los guardias cruzaban el río. Manteniendo esa posición hasta las 06:00 hrs. del día 30 de junio, en que recibí la orden de retirada total del lugar. En la emboscada solo quedábamos cubanos, Anzali, Achali, Ahiri, Abdallah, Almari y Azi, no habiendo ningún ruandés. Dándosele órdenes a los ruandeses desde el puesto de mando de que ocuparan las posiciones y se iban por el monte para el campamento. El personal ruandés dejaba armas y el parque abandonados y el personal muerto de ellos no lo recogían. El compañero Azima se encontraba bajo mis órdenes cumpliendo la misión de ocupar la otra parte (margen derecha del río, a unos 500 metros de nuestras posiciones) con Alakre, Arobo y 40 ruandeses y la noche en que se trasladaban para ocupar las posiciones los ruandeses escucharon un ruido diciendo que era un *tembo* (elefante) dejándolo solo con los dos cubanos en el monte, teniendo que regresar al puesto de mando a las 07:00 hrs. del día 29.

Esto fue aproximadamente la tónica de la operación, empezó con algún brío, aun cuando ya antes de iniciar el combate se habían perdido hombres en muchas de las posiciones y después se produjo una desbandada completa.

El compañero Tano, que apareció siete días después, había sido herido y sus compañeros lo abandonaron, se arrastró entonces hasta el monte donde lo encontraron algunos ruandeses que estaban de patrulla. Sanó y se incorporó nuevamente a la lucha.

Para completar la imagen, otro parte de ese mismo día:

Podemos informarle que en todo el frente los compañeros ruandeses se retiraron a la desbandada dejando armas, parques, heridos y muertos, los cuales fueron recogidos por nuestros compañeros, de lo cual fue testigo el compañero comandante Mundandi.

La misión del compañero Nne, que era la principal, era la de ocupar la carretera de Albertville a [Front de] Force para evitar el paso de refuerzos enemigos y según los datos que tenemos hasta el momento no llegó al lugar indicado, porque el práctico manifestó haberse perdido, tomando el compañero Nne la errónea decisión de atacar la Academia Militar, donde según los informes que tenemos dados por nuestros compañeros y por compañeros ruandeses que participaron en el mismo, al empezar el combate, solamente se quedaron en el lugar los compañeros nuestros y algunos compañeros ruandeses, los cuales murieron y dos resultaron heridos, inclusive al comenzar el combate el compañero Nne les pidió que emplazaran el cañón, dándose el caso de que los compañeros ruandeses que llevaban el cañón se retiraron con el mismo rumbo al campamento, dejando abandonados los proyectiles y otras piezas, las cuales fueron recogidas por algunos compañeros nuestros.

Al enterarnos de la muerte del compañero Nne, enviamos a dicho lugar al compañero Mbili con 20 hombres de refuerzo y a la vez para que viera la realidad de la situación, encontrándose al llegar a la emboscada del compañero Maffu, que en la misma se encontraban los compañeros Kasambala, Sultán, Ajili y otros que pertenecían al grupo de Nne. El compañero Mbili al ver la situación me informó de la misma pidiendo a la vez más hombres, para que si yo lo creía conveniente, él trasladarse con dichos hombres a la carretera, siendo esto a las 18:00 hrs. del día 29. Al tratar dicho problema al comandante Mundandi, me manifestó que los compañeros ruandeses se negaban a ir a pelear, por cuya razón no teníamos más hombres para enviar para hacer la emboscada, ya que los compañeros ruandeses que habían sobrevivido al grupo de Nne, se habían ido para la base, mientras que los 20 ruandeses que había llevado el compañero Mbili se negaban a pelear también y el personal que llevaba Maffu se encontraba en la misma situación, por lo que consideramos mandarle a decir al compañero Mbili que dejara cuatro o cinco compañeros nuestros buscando los cadáveres, mientras que los demás debían regresar, planeándose la retirada para la noche del día 30/06/65. Pero a las 04:00 hrs. del día 30 solamente quedaban en la posición del compañero Azi, él y los demás compañeros cubanos, cuya situación le fue planteada al compañero comandante Mundandi, tomándose la decisión de retirarnos para un monte cercano de aquella zona.

Los otros problemas presentados en el transcurso de esta operación al compañero Mbili se lo explicará con lujo de detalles.

El puesto de mando nuestro donde también se encontraba el comandante Mundandi, se encontraba situado a unos 800 metros del frente (al lado del río) y teníamos en el mismo a: Moja, Mbili, Paulu, Saba y Anga.

Dejamos nada más esta cantidad en el puesto de mando, ya que consideramos que las emboscadas fueran reforzadas, por las distancias existentes.

En el campamento del frente se quedaron enfermos Bahasa y Ananane, los cuales no pudieron ir al combate.

Moja

Para el compañero Nne todas fueron dificultades; había discutido anteriormente con Maffu, pues pensaba actuar en la emboscada y luego retroceder para atacar el puesto enemigo, lo que había propuesto al mando sin lograr su aquiescencia, insistiendo en su idea. Al comenzar el combate en otros lugares, las posibilidades de llegar al punto designado eran escasas, dado que el guía, presa de un terror mortal, no daba un paso más y nadie conocía el camino. Nne decidió atacar la posición que tenía enfrente al iniciarse la lucha, precisamente la Academia Militar y fue recibido por un nutridísimo fuego de armas pesadas bien combinadas. Según los testigos presenciales, en poco tiempo fue alcanzado el propio Nne, que dejó su puesto en la ametralladora a Kawawa, el que fue muerto por un mortero; otros dos compañeros resultaron heridos leves y se retiraron. Un explorador enviado poco después encontró el cadáver de Thelathini; Ansurune había desaparecido y se dio por muerto. El combate se trabó a unos 200 metros del enemigo, aparentemente en una zona perfectamente colimada por este. Además de los cuatro compañeros cubanos, murieron por lo menos

14 ruandeses, entre ellos el hermano del comandante Mundandi; no se puede precisar el número exacto porque la contabilidad ruandesa era muy deficiente.

En esta acción desgraciada, gran parte de la culpa le cupo al mando cubano; el compañero Nne, menospreciando al enemigo, en una acción de arrojo indiscutible y para cumplir lo que consideraba su deber moral, aunque no su cometido específico, se lanzó al ataque frontal, pereciendo junto con otros compañeros y dejando abierta la vía de Albertville por donde debían llegar los refuerzos del enemigo.

Antes de iniciar el combate se le había ordenado a todos los compañeros, previendo cualquier contingencia, que dejaran los documentos y papeles que pudieran permitir una identificación. Así lo habían hecho, pero el grupo de Nne mantenía en sus mochilas algunos documentos, ya que estaba calculado que dejarían sus pertenencias a cierta distancia y después entrarían en combate en la emboscada. Al trabar combate lo hicieron con sus mochilas y, en alguna de las de los muertos, encontró el enemigo un diario que le daba indicación de que los cubanos participaban en el ataque. Lo que no supieron es que hubo cuatro muertos en este lugar,[44] pues siempre han hablado los periódicos de dos solamente.

La cantidad de armas y parque abandonado en la fuga fue muy grande pero, como no había contabilidad previa, no se puede calcular; los heridos eran abandonados a su suerte y, por supuesto, los muertos.

En Katenga, mientras tanto, ¿qué sucedía?:

Al ataque iban 160 hombres con un armamento muy inferior al de los ruandeses, pues tenían como armas más efectivas fusiles-ametralladoras y lanzacohetes de corto alcance. El factor sorpresa estaba perdido, ya que el ataque, por causas que Mundandi nunca explicó, había sido ordenado para un día después, el 30 de junio, cuando la aviación enemiga sobrevolaba toda la región y los defensores del puesto, lógicamente, estaban alerta.

De los 160 hombres, 60 habían desertado antes de comenzar el combate y muchos más no llegaron a disparar un tiro. A la hora convenida los congoleses abrieron fuego contra el cuartel, tirando al aire casi siempre, pues la mayoría de los combatientes cerraban los ojos y oprimían el disparador del arma automática hasta que se acababa el parque. El enemigo respondió con un fuego certero de mortero 60 [milímetros], causando varias bajas y provocando la desbandada instantánea.

Las pérdidas fueron cuatro muertos y 14 heridos, estos últimos en la retirada, dado que lo hacían en desorden, corriendo despavoridos. En el primer momento fue atribuida la derrota a que el brujo era ineficiente y les había dado una *dawa* mala; este trató de defenderse echándole la culpa a las mujeres y al miedo, pero allí no había mujeres y no todos (algunos, más sinceros, sí) estaban dispuestos a confesar sus debilidades. El brujo se las vio negras y fue sustituido; el mayor trabajo del comandante Calixte, jefe de esa agrupación, fue buscar un nuevo *muganga* con características adecuadas, recorriendo toda la zona en ese propósito.

El resultado de este doble ataque fue una desmoralización muy grande entre congoleses y ruandeses, pero no solo eso, también entre los cubanos se produjo un gran abatimiento: cada uno de nuestros combatientes había tenido la experiencia triste de ver cómo las tropas que iban al ataque se disolvían en el momento del combate, cómo armas preciosas eran arrojadas por doquier para huir más velozmente; habían observado también la falta de compañerismo entre ellos, abandonando a los heridos a su suerte, el terror que se había enseñoreado en los soldados y la facilidad con que se habían dispersado sin atender órdenes de ningún tipo. En la carrera, muchas veces quienes dieron el ejemplo fueron los oficiales y, entre ellos, los comisarios políticos (una lacra del Ejército de Liberación de quienes hablaré luego). Las armas pesadas habían estado manejadas, en general, por cubanos y se salvaron casi todas;

las ametralladoras de tipo FM y DP, manejadas por ruandeses, se perdieron en alguna proporción, así como fusiles de todo tipo y parque.

Durante los días subsiguientes al ataque, una gran cantidad de soldados desertaron o pidieron la baja. Mundandi me escribió una larga carta, abundante como siempre en cuentos heroicos, donde se lamentaba de la pérdida de su hermano, pero anunciaba que había muerto después de haber aniquilado un camión completo de soldados (invención completa ya que allí no hubo ningún camión). Se dolía de la pérdida de varios de los cuadros más firmes de su grupo y protestaba porque el Estado Mayor estuviera en Kigoma mientras los hombres luchaban y se sacrificaban en el Congo. Anunciaba, de paso, que dos tercios de las tropas enemigas habían sido aniquilados, dato que no podía tener de ninguna fuente segura y que, desde luego, era falso. Respondiendo a su espíritu fantasioso, no podía dejar de hacer estas afirmaciones mientras se disculpaba de las propias debilidades.

Mundandi, en suma, hacía una confesión completa de desaliento. Tuve que enviarle una respuesta cargada de consejos y un análisis de la situación, tratando de darle ánimo. Sus cartas no eran sino el anuncio de la descomposición que envolvería posteriormente a todo el Ejército de Liberación e incluiría en sus mallas a las tropas cubanas.

El día 30 de junio, cuando ya había comenzado el combate de Front de Force pero, debido a la distancia no teníamos noticias de él, escribí en mi diario el balance del mes:

> Es el balance más pobre hasta el momento actual. Cuando todo parecía indicar que iniciábamos una nueva era, sucede la muerte de Mitoudidi y la nebulosa es más densa. El éxodo hacia Kigoma continúa, Kabila ha anunciado su ingreso en reiteradas oportunidades y nunca lo ha hecho; la desorganización es total.

El hecho positivo es la ida de los hombres al frente, pero el negativo es el anuncio de un ataque que puede ser loco o totalmente ineficaz y alertar a las fuerzas de Tshombe. Quedan varias interrogantes por resolver: ¿cuál será la actitud que tendrá Kabila hacia nosotros y particularmente hacia mí?; en una palabra, ¿será el hombre para esta situación?; ¿será capaz de apreciar la situación y convencerse del caos en que todo está aquí? Hasta no vernos en el terreno no se puede juzgar pero, al menos sobre la primera interrogante, hay indicios serios de que no le causa la menor gracia mi presencia. Falta saber si es miedo, celos o sentimientos lastimados por el método.

En esos días había escrito una carta a Pablo Rivalta, embajador en Tanzania y, entre otras cosas, le daba instrucciones de comunicar al gobierno mi presencia aquí, pedirle disculpas por el método y explicarles los inconvenientes que habían ocurrido por el hecho de que Kabila no estaba en ese momento en el territorio, puntualizando bien que había sido una decisión mía y no del gobierno cubano. El portador de la carta debía conversar antes con Kabila en Kigoma para consultar su opinión. Este, al conocer mis intenciones, se negó terminantemente a que se dijera nada, explicando que hablaría conmigo a su llegada al Congo.

LA ESTRELLA FUGAZ

No menos de cuatro diferentes mensajes, escritos u orales, recibí de Kabila antes de que llegara. Ya estaba totalmente incrédulo pese a tanto anuncio y ponía más atención en algunos problemas concretos que me preocupaban más.

Mundandi escribía cada cierto tiempo una carta más crítica que la otra, todas descargando responsabilidades en los congoleses: por culpa de la falta de combatividad de estos quedaría sin hombres para hacer la Revolución en Ruanda, todos sus cuadros morían, él solamente había pensado llegar hasta Albertville y después dirigirse a Ruanda, pero ya no tendría combatientes, etc.

Se había intentado realizar pequeñas maniobras en el frente de Front de Force, como patrullas de exploración, para averiguar mejor la ubicación del enemigo y buscar hombres heridos que hubieran podido quedar abandonados por sus compañeros, ya que nadie sabía el número exacto de desaparecidos, pero todo resultó inútil; los ruandeses se negaban a llegar más lejos de las primeras inclinaciones descendentes de las montañas. Ante nuestras quejas, Mundandi explicaba que era una cuestión política; sus hombres estaban descorazonados de la poca cooperación congolesa y por eso se negaban a actuar.

Era difícil interpretar estas manifestaciones, ya que una de sus preocupaciones fue la de mantenerse alejado de las tropas congolesas; él había tomado la iniciativa de la acción y el fracaso le era atribuible, podía englobarnos a nosotros, en todo caso, pero no tenía por qué involucrar a los congoleses cuyo contacto rehuía.

Seguían llegando heridos de Katenga y Front de Force, trasladados poco a poco por los campesinos, ya que los combatientes tampoco estaban dispuestos a pasar las penas de llevar un hombre en una camilla improvisada por los senderos de la montaña.

Una vez más, traté de hablar con los responsables. En ese momento lo era el mayor Kasali; no me recibió porque tenía «dolor de cabeza», pero envió al compañero Kiwe, viejo conocido, a que hablara conmigo para transmitir mis planteamientos a Kigoma. No era mucho lo que tenía que decir:

a) ¿Qué hacía con los cuarenta recién llegados?, ¿a dónde los mandaba?

b) Dejaba constancia de mi inconformidad por la forma en que se tramitó todo lo del ataque a Bendera.

Entregaba al mismo tiempo una pequeña carta para Kabila, explicándole que la necesidad de mi presencia en el frente era mayor cada día.

En efecto, se palpaban síntomas de descomposición en nuestras tropas; ya durante la retirada de Front de Force algunos compañeros habían manifestado que con esa clase de gente no peleaban más y se retirarían de la lucha; había rumores de que varios iban a plantear formalmente abandonar el Congo. Mantener la moral era una de mis preocupaciones fundamentales. Requería en la citada nota respuesta urgente y no llegó. Envié una nueva carta a través del comisario Alfred, haciendo un análisis del porqué de la derrota de Front de Force y otras observaciones:

No hubo coordinación en los ataques; el grupo de Front de Force atacó el día 29 y el de Katenga el día 30, pero Mundandi no era el único culpable, pues en el otro frente tampoco se había hecho nada.* Recomendaba la formación de un comando único en todo el frente para tratar de unificar las acciones y aconsejaba que hubiera algún cubano en él. Como habíamos constatado, no

---

* Era preciso insistir sobre este aspecto, ya que la situación en que se encontraban los ruandeses era muy extraña; por un lado se les daba muestras de confianza y de aprecio superiores a las de los congoleses, por otro se les achacaba toda la culpa de la derrota. Ambos bandos dejaban la autocrítica en casa y salían a la palestra en una guerra de denuestos increíbles. Lástima que esas energías no las reservaran para usarlas contra el enemigo. Mundandi me relató que Calixte había llegado en una oportunidad a disparar contra él, extremo que no me consta. Lo cierto es que tan ineficiente era el uno como el otro.

se podía lograr el traslado ni de una caja de balas de uno a otro grupo debido a las pugnas. Insistía, una vez más, en la necesidad de mi presencia en el frente.

Subí a la Base Superior a hacer una explicación de la derrota a nuestros compañeros y una advertencia solemne a los nuevos incorporados. Mi análisis de nuestras faltas:

Primero, subestimamos al enemigo. Pensando que era de las mismas características del soldado rebelde que se le oponía, atacamos a pecho descubierto con una moral de vencedores, contando con barrerlos, sin calcular que era gente que había recibido una instrucción militar, que estaba parapetada y, al parecer, alerta.

Segundo, falta de disciplina. Enfaticé sobre la necesidad de mantener una disciplina rígida. Por doloroso que fuera, era necesario criticar el acto de Nne, heroico pero nocivo por cuanto había conducido a la muerte, no solo a tres compañeros cubanos más, sino también a más de una decena de ruandeses.

Tercero, decaimiento de la moral combativa. Era necesario mantener la moral alta; insistí mucho en ese punto.

Hice una crítica pública al compañero Azima que había hecho algunas manifestaciones derrotistas y fui explícito con respecto a lo que nos esperaba; no solamente hambre, balas, sufrimientos de toda clase, sino, incluso, en algunas oportunidades, el ser muerto por los propios compañeros que no tenían nociones de tiro. La lucha sería muy difícil y larga; hacía esta advertencia porque estaba dispuesto en ese momento a aceptar que los recién llegados plantearan sus dudas y retornaran, si así lo deseaban; después no sería posible. El tono fue duro y la admonición clara. Ninguno de los recién llegados dio señales de debilidad, sin embargo, para mi sorpresa, tres de los combatientes que habían participado en el ataque a Front Bendera, y que estaban de vuelta trayendo algunos mensajes, plantearon irse; para colmo uno de ellos pertenecía a nuestro Partido.[45] Sus nombres: Abdallah, Anzali y Anga.

Les recriminé su actitud y les previne que iba a pedir las más fuertes sanciones contra ellos. No tenía ningún compromiso porque había hablado para los nuevos soldados, pero prometí dejarles ir en un futuro que no precisé.

Para hacer más grande mi sorpresa y dolor, el compañero Sitaini, que me había acompañado desde la guerra y que fue ayudante mío durante seis años, planteó el retornar a Cuba; más doloroso aún porque utilizó argumentos mezquinos, pretendiendo desconocer lo que a todo el mundo le había prevenido sobre la duración de la guerra, vaticinando tres años con buena suerte, de lo contrario, cinco. Ese era un estribillo que tenía para hacer las prevenciones de la duración y dureza de la lucha y Sitaini lo conocía mejor que nadie porque continuamente me acompañaba. Le negué la salida, tratando de hacerle comprender que sería un desprestigio para todos; él tenía la obligación de quedarse allí debido a su afinidad conmigo. Manifestó que no tenía más remedio que aceptarlo pero que lo hacía de mala gana y desde ese momento fue casi un cadáver. Estaba enfermo, tenía una hernia bilateral, y su estado fue agravándose hasta hacer necesario y justificable el que abandonara la lucha.

Mi ánimo estaba bastante pesimista esos días, pero bajé con cierta alegría el 7 de julio, cuando se me anunció que había llegado Kabila. Por fin estaba el jefe en el lugar de las operaciones.

Se mostró cordial pero esquivo. Hablé de mi presencia allí como una cosa aceptada de hecho y me limité a darle las explicaciones que varias veces había repetido sobre los motivos que hicieron que llegara sin aviso previo al territorio congolés. Le planteé hacer conocer esto al gobierno de Tanzania pero me contestó evasivamente dejándolo para otra oportunidad. Estaban con él dos de sus ayudantes más cercanos; el compañero Massengo, ahora jefe del Estado Mayor, y el ministro de Relaciones Exteriores Nbagira (en ese momento había dos ministros de Relaciones Exteriores, porque Gbenyé mantenía el suyo, Kanza). Se mostró animado y me preguntó qué quería hacer. Por supuesto, le repetí mi vieja cantinela: quería ir al frente. Mi misión más importante, donde podía ser más útil, era la de formar cuadros y estos se forman, durante la guerra, en el frente de batalla y no en la retaguardia. Expresó sus reservas, pues un hombre como yo, útil para la Revolución mundial, debía cuidarse. Argumenté que no pensaba luchar en primera línea, sino estar en primera línea con los soldados, pero tenía suficiente experiencia como para cuidarme; no iba a buscar laureles de guerra, sino a hacer una tarea concreta y que estimaba la más útil para él pues, de resultas de ella, podrían surgir cuadros eficientes y leales.

No contestó pero mantuvo un tono cordial y me anunció que íbamos a hacer una serie de viajes; nos trasladaríamos hacia el interior para visitar todos los frentes. Como primera previsión, esa misma noche saldríamos para Kabimba a visitar la zona. Esa noche no se pudo ir por algún motivo, al día siguiente tampoco y el otro tenía que dar un mitin a los campesinos para explicarles los resultados de la Conferencia de El Cairo y aclararles algunas dudas. Provisionalmente se mandó a Aly con 10 hombres para realizar alguna acción sin mayores pretensiones en la zona de Kabimba. El teniente Kisua iba a Uvira para realizar exploraciones.

Se dio el mitin; fue interesante. Kabila demostró tener conocimiento amplio de la mentalidad de su gente; ágil y ameno, explicó en swahili todas las características de la reunión de El Cairo y los acuerdos a que llegó. Hizo hablar a los campesinos, dando respuestas rápidas y que satisfacían a la gente. Todo acabó con una pequeña pachanga bailada por los mismos participantes al son de una música cuyo estribillo cantado era «Kabila eh, Kabila va».

Su actividad era intensa, parecía querer ganar el tiempo perdido. Planteó organizar la defensa de la Base [Superior] y parecía infundir ánimo a todos, cambiando la fisonomía de esa zona tan golpeada por la falta de disciplina. Apresuradamente, se juntaron 60 hombres, se les asignó tres instructores cubanos e iniciaron la tarea de hacer trincheras y dar clases de tiro, mientras confeccionábamos un plan de defensa del pequeño semicírculo que abarcaba la bahía en que estábamos.

El 11 de julio, cinco días después de llegar, Kabila me mandó llamar para decirme que esa noche debía partir con rumbo a Kigoma. Me explicó entonces que Soumialot estaba allí e hizo una crítica severa de este dirigente, de sus errores organizativos, de su demagogia, de su debilidad. Según Kabila, precisamente en este momento en que el gobierno de Tanzania había encarcelado, por indicación suya, un grupo de agentes de Gbenyé, o directamente del enemigo, que estaban sembrando la discordia, había llegado Soumialot y los había liberado. Él tenía que aclarar definitivamente la división del trabajo con Soumialot, lo habían nombrado presidente para que se dedicara a viajar, a explicar las cosas de la Revolución y no molestara mucho —pues su capacidad organizativa era nula—, pero había que delimitar los campos. Analizó la influencia de Soumialot en esa zona, de donde era oriundo, y afirmó que debían tener una última explicación, pues su acción podía ser nefasta para el porvenir de la Revolución. Eso sí, el viaje sería de un día, y estaría de vuelta al siguiente.

Se le escapó en el curso de la conversación que Soumialot ya había regresado para Dar es-Salaam y le pregunté, con un poco de sorna, cómo iba a hacer para cruzar el lago, entrevistarse en Dar es-Salaam con Soumialot y volver al día siguiente, pero me contestó que lo de la partida no estaba confirmado; si la noticia era exacta tendría que ir a Dar es-Salaam, pero volvería inmediatamente.

Cuando se supo la nueva de la partida de Kabila, entre congoleses y cubanos cundió el desánimo una vez más. Kumi, el médico, sacó una nota donde había vaticinado a Kabila siete días de permanencia en el Congo, y se equivocaba por dos; Changa, nuestro esforzado «almirante» del lago, mientras echaba rayos y centellas, decía: «¿Y para qué este hombre habrá traído tantas botellas de whisky como trajo, si se iba a quedar cinco días?». No transcribo las exclamaciones de los congoleses, pues no me las hacían directamente, pero eran del mismo estilo y las transmitían a nuestros compañeros.

El descrédito caía sobre Kabila, era imposible superar esta situación si no retornaba inmediatamente. Tuvimos una última conversación en la cual insinué este problema con la mayor elegancia de que era capaz; hablamos también sobre algunos otros tópicos y me planteó, de soslayo, como era su método, cuál sería mi posición si hubiera una ruptura. Le manifesté que yo no venía al Congo a intervenir en cuestiones de política interna, que eso sería nefasto, pero que había venido enviado por el gobierno a esa zona y que trataríamos de serle leal y de ser leales al Congo por sobre todas las cosas y que, si tenía dudas sobre su posición política se las plantearía francamente a él primero que a nadie; pero, insistí, la guerra se gana en el campo de batalla, no en los conciliábulos de retaguardia.

Hablamos de planes futuros y me confió que estaba haciendo arreglos para trasladar la base hacia el sur, a Kabimba, y que tenían que tomar medidas para que las armas no fueran distribuyéndose en las zonas de sus enemigos políticos. Le expliqué que, en nuestro concepto, Katanga era la zona clave del Congo por su riqueza y que era el punto donde había que dar las batallas más duras; estábamos de acuerdo en eso, pero nosotros no considerábamos que se pudiera resolver el problema del Congo en una forma tribal o regional; era un problema nacional y debíamos hacerlo entender así y, por otra parte, le insistí, no era tan importante contar con la lealtad de determinada tribu como contar con la lealtad de cuadros revolucionarios y para eso había que crearlos y desarrollarlos y, una vez más, era necesario ir al frente… (mi cantinela habitual)…

Nos despedimos, salió Kabila y, al día siguiente el ritmo de la base, que por su presencia y dinamismo había comenzado a ajustarse, decayó. Los soldados encargados de hacer las trincheras dijeron que ese día no iban a trabajar porque se había ido el jefe; otros que estaban haciendo el hospital, abandonaron la construcción y todo volvió a adquirir el ritmo tranquilo, bucólico, de aldea provinciana alejada de todos los azares, no solo de la guerra sino, incluso, de la vida, que tenía nuestro Estado Mayor.

VIENTOS DEL OESTE Y BRISAS DEL ESTE

Era claro para mí que había que hacer algo para tratar de parar el proceso de descomposición, iniciado, paradójicamente, por la única acción agresiva que le habíamos visto al Movimiento Revolucionario desde nuestra llegada. Los acontecimientos se sucedían unos tras otro; después de los primeros planteamientos de retirarse de la lucha hechos por cubanos, dos compañeros más lo hacían, Ahiri y Hamsini, uno de ellos miembro del Partido y, al poco tiempo, dos de los médicos recién llegados repetían la demanda; ambos pertenecían al Partido. Fui menos violento y mucho más hiriente con los dos médicos que con los simples soldados, que reaccionaban ante los hechos en una forma más o menos primitiva.

La selección realizada en Cuba no era lo suficientemente buena, eso es evidente, pero es difícil atinar a hacer una buena selección en las condiciones actuales de la Revolución Cubana. No hay que basarse solamente en la historia del hombre con las armas en la mano, ese es un gran antecedente, pero los años posteriores de vida cómoda también cambian a los individuos. Y, luego, está la inmensa mayoría a los que la Revolución hizo revolucionarios. Todavía es una incógnita para mí cómo hacer una selección de este tipo antes de la prueba de fuego y creo que todas las medidas deben tomarse teniendo en consideración que nadie será definitivamente aprobado hasta sufrir la última selección en el escenario de la lucha. Lo real era que al primer revés serio, acompañado, en descargo de ellos, de un visible proceso de descomposición de las fuerzas actuantes, varios compañeros se descorazonaron y decidieron retirarse de una lucha a la que venían a morir, si era necesario —voluntariamente, además—, rodeados de un halo de bravura, espíritu de sacrificio, entusiasmo; de invencibilidad, en una palabra.

¿Qué significado tiene la frase: '«¡Hasta la muerte, si es necesario!»? La respuesta entraña la solución de problemas serios en la creación de nuestros hombres del mañana.

Entre los ruandeses suceden cosas increíbles; el segundo de Mundandi es fusilado, según ellos; en realidad asesinado en una forma brutal. Miles de conjeturas se tejen alrededor de este hecho. Las menos favorables, y no quiere decir que sean ciertas, es que había un problema de faldas de por medio. El resultado es que el comandante Mitchel, un soldado y un campesino, pasan a mejor vida. La acusación formal contra este comandante es que había suministrado una *dawa* mala a sus compañeros por lo que era culpable de la muerte de 20 de ellos. No se sacaba en claro de la información si la *dawa* les había provocado la muerte directamente, si no los había protegido suficientemente o si las maniobras para su búsqueda, realizadas fuera del campamento, sirvieron de escudo para una delación por parte de este.

El hecho tenía conexiones con otros acontecimientos contemporáneos que hubiera sido bueno desentrañar; se producía después de una derrota grave, de la cual el principal culpable era Mundandi, pero el fusilado otro; todo sucedía en momentos en que había prácticamente una rebelión contra Kabila y el alto mando del Ejército de Liberación, ya que los ruandeses se negaban terminantemente a hacer ninguna acción de guerra y, no solo desertaban sino que, los que restaban en el campamento, manifestaban que solamente irían a luchar cuando vieran a los congoleses hacerlo. Cuando Kabila fuera a verlos, le darían la comida sin sal y el té sin azúcar, como lo tomaban ellos, para que comprendiera lo que eran sacrificios (claro que esto último no entrañaba una amenaza real, pues Kabila no tenía ni la más remota idea de ir por allí).

Un comisario congolés que estaba en el frente el día de los sucesos, trató de intervenir y, simplemente, le cerraron todas las vías y lo obligaron a irse del campamento; este comisario es el mismo Alfred, del que ya he hablado y su reacción se tradujo en la siguiente alternativa: o se fusilaba a Mundandi por asesino o él se retiraba de la lucha.

Algunos ruandeses que se habían acercado a nosotros, y que habíamos admitido en la tropa sujetos a la disciplina cubana, habían sido relegados y tratados con hostilidad por sus compatriotas, lo que hacía presagiar un enfriamiento de relaciones, o algo peor.

Discutí con Massengo sobre estos problemas, insistiendo en lo que, a mi juicio, era fundamental: si queríamos tener éxito en la lucha, era necesario que nos integráramos cada vez más al Movimiento de Liberación y nos convirtiéramos, para la mentalidad del soldado congolés, en uno más de ellos; en vez de eso nos habían circunscripto al círculo de los ruandeses que, no solamente eran extranjeros, sino que mantenían muy celosamente su condición de tales. En esa compañía estábamos condenados a la situación de forasteros perennes. Como respuesta, Massengo permitió que algunos de nuestros hombres fueran a ayudar a Calixte en sus tareas, lo que se hizo rápidamente.

Moja recibió instrucciones de organizar nuevas acciones con los voluntarios que pudiera conseguir, pero a condición de que la tropa fuera absolutamente mixta, vale decir, con la misma cantidad de cubanos que de ruandeses. Habíamos discutido con Mbili la forma de realizar la emboscada; mi objetivo era que aprendieran el arte mínimo de este tipo de guerra, y, por tanto, la orden era de atacar un solo vehículo como primera acción.

Esto se haría en el camino que va de Front de Force a Albertville, en una zona previamente explorada por Azi que tenía también condiciones para que permanecieran allí grupos de hostigamiento o una buena columna, ya que había bosques firmes asentados en las laderas de las montañas, aunque hubiera sido necesario organizar un sistema de aprovisionamiento.

Aly llegaba del frente de Kabimba e informaba lo siguiente: en una exploración había dado con cuatro policías que estaban encargados de quemar los montes cercanos, tarea que hacía el enemigo para tener más visibilidad; habían capturado a tres de ellos y el cuarto había sido muerto. De los 20 congoleses que iban con él al iniciarse la acción, 16 se dieron a la fuga; de los policías iba uno solo armado, el muerto. En ese frente la moral y la preparación combativa de las tropas no dejaban margen a la envidia de sus colegas de Front de Force o del frente de Calixte.

Ahora el jefe de la base de Front de Force era el capitán Zakarias que bajaría con Mbili para realizar la acción, Mundandi se dirigió a la Base del Lago rodeado de un amplio aparato de fuerza. Su aspecto parecía amenazador, pero en realidad tenía miedo y quería asegurarse el tránsito seguro a Kigoma para hablar con Kabila. Poco después enfermaba (enfermedad real) y se tomaba el consabido mes de vacaciones en compañía de algunos de sus fieles.

Me visitó, tratándome con solicitud, casi con humildad. Primero hablamos de los problemas generales del ataque y luego pasamos al tema específico del asesinato. Me explicó la muerte de esos compañeros de la siguiente manera: el comandante Mitchel, confiado en la amistad de algunos vecinos, les había participado el secreto del ataque, entre estos había uno que era espía y se lo comunicó al ejército enemigo. Cuando sus compañeros se enteraron de la acción, hubo que fusilarlo; él no estaba de acuerdo pero quedó en minoría en la asamblea que se realizó, debiendo cumplir el deseo mayoritario, frente a la amenaza de los combatientes de retirarse de la lucha.

Analicé con él algunos aspectos del hecho: en primer lugar, no había que achacar la derrota a la delación, aun cuando pudiera haber ocurrido, sino a la forma en que se realizó la acción, a la falla en la concepción del ataque y en la conducción del mismo, sin rehuir, por supuesto, las culpas que pudiéramos tener nosotros por la actitud de Nne. Abundando en algunos ejemplos de nuestra guerra revolucionaria, le expliqué que era sumamente negativo el depender de asambleas de soldados en casos como este y, en definitiva, que la democracia revolucionaria no se ejerce en la conducción de los ejércitos, en ninguna época ni en ninguna parte del mundo y, donde esto se ha intentado hacer, ha producido el fracaso. Por último, el hecho de que se pudiera fusilar a un comandante, miembro del Ejército de Liberación del Congo, sin participar siquiera el Estado Mayor, ni mucho menos solicitar un juicio de este, era índice de gran indisciplina, de falta completa de autoridad central; todos debíamos contribuir a que esas cosas no sucedieran más.

Cuando comenté con Massengo lo pobre de la argumentación de Mundandi, me respondió que a él le había contado otra cosa y que conmigo no se animaba a franquearse porque, en realidad, era un problema de superstición lo que había provocado el drama.

Se citó a Mundandi a una reunión con varios jefes de distintas zonas para tratar de armonizar a los grupos; allí estaban el mismo Mundandi, el capitán Salumu, segundo de Calixte, el compañero Lambert, jefe de Operaciones de la zona de Fizi, y una teoría de ayudantes.

Massengo, preso en las mallas de su falta de autoridad, no podía salir de una encrucijada en que lo único que cabía era hacer borrón y cuenta nueva y decir: «Aquí mando yo». Eso no se dijo. La solución que se dio fue mantener la independencia de acción de los frentes y la recomendación de que en el futuro no sucedieran más incidentes como los analizados en esa oportunidad, lo que dejaba sin resolver el problema e iba justamente contra mi recomendación de formar un frente unificado bajo una dirección firme.

Las medidas se tomaban con alardes de firmeza y después se llevaban a la práctica con muchas debilidades. Massengo tenía una lista de armas entregadas a los distintos frentes y ninguna cifra coincidía con las informaciones del jefe interesado. Nadie tenía dudas de que esas armas habían sido entregadas realmente, pero se tomaba como buena la declaración en contrario y más elementos de guerra iban a sumergirse en las ciénagas devoradoras de equipo que eran los frentes. Habían creado una comisión para rescatar las armas en poder de los desertores, que abundaban por toda la región; abandonaban el frente con su armamento y después se mantenían «cobrando el barato» con la ayuda de la fuerza de convicción que les daba el fusil. Hasta se habló de apresar a los padres de cada sujeto en caso de no poder prenderlos a ellos; en definitiva ni se apresaron desertores, ni se recuperaron armas, ni se encarceló, que yo sepa, a ningún sufrido padre campesino.

Expresé mi propósito de partir en los días siguientes hacia el frente, provocando la negativa de Massengo, amparado en los repetidos artilugios de mi seguridad personal. Lo ataqué de frente, preguntándole si tenía alguna desconfianza con respecto a mí, ya que las razones que daba no eran válidas. Exigía que se me tratara con más franqueza; si tenía alguna reserva contra mí debía decirlo. El golpe fue demasiado directo y cedió en sus posiciones; quedamos en que cinco o seis días después, cuando llegara un informe de unos inspectores que él había mandado a esos lugares, haríamos el viaje juntos.

En realidad, la reserva existía, y se podía explicar por la sencilla razón de que ni Kabila ni Massengo habían pisado desde tiempos inmemoriales los distintos frentes y eso constituía motivo de una de las críticas más acres de los combatientes; el hecho de que el jefe de la tropa expedicionaria cubana pudiera ir a participar de la vida del frente y no así los responsables de la lucha, podría crearles nuevos motivos de censura. Estaba consciente de ese aspecto, pero, descontando mi interés en poder apreciar directamente la situación, también calculaba que los jefes congoleses se podrían ver obligados a hacer algún recorrido por los frentes, a trabar conocimientos con los problemas de abastecimiento alimenticio, de vestuario, de medicina, de municiones y enfrentarlos buscando soluciones.

Como eslabón previo al anunciado viaje y para conocer todos los aspectos de la zona, fuimos con el JEM [jefe del Estado Mayor] a Kazima, 27 kilómetros al norte de Kibamba. También aquí se multiplicaron las escenas de indisciplina que jalonan este relato, aunque Massengo pudo tomar algunas medidas correctas, como la de sustituir a un comandante que se pasaba el día refugiado en las montañas cercanas (miedo a los aviones) por el teniente que lo secundaba. Nuestros hombres, cuatro ametralladoristas, yacían presa de fiebres palúdicas y los llevamos a Kibamba para su tratamiento.

Nos habíamos internado en los dominios políticos del general Moulana y las reservas contra Massengo se reflejaban en la actitud del pueblo y de los combatientes que acataban a regañadientes lo que quería ser una autoridad central.

Seguimos navegando por esas aguas y llegamos a otro lugar llamado Karamba. Encontramos una de las más originales «barreras»; estaba integrada por un grupo de ruandeses, independientes de Mundandi y con quien sostenían pugnas de tipo político e ideológico cuyas características no sé precisar. Allí había un cañón de 75 milímetros sin retroceso, emplazado en una loma; era la disposición más disparatada ya que el punto no tenía ninguna importancia estratégica y lo único que podía hacer el arma era hundir algún barco que pasara cerca. Ya había disparado sus salvas, por supuesto, sin dar en el blanco, pues los artilleros no conocían su manejo y las embarcaciones pasaban a distancia suficiente como para ponerse fuera del alcance en tiro directo del cañón. Otro equipo desperdiciado. Recomendé su traslado inmediato a Kibamba, donde no había cañones, y el entrenamiento de algunos hombres en su manejo, pero, como tantos otros, el consejo cayó en el vacío. No era que Massengo no comprendiera estas cosas, simplemente no tenía autoridad, no se sentía con fuerzas para imponer sus decisiones contra la costumbre establecida. Arma que caía en un grupo era sagrada y el único que podía arrebatársela —y lo hacía con relativa facilidad— era el enemigo.

Massengo quería cambiar el curso de los acontecimientos con acciones agresivas y me planteó un ataque a Uvira. Tuve que objetar esa idea por el hecho de que la inspección a ese punto había demostrado las mismas condiciones generales, el mismo grado de desconocimiento elemental de los métodos de lucha y la falta total de combatividad de los hombres. Las instrucciones que llevaron los exploradores de esa zona, fue cruzar las líneas enemigas e investigar las posibilidades de hacer emboscadas del otro lado del pequeño poblado de Uvira, que es el punto extremo del Lago Tanganyika, donde mueren los caminos que vienen de Bukavu y Bujumbura, en Burundi. Había pues, que atravesar las líneas enemigas y colocarse del otro lado del poblado para interrumpir las comunicaciones. Dado las grandes extensiones del Congo, estas infiltraciones se hacen muy fácilmente, pero, no solo no hubo quien acompañara en el cruce a nuestros enviados, sino que se les negó la autorización para hacerlo, argumentando que preparaban un ataque y eso podía alertar al enemigo.

Por los días en que se narran todos estos acontecimientos dispersos, recibíamos noticias de Dar es-Salaam. Algunas buenas; había llegado desde Cuba un barco con armamentos y alimentos y 17 000 tiros para nuestras FAL; se pondrían en camino a la brevedad. Se me informaba que toda la prensa había publicado la noticia de los cubanos muertos en el Congo; el embajador convenció a los congoleses para hacer un desmentido formal de nuestra presencia allí. No me pareció un procedimiento inteligente ya que ese tipo de verdades no se pueden ocultar y lo único correcto era el silencio; así se lo hice saber a Pablo Rivalta.

Junto con la carta para el embajador y algunos otros informes, se marchaban dos compañeros: Ottu, enfermo desde hacía tiempo, y Sitaini, cuya hernia bilateral ya había constituido un caso médico, lo que me daba oportunidad de resolver la situación enojosa que planteaba su presencia a desgano, dejándole en libertad. Era para mí un caso doloroso, pero la mejor solución. Los «rajados», obligados a permanecer contra su voluntad, trataban de justificar su actitud haciendo propaganda negativa que encontraba fácil eco entre otros compañeros. En este caso estaba la justificación de una enfermedad y por eso permitía la huida.

A los pocos días se iría también mi profesor de swahili, a quien trataba ya como un hermano menor, Ernest Ilunga; había sufrido varios ataques de tipo epiléptico y los médicos expresaron sus sospechas de que pudiera ser algún proceso tumoral en los centros nerviosos superiores. Massengo me explicó que no, que este era un caso relativamente sencillo, pues tenía espíritus; los médicos locales lo curarían en Kigoma, para donde partió, en vez de Dar es-Salaam, donde se recomendaba la cura o, al menos, el diagnóstico.

Cumpliendo instrucciones, Moja visitó el frente de Calixte y me envió una nota que copio porque hace luz sobre varios aspectos tratados ya aquí:

Tatu:

Le escribo desde el frente Kozolelo-Makungu, donde se envió al grupo de 10 hombres, al cual llegué en el día de ayer al tener conocimiento de la detención de un civil al que se le ocupó un carnet de Tshombe, por una patrulla congolesa, en un caserío del llano.

En el día de hoy —19—, me reuní con el comandante Calixte, quien fue el que interrogó al prisionero; lo tiene encerrado en un caserío lejos del frente, no pudiendo ver este a ninguno de los cubanos.

Según Calixte, el prisionero le dijo que él estaba en [Front de] Force preso, cuando el ataque, y que hubo cuatro jefes muertos y dos en Katenga, así como soldados, que a los jefes muertos no los conoce por nombres, pero que sí les vio los grados. Que el carnet que posee el prisionero, no es de soldado, sino que se lo dan a todo el que va a Albertville. Que en Nyangi según el prisionero hay 25 guardias, un mortero y un cañón, situados estos armamentos en el camino que va para Makungu. Que la cárcel está a un kilómetro de [Front de] Force rumbo a Albertville, donde recogieron a los revolucionarios atacantes y que los guardias les quitaron los relojes y zapatos a algunos que tenían y que fueron enterrados por civiles.

El comandante Calixte está de acuerdo en que se le preparen algunos hombres para que aprendan a andar con mortero, cañón y antiaérea. Aunque él no tiene ninguna de estas armas, por lo que estamos esperando el regreso del capitán Zakarias (sustituto de Mundandi) para traer estos hombres para el frente de [Front de] Force.* Ya hoy empezaron los compañeros que están en el frente Makungu a darle las clases al resto del personal del comandante Calixte, sobre Faume** aún no le puedo decir nada. De aquí a unos días le mandaremos más detalles sobre la situación, cuyos detalles como es natural mandaremos con un cubano, con un sobre lacrado.

Moja

Y poco después llegaba la mejor noticia de estos días, la leve brisa. Se había realizado la emboscada con relativo éxito. Veinticinco ruandeses y 25 cubanos, dirigidos respectivamente por el capitán Zakarias y por Mbili, pero en realidad bajo la dirección de este último, habían hecho la acción, si merecía el nombre de tal.

La inspección de Azi había demostrado que los camiones

---

* El capitán Zakarias se negó a recibir en su frente a los congoleses, alegando que esta gente iba a su campamento a robar.

** El comandante Faume, según nuestras noticias, se había separado de Calixte, al parecer por desavenencias entre ellos y estaba en el llano con armas abundantes. En ese momento, enfocábamos a tientas nuestra linterna buscando un hombre entre los jefes congoleses.

pasaban uno a uno sin custodia. Los 50 hombres atacaron un camión con cinco soldados. Un bazucazo de Sultán abrió el fuego y durante unos minutos se concentraron las armas sobre el vehículo, acribillando a balazos a los mercenarios, negros todos. Solamente uno portaba arma, ya que era un camión de transporte que llevaba comida, cigarros y bebidas. Desde el punto de vista de la preparación gradual para acciones de mayor envergadura no podía ser mejor la presa, pero varios accidentes empañaron la acción.

Al iniciarse el fuego, los ruandeses empezaron a correr hacia atrás disparando sus armas, esto puso en peligro a nuestros hombres pero, concretamente, el compañero Arobaini fue herido en una mano, perdiendo un dedo arrancado por la bala que le destrozó el metacarpo.

Dos ejemplos que dan una idea del primitivismo que reina todavía en el Congo: el capitán Zakarias, cuando se enteró de la herida provocada por la ráfaga de una FM, la examinó y dictaminó que se perdían dos dedos, resolviendo aplicarle al culpable la ley del Talión; allí mismo sacó un cuchillo y le hubiera cortado las extremidades al pobre diablo si no fuera por la intervención de Mbili quien con mucho tacto logró que se le perdonara. El otro es el de un soldado ruandés que salió corriendo apenas sonaron los primeros tiros (disparados por nosotros mismos, porque no hubo combate); uno de nuestros hombres, en función de celador, ya que cada cubano acompañaba a un ruandés, lo tomó por el brazo para detenerlo; el muchacho, despavorido, para librarse de ese agresor que le impedía ponerse a resguardo, le dio al cubano un tremendo mordisco en la mano.

Son botones de muestra que indicaban la magnitud del camino que tendríamos que recorrer para poder hacer un ejército de esta masa informe de hombres. Desgraciadamente, la tragicomedia de esta emboscada no acaba aquí; después de los primeros momentos de estupor se encontraron los flamantes vencedores con que lo más preciado de todo estaba arriba del camión:

botellas de cerveza y de whisky. Mbili trató de hacer cargar los comestibles y destruir las bebidas pero fue imposible; a las pocas horas todos los combatientes estaban borrachos ante la mirada asombrada y admonitoria de nuestros hombres a quienes no se les permitía beber. Luego se reunieron en asamblea y resolvieron que no se quedarían en el llano para hacer otras acciones, como estaba programado, sino que regresarían a la base; ya habían hecho bastante. Mbili, por diplomacia, para no forzar las cosas, quedándose solo con los cubanos, accedió. En el camino de regreso, el capitán Zakarias, borracho, se topó con un campesino y lo ultimó a balazos, manifestando que se trataba de un espía.

Lo más curioso de todos estos incidentes, es que cuando le expliqué a Massengo lo peligroso que resultaba el tener esta clase de actitud con los campesinos, justificó en cierta manera a Zakarias, porque la tribu que vivía en la zona era hostil a la Revolución. Vale decir, los hombres no se catalogan por sus condiciones personales, sino que están englobados dentro del concepto tribu y es muy difícil salirse de él; cuando una tribu es amiga, todos sus componentes lo son; cuando es enemiga, sucede otro tanto. Claro que estos esquemas, además de no permitir el desarrollo de la Revolución, eran peligrosos, pues, como se demostró luego, algunos miembros de las tribus amigas eran informantes del ejército enemigo y, al final casi todas se convirtieron en enemigas nuestras.

Habíamos tenido la primera victoria como para quitarnos algo del mal sabor de lo anterior, pero era tal el cúmulo de problemas planteados por los sucesos observados, que comencé a variar mis cálculos de tiempo; cinco años constituían una meta muy optimista para llevar la Revolución Congolesa a su fin exitoso, si todo debía basarse en el desarrollo de estos grupos armados hasta constituirlos en un Ejército de Liberación con toda la barba. A menos que algo cambiara en la dirección de la guerra, posibilidad que cada día veía más lejana.

ROMPIENDO AMARRAS

Como de habitual, en mi diario de campaña, hacía el análisis del mes pasado (julio):

Leve mejoría con respecto al anterior; Kabila vino, estuvo cinco días y se fue, haciendo aumentar los rumores sobre su persona. No le gusta mi presencia pero parece haberla aceptado por el momento. Hasta ahora, nada hace pensar que sea el hombre para la situación. Deja correr los días sin preocuparse nada más que de las desavenencias políticas y es demasiado adicto al trago y a las mujeres, según todos los indicios.

En el plano militar, luego del desastre de Front de Force y el casi desastre de Katenga, hay pequeños triunfos que anotar, dos acciones pequeñas en Kabimba, la emboscada de Front de Force, la otra de Katenga con quema de puente. Por otro lado, comienza algo de entrenamiento y se anuncia la búsqueda de hombres de mejor calidad en otros frentes. Persiste el pésimo método de regar las armas sin orden ni concierto. Mi impresión es que se puede avanzar, aunque a ritmo muy lento y que tengo un chance de que Kabila me deje hacer algo. Por ahora sigo de becario.

Llegaban noticias de una emboscada en Katenga; los muchachos permanecieron cuatro días y se retiraron debido a que los guardias no pasaron por el camino. Antes de hacerlo, quemaron y destruyeron un puente. A esa acción se refiere el análisis del mes.

Lo terrible es que las mismas condiciones de indisciplina y falta de espíritu combativo se observan en esta zona.

Azi llegó de Front de Force con 14 hombres, todos cubanos, a buscar la comida necesaria para intentar una nueva emboscada, un poco más pretenciosa esta vez. Dadas las condiciones de la zona era necesario llevar algo de alimento. El abastecimiento de víveres ha sido uno de los puntos neurálgicos de las tropas en campaña; en la zona donde tenían sus campamentos fijos existía la posibilidad de encontrar alguna carne y yuca, que es la base del alimento, pero las plantaciones importantes de este tubérculo están situadas en el llano, ya que los campesinos la cultivaban en esa zona, donde vivían, y solo ante las depredaciones de los soldados enemigos abandonaron sus sembradíos para refugiarse en las tierras más inhóspitas de la montaña. Para buscar yuca es necesario hacer incursiones muy largas y con algo de peligro.

Estas incursiones fueron inauguradas por los cubanos, ya que los ruandeses se negaban sistemáticamente a hacerlas, alegando que el mando superior tenía la obligación de suministrarle la comida. Días hubo, incluso, en que no había alimentos suficientes. Entonces se negaban a seguir las clases de armas pesadas que se estaban impartiendo o a hacer cualquier tipo de trabajo preparatorio, como defensa antiaérea, trincheras, etc. La frase que se empleaba, otro de los clichés que sufrimos durante nuestra permanencia en el Congo, era: «*Hapana chakula, hapana travaille*»; algo así como, «No hay comida, no hay trabajo».

Tres nuevos compañeros, Sita, Saba y Bahati, pedían su retorno a Cuba; fui extremadamente duro con ellos, negándome de plano a considerar su traslado, pero ordenándoles quedar en la base para las tareas de abastecimiento.

El día 6 de agosto se supo la noticia de la destitución de Gbenyé por parte de Soumialot; a los dos días, Massengo fue a verme para anunciarme que partía para Kigoma, llamado por Kabila; estaría de vuelta al día siguiente. Conversamos sobre todos los problemas externos del Movimiento y comenté que había sabido la noticia de la destitución de Gbenyé por parte del Consejo Revolucionario y que, a su juicio, Soumialot no tenía atribuciones para decretar una medida de este tipo, pero discutirían con Kabila todos estos asuntos y después me explicaría mejor lo ocurrido.

Partió Massengo y al día siguiente se disolvió el grupo que estaba entrenándose en el Lago. Es el mismo que había sufrido una gran pérdida numérica y moral al día siguiente de irse Kabila; los trabajos se habían suspendido, las trincheras estaban a medio hacer, y habíamos comprobado su espíritu combativo y su organización cuando se dio una alarma de combate por la aparición de un pequeño barco del enemigo. Entonces no se pudo establecer una segunda línea de defensa, como estaba planeado, porque no se encontró la gente, y en la primera faltaban varios de los jefes de pelotón; precariamente se pudo formar una línea en las trincheras, semihechas y ya semiderruidas, con los voluntarios que se presentaron. Ahora, al irse Massengo, desaparecía el grupo, disuelto en el *pandemónium* de Kibamba.

Empezaban nuevamente las riñas, pues nadie reconocía la autoridad de los Jefes suplentes. En ellas, a veces se iban a las manos y otras relucían armas de fuego o armas blancas. En una oportunidad, se dio el caso vergonzoso de que uno de los responsables huyera a refugiarse en la casa de los cubanos, porque un soldado le había pedido arroz y, al negarse a darlo, le amenazó con el arma montada provocando su fuga hacia el «templo» de los cubanos que, afortunadamente, eran respetados; creo que el soldado logró su arroz; en todo caso, no hubo sanción disciplinaria. Tal era la situación de desmoralización que cundía en cuanto los responsables máximos dejaban el Estado Mayor.

Para evitar contaminaciones, limpié la base de cubanos útiles, dejando solamente en ella a los que ya habían planteado su regreso a Cuba, a los ametralladoristas del Lago, los enfermos y algunos instructores. Me puse como meta esperar algunos días y, si durante ese lapso no ocurría nada, salir directamente al frente sin mendigar más autorizaciones.

Por el tono de algunas notas y conversaciones con varios compañeros, empecé a sospechar de la significación de ciertas frases: en los pequeños partes en que se anunciaban las acciones guerreras o exploratorias, llegaba un momento en que, fracasado lo sustancial de la operación, aparecía la explicación: «Los congoleses se negaron a ir», «los congoleses se negaron a pelear», «los congoleses, etc.». Analizando este hecho, y la situación de tirantez entre los que habían planteado abandonar la lucha y los que se quedaban, confeccioné el «Mensaje a los combatientes», para lectura en los frentes en que estuvieran situadas las tropas. La vorágine de los meses siguientes y la inestabilidad de mi situación, saltando de uno a otro lado, impidió que pudiera repetir los mensajes, aunque no sé si tenían alguna influencia. Transcribo el único que se leyó, el que da una idea de la situación hasta ese momento y mi opinión sobre los problemas que vivíamos:

«Mensaje a los combatientes»

Compañeros:

Para algunos de nosotros se cumple dentro de algunos días, el cuarto mes del arribo a estas tierras; se impone hacer un breve análisis de la situación.

No podemos decir que la situación sea buena: los jefes del Movimiento pasan la mayor parte de su tiempo fuera del territorio, lo que puede entenderse tratándose de Jefes políticos cuya labor de dirección abarca muchas facetas, pero nunca en los cuadros medios. Sin embargo, estos cuadros medios viajan con igual frecuencia y permanecen semanas fuera del país, dando un pésimo ejemplo. El trabajo organizativo es casi nulo, debido precisamente a que los cuadros medios no trabajan, no saben hacerlo, además, y todo el mundo les tiene desconfianza.

Los jefes locales chantajean a estos cuadros medios que son encargados de tareas semejantes a las de Estado

Mayor y obtienen armas y parque sin demostrar que los usan correctamente; se da más armas a más gente carente de entrenamiento y de espíritu de combate sin que se avance un palmo en la organización. Este panorama hace que la indisciplina y la falta de espíritu de sacrificio sea la característica dominante de todas las tropas guerrilleras. Naturalmente, con esas tropas no se gana una guerra. Cabe preguntarse si nuestra presencia ha significado algo positivo. Creo que sí; muchas de las dificultades que tenemos, entre otras, mi casi prisión en este sitio, emanan de la diferencia que se palpa entre una y otra tropa y el miedo a las confrontaciones entre un tipo de dirigente y otro. Nuestra misión es ayudar a ganar la guerra, debemos aprovechar esa reacción negativa y convertirla en algo positivo. Para ello es necesario que se acentúe más nuestro trabajo político. Es preciso mostrar con nuestro ejemplo las diferencias, pero sin hacernos odiosos a los cuadros que puedan ver en nosotros la imagen invertida de todas sus faltas.

Para ello es necesario, en primer lugar, esforzarse por ejercer un auténtico compañerismo revolucionario en la base, entre los combatientes; de allí surgirán los dirigentes medios de mañana. Tenemos en general más ropa y más comida que los compañeros de aquí; hay que compartirla al máximo, haciéndolo selectivamente con aquellos compañeros que demuestren su espíritu revolucionario, enseñando al mismo tiempo lo más posible. Nuestra experiencia debe ser transmitida de una u otra forma a los combatientes; el afán de enseñar debe primar en nosotros, pero no de una manera pedante, mirando desde arriba a los que no saben sino haciendo sentir el calor humano que vaya en la enseñanza impartida. La modestia revolucionaria debe dirigir nuestro trabajo político y debe ser una de nuestras armas fundamentales, complementado por un espíritu de sacrificio que no solo sea ejemplo para los compañeros congoleses, sino también para los más débiles de nosotros. No debemos mirar nunca si nuestra posición es de más peligro que la de otro o si se nos exige más; a un auténtico revolucionario hay que pedirle más, porque tiene más que dar. Por último, no olvidemos que nosotros no sabemos sino una mínima parte de lo que debemos saber; hay que aprender las cosas del Congo para ligarnos más a los compañeros congoleses, pero hay que aprender lo que nos falta de cultura general y del arte mismo de la guerra sin creernos sabios en esto último ni pensar que es lo único que se nos exige saber.[46]

Quiero hacerles dos advertencias para finalizar este mensaje:

1ro. El trato entre compañeros: es bien sabido de todos que un grupo de compañeros no hizo honor a su palabra de revolucionario ni a la confianza que en él se depositara y ha planteado abandonar la lucha. Ese hecho no se puede justificar, pediré las más severas sanciones morales para esos compañeros. Pero no debemos olvidar otro hecho; no son traidores; no se les debe tratar con desprecio manifiesto. Entiéndase bien, su acción es la más repudiable que pueda hacer un revolucionario, pero tiene que ser revolucionario para que sea repudiable, si no lo fueran no sería sino una simple fuga como tantas. Hoy esos compañeros están arrinconados y se han unido entre ellos como una medida de defensa y justificación de un acto que no la tiene. Todavía deben pasar meses aquí; si la vergüenza que seguramente están pasando, aunque lo disimulen, es aprovechada con compañerismo, podemos salvar alguno y que se quede a compartir nuestra suerte mil veces preferible, pase lo que pase, a la del desertor moral. Sin olvidar sus faltas, démosles un poco de calor; no los obliguemos a autojustificarse como defensa frente al hielo.

2do. Se ha observado en algunos informes y sobre todo en las expresiones de los compañeros, el desprecio que sienten hacia la actitud de los compañeros congoleses en el combate. Eso trae dos inconvenientes: el primero es que los congoleses se dan cuenta de eso; observen hablar a dos personas en una cualquiera de las lenguas que no entienden y verán cómo se dan cuenta si hablan de ustedes y en qué sentido. Un gesto despectivo puede arruinar 40 acciones positivas. Por otra parte, el congolés puede convertirse en el totí;[47] se sienten síntomas de que se está exagerando la actitud de los congoleses lo que puede ser una buena justificación para no cumplir determinada tarea. Nuestra función primordial es educar hombres para el combate y si no hay un real acercamiento no podrá darse esa educación, que no debe ser solo la manera de matar un individuo, sino también y sobre todo la actitud ante los sufrimientos de una larga lucha; esto se logra cuando el maestro puede ser tomado también como modelo a seguir por los alumnos. No lo olviden compañeros, como no olviden también que si algún veterano de nuestra guerra de liberación dice que nunca ha corrido, pueden decirle en su cara que miente. Todos corrimos y pasamos por el período negro en que las sombras asustan; es una etapa que hay que ayudar a vencer porque, naturalmente, las condiciones son más difíciles aquí en cuanto al desarrollo de la conciencia, ya que el nivel de desarrollo es mucho menor que el nuestro de aquella época.

Este mensaje debe discutirse entre los miembros del Partido y hacerme llegar cualquier sugerencia, luego leído a los compañeros y quemado enseguida; no debe quedar en el frente. En los lugares en que estén los compañeros que abandonan la lucha no se leerá.

Un saludo revolucionario a todos.

Tatu

Agosto 12/65

Transcurrieron los días que me había fijado sin que llegaran Massengo ni Kabila; el 16 subí a la Base Superior y el 18 me dirigí a Front de Force, saliendo de madrugada y llegando por la noche, después de una caminata que se me antojó interminable a través de la altiplanicie que separa estos puntos. Me sentía un poco como delincuente en fuga pero estaba decidido a no volver a la base en mucho tiempo.

SEMBRANDO AL VOLEO

No acababa de llegar a Front de Force y tirarme en el suelo, a gozar de mi cansancio demoledor, cuando ya los compañeros estaban dándome las quejas de la actitud de los ruandeses, sobre todo del capitán Zakarias, que utilizaba procedimientos tales como el castigo físico de los hombres y que, no dudaban, sería capaz de asesinar a cualquiera. Sin embargo, para nosotros, el recibimiento había sido cordial. El lugar elegido para el campamento estaba situado al borde de un monte que se inicia en una quebrada, sobre colinas de potreros naturales que, en esa época de seca, no tenía pasto alguno; de día la temperatura es agradable pero de noche hace bastante frío y hay que dormir con lumbre. Para defenderme de los rigores del tiempo, me tiré en el suelo sobre un cuero de vaca, muy cerca del fuego; dormí bien pero fui presa inmediatamente de una de las fieras de la región, el *birulo*, un piojo que vive sobre todo en la ropa, el cual campeaba por sus respetos en toda esa zona de relativo frío e higiene nula.

Desde los altos de nuestro campamento se divisaba el poblado de Bendera con sus instalaciones eléctricas. Al examinarlo de cuerpo presente, me di cuenta en forma gráfica del disparate que se había hecho atacándolo frontalmente; para nosotros, para nuestra fuerza, era un verdadero bastión.

Con las últimas noticias recibidas completábamos la idea general de los distintos frentes que componían este sector oriental de la lucha en el Congo. A pesar de que se habían distribuido muchas más armas, las cantidades actualmente disponibles eran aproximadamente las siguientes:

En Uvira unas 350, un cañón, algunas ametralladoras antiaéreas, un mortero.

En la vasta región de Fizi, comprendiendo Baraka, se podía

calcular en 1 000 a 2 000 los hombres armados, una gran parte diseminados por las poblaciones, algunas antiaéreas, un cañón, algunos morteros.

Lambert, en Lulimba, podía contar con 150 fusiles, según nuestros cálculos, tres antiaéreas, un cañón y dos morteros; siguiendo por la ruta a Kabambare, había otra pequeña fuerza de Lambert con unos 45 hombres, armas ligeras y bazucas.

Después, diseminados a lo largo de la carretera que va hasta Kabambare, diversos grupos, en general con pocas armas de contención y solamente fusiles, tampoco en grandes cantidades; y así, según noticias, hasta Kasengo. También en esta área la autoridad del Estado Mayor Central era despreciada; uno de nuestros hombres había sido testigo presencial de una discusión con un enviado del Lago, en la cual el hombre de los llanos le decía a aquel, que los que habían permanecido allí, estaban desarmados y los que habían corrido a refugiarse en las montañas tenían todas las armas.

Entre Lulimba y Force había algunos destacamentos que no conocíamos bien; el de Kalonda-Kibuyu, según parece, en esa época, con unas 60 armas; el de Mukundi, con unas 150 armas; el famoso Faume, que era como una leyenda porque nunca se había podido localizar, con 150 armas. Además, las dos agrupaciones que estaban en las montañas, Calixte, 150 armas; Mundandi había llegado a tener unas 300, tres ametralladoras, dos cañones y dos morteros, pero ahora había disminuido mucho su número debido a las deserciones que habitualmente se producían con armas y equipo.

En el sur, en Kabimba, unas 150 armas, dos ametralladoras antiaéreas, un cañón y dos morteros. Y una profusión regada en la orilla del lago, comprendiendo fusiles, varias ametralladoras antiaéreas, algunos morteros en reserva y el cañón cuyo original emplazamiento he relatado antes.

Llegaron noticias satisfactorias de la emboscada de Mbili. Esta vez la presa era mayor pero no se había completado la acción debido a los campesinos que transitan por la ruta; estos pudieron percatarse de huellas de algún grupo extraño por el camino y salieron corriendo a avisar a Front de Force, que estaba a algunos kilómetros de allí. Cuando se hizo patente que los campesinos habían huido al reconocer la emboscada, Mbili ordenó a todo el mundo estar alerta y reforzó las postas que daban hacia Front de Force, preparándose, si no había otras incidencias, a cambiar la posición por la noche. Pero, a las 10 de la mañana, venía de Albertville un *jeep* escoltado por dos tanquetas; Sultán, otra vez, fue el encargado de abrir el fuego, dañando el primer vehículo y destruyéndolo con un segundo disparo. El compañero Afendi destruyó el *jeep* de un bazucazo disparado apenas a 10 metros de distancia, que provocó que el mismo Afendi y Alakre fueran heridos por fragmentos del proyectil, y los compañeros de la retaguardia liquidaran la segunda tanqueta con granadas de mano (estos son vehículos abiertos, blindados, que llevan una ametralladora con su sirviente en una especie de torreta, un ayudante y el chofer). En total se contaron siete muertos, algunos rubicundos que, pensaba Mbili, podían ser norteamericanos, pero, después se supo, eran belgas. Cuando se iba al rescate de todos los implementos estaba llegando la tropa enemiga que venía de Front de Force, puesta sobre aviso, evidentemente, por los campesinos y comenzó el tiroteo en uno de los extremos de la emboscada; hubo que retirarse inmediatamente y no se pudieron tomar los documentos y las armas; algunos hombres se extraviaron en el primer momento, pero después aparecieron; solamente un ruandés no volvió a la base y las noticias de las agencias imperialistas, que daban correctamente como siete el número de los muertos mercenarios, hablaban de un enemigo muerto, por lo que es lógico suponer que haya sido alcanzado por una bala perdida.

Hubiera sido muy útil obtener los documentos porque, según informaron después dos prisioneros tomados en el camino, estos hombres llevaban el encargo de hacer planes especiales para Front de Force y, probablemente, fueran ellos los encargados de confeccionar el plan de ataque general o de hacer algunos estudios con vistas a esos fines en el ámbito del sector. El *jeep* llevaba detrás un pequeño trailer cuyo contenido no se pudo precisar; podía haber sido una planta eléctrica para las microondas o documentos. Todo hacía indicar que eran pejes gordos los que habían caído allí y nos hubiera sido de inapreciable utilidad esa documentación.

Como en la anterior oportunidad, los ruandeses plantearon retornar inmediatamente dada la falta de alimentos, pero, aleccionado, Mbili dijo que él se quedaba con su gente (los cubanos) y, en definitiva, después de una larga asamblea, los ruandeses resolvieron quedarse también. Habíamos enviado alguna comida desde el campamento y se logró matar un elefante, animal que abunda bastante en esa región, de manera que no estaban acosados por el hambre.

Después de las habituales asambleas, se eligió un nuevo emplazamiento para una segunda emboscada. Todo lo que cayó en nuestras manos fueron dos comerciantes que venían en sendas bicicletas con comida y dos garrafones de *pombe* (Mbili hizo derramar inmediatamente el licor para evitar escenas como las de la acción anterior). Una vez más, los campesinos descubrieron la emboscada y se retiraron hacia Front de Force, por lo que, de común acuerdo con los ruandeses, se levantó esta y retornaron a la base. Antes de partir trataron de derribar el tendido eléctrico con un bazucazo pero fracasaron en el intento.

Fui a recibir a la gente que subía por las laderas escarpadas con el ánimo levantado, con una moral superior; los ruandeses se habían portado mucho mejor y, aunque tampoco hubo lucha, debido a que los belgas fueron sorprendidos totalmente, muchos combatientes habían permanecido en el lugar y habían participado en el tiroteo. Conocí entonces al capitán Zakarias. Aunque estas primeras entrevistas no fueron muy cordiales, después fue cambiando su actitud. Traían prisioneros a los dos comerciantes y propuse dejar uno de rehén, ya que eran parientes, y enviar al otro a trabajar con nosotros para establecer algún contacto en Albertville, pero Zakarias no aceptó manifestando que podían ser espías y, en definitiva, se enviaron a la Base del Lago, de donde trataron de escapar, recibiendo, al menos uno, una muerte horripilante a manos de sus custodios.

Mandé una nueva nota a Massengo en la cual insistía en la necesidad de seguir una política consecuente y hábil con los campesinos para evitar el sufrir dificultades como estas de la emboscada; le proponía comenzar el trabajo de inteligencia con los prisioneros; además, le sugería un plan de abastecimientos para el frente haciendo colaborar en él a los campesinos y premiándolos con una parte de lo transportado por ellos desde el Lago, donde se recibían mercancías, pues aún estaba abierta esa ruta. Por otro lado, insistía en la necesidad de que hubiera un solo mando en el frente; esa dispersión de fuerzas independientes era inaceptable, más aún cuando se observaba la tendencia a la anarquía y las rivalidades que llegaban a extremos de violencia entre uno y otro grupo.

Estábamos convencidos de que los ruandeses, a pesar de sus adelantos últimos, no iban a dar mucho más y debíamos ir poniendo el acento de nuestra enseñanza en los congoleses que, en definitiva, eran los que debían liberar al Congo. Por lo tanto, se resolvió dejar con ellos al compañero Maffu a cargo de 12 hombres, para no herir susceptibilidades, y trasladar el resto de la tropa hacia el frente de Calixte, por ahora, yendo yo también allí. Antes de salir se resolvió enviar a Tom a que hiciera una inspección de tipo político en el Lago y, posteriormente, se dirigiera a Kabimba para poder precisar cuál era la situación en aquel punto, ya que tenía ciertas reservas sobre el modo de conducirse en relación con los congoleses por parte del compañero Aly.

Antes de partir Tom, se efectuó una reunión de Partido donde volvimos a analizar todos los problemas existentes y se resolvió elegir a algunos de los miembros para que ayudaran al «Político» en sus tareas. La elección recayó por unanimidad en Ishirini y Singida, para el grupo que seguiría con nosotros, y sobre Arasili para el pequeño que quedaría con Maffu. Los tres, magníficos muchachos. En la reunión hicimos una crítica, sin embargo, al compañero Singida, por verter algunas expresiones violentas para con los congoleses y, en una de Estado Mayor, hice yo la crítica de Azi y Azima, por la forma incorrecta de tratar a los ruandeses.

Antes de partir para el frente de Calixte, los ruandeses me pidieron una entrevista, a la cual asistieron el capitán Zakarias, el secretario de Organización del Partido, el jefe de la Juventud y algunos más. Hablamos de temas generales de la guerra, de cómo conducirla, de cómo entrenar a los hombres; de problemas prácticos de este tipo. Al final, el secretario de Organización pidió que hiciera una crítica del trabajo de los ruandeses hasta esos momentos, señalándole yo dos aspectos débiles, a mi juicio:

Primero: la actitud fatalista frente a la comida. Los ruandeses se atenían a que los campesinos les trajeran vacas; a lo más que llegaban era a enviar a algunos soldados a buscarla. (Habían empezado a comer el mono, que va de lo sabroso a lo comestible según el grado decreciente de hambre, a nuestras instancias y, salvo los últimos días, no habían sido capaces de ir a buscar la yuca que se encontraba en la zona de los llanos). Les explicaba la necesidad de hacer del Ejército Popular un ejército autoabastecido, en comunión permanente con el pueblo; no podía ser parasitario, por el contrario, debía ser el espejo donde se miraran los campesinos.

Segundo: la desconfianza excesiva frente a los congoleses; los incité a unirse con estos, razonando que el resultado de la lucha en Ruanda dependía del resultado de la lucha en el Congo, ya que esta significaba una confrontación de mayor amplitud con el imperialismo.

Respondieron aceptando la crítica del primer punto y dando algunos ejemplos de cómo se había comenzado a corregir, pero no tocaron el segundo, con lo que parecía que no aceptaban las observaciones o, en todo caso, no estaban dispuestos a cambiar de actitud.

Recibí mensajeros de la Base [del Lago] con cartas de Dar es-Salaam y diversas noticias. Una de Pablo [Rivalta] explicaba algunos puntos importantes. Está fechada el 19 de agosto de 1965.

Tatu:

Este viaje estaba planificado de acuerdo con tu orden.* Se varió debido a un cable de La Habana donde se anuncia que hasta aquí manda un mensajero, el mensajero está aquí, preparando y asegurando el cruce y próximamente estará contigo.

Dos cuestiones; para allá va un grupo de hombres para la organización de una base de instrucción, donde después puedan ser instruidos compañeros mozambicanos y de otros movimientos de la zona. Inicialmente este grupo fue pedido por el gobierno de Tanzania para la instrucción de mozambicanos y realizar una operación que seguro Osmany [Cienfuegos] te explicó, después por condiciones especiales los planes fueron aplazados y se pidió que el grupo viajara a Tabora para hacerse cargo de la base allí para entrenamiento de congoleses. Pero ahora han planteado, de acuerdo con Soumialot, que la base sea situada en el interior, con vistas a no tener que sacar personal de allá para acá y utilizarlo también en el entrenamiento de personal de Mozambique y otros movimientos de liberación de la zona.

---

* Se refiere a la instrucción de viajar cada quince días desde Dar es-Salaam, que nunca se cumplió.

Otra cuestión es referente a distintos grupos de congoleses que me han visitado en los últimos días y que en una u otra forma te conocen. Ellos, bajo el pretexto de que Kabila no quiere entrar, están tratando de hacer trabajo por su cuenta. En ello no hay más que un deseo, un poco de ambición de mando y ampararse en tu personalidad y nuestros hombres para crear su propio grupo. Referente a esto les expliqué lo peligroso que resulta, pues tiende a dividir el Movimiento, que ellos para cualquier actividad deben primero conversar con Kabila y contigo allá, que nuestros compromisos están establecidos de esta forma.

Kabila nos visitó y nos explicó esta situación y manifestó que había expulsado a esos compañeros y conversado con el gobierno de Tanzania en interés de cada vez que se presenten diciendo que es combatiente, lo manden para allá, además ha explicado la situación en las embajadas que estos compañeros han visitado.

Se fue prometiendo que entraría para allá.

Abrazos,

Pablo

Le contesté a Pablo, explicándole que no tenía confianza en Kabila, pero todos los otros que estaban allí eran peores, no tenían siquiera inteligencia, y que de todas maneras había que amarrarse con él, que le diera seguridades de que aquí se trabajaría honestamente por consolidar la unidad bajo su mando; debía desterrar cualquier temor por esa parte. Le expresaba mis reservas sobre la disposición de enviar los instructores a hacer una base aquí, pues los hombres de otros movimientos iban a percibir una imagen tan dolorosa de indisciplina, de desorganización, de desmoralización completa, que significaría un choque muy duro para cualquiera que viniera a entrenarse en las tareas de la liberación. Le expresaba mi esperanza de que esa iniciativa no hubiera partido de él, pues era políticamente peligrosa.

Partimos hacia el campamento de Calixte, dejando los hombres que habíamos convenido y a Moja con algunos más para que esperaran a Zakarias, que había salido en una misión de abastecimiento. Este había prometido que participaría con los congoleses en un combate llevando una decena de hombres y esperábamos que cumpliera su palabra.

El campamento de Calixte está situado a unas dos horas y media de camino a pie, entre montañas, siguiendo el borde de la cadena que cae sobre los llanos; es un punto inmejorable para ser defendido ya que las laderas son extraordinariamente abruptas y desprovistas de vegetación, de manera que resulta muy fácil impedir el acceso con el simple fuego de fusilería. Estaba constituido de pequeñas chozas de paja con capacidad para cuatro a 10 personas, con camastros de caña. A nosotros nos asignaron unas cuantas que estaban desocupadas. El lugar era más confortable y hacía menos frío, pero tenía la misma cantidad de *birulos* que en Bendera.

Calixte estaba a punto de partir, llamado por Lambert desde Lulimba; me recibió con aparentemente alegría, diciendo que estaba contento de que nosotros estuviéramos allí, pero no le gustaba nuestra presencia donde los ruandeses. Le expliqué que nosotros habíamos cumplido órdenes instruyendo a aquel grupo pero que queríamos trabajar con él. La conversación fue amable aunque no hubo la comunicación directa que existía con los ruandeses, porque Calixte no hablaba ni una palabra de francés y mi swahili siempre fue muy imperfecto, de manera que tenía que contar con traductores cubanos que no dominaban los matices. Era muy difícil hacer explicaciones complejas.

Desde el campamento mismo se dominaba todo el llano adyacente, los poblados de Makungu, Nyangi, Katenga, el mismo Front de Force. Le hablé a Calixte de la necesidad de estar más cerca de los guardias para hostigarlos continuamente y foguear la tropa, proponiéndole hacerlo inmediatamente, estuvo de acuerdo y envié un grupo encabezado por Azi a explorar, eligiéndose como asiento provisional un pequeño poblado situado a unos cuatro kilómetros de Makungu. Nos preparamos para el descenso inmediato con la colaboración del segundo de Calixte, jefe provisional del campamento, que movilizó sus hombres, luchando contra el desgano que les entraba cuando se trataba de acercarse al enemigo.

Antes de partir, aprovechando el domingo, los campesinos se reunieron dando una fiesta en nuestro honor, en la cual unos hombres vestidos de demonio de la selva, o algo así, bailaban las danzas rituales y todo el mundo se dirigió a adorar al ídolo, una simple piedra colocada cerca de la cima de una montaña y rodeada de una cerca de cañas, que cada cierto tiempo era regada por la sangre de algún animal sacrificado. En este caso fue un cordero, que después se comió entre todos los presentes. El ritual parece complicado, pero lo esencial es sumamente simple; al dios, la piedra ídolo, se le hace un sacrificio y después se come el animal sacrificado y se aprovecha para comer y beber en profusión.

Los campesinos se mostraron sumamente amables con nosotros, sintiéndome obligado a tal punto que retorné a mi vieja profesión de médico, simplificada por las circunstancias al extremo de inyecciones de penicilina contra la enfermedad tradicional, la gonorrea, y tabletas contra el paludismo.

Otra vez iniciamos la fatigosa tarea de la enseñanza primaria del arte de la guerra a gente cuya determinación no nos constaba; al contrario, teníamos serias dudas de que existiera. Tal era nuestra labor de sembradores al voleo, lanzando semillas con desesperación a uno y otro lado, tratando de que alguna germinara antes del arribo de la mala época.

INTENTANDO «EL SEGUIMIENTO»

Ahora en la zona de Makungu, con la nueva hornada de aspirantes a guerrilleros, tratábamos de continuar las pequeñas clases de emboscada que habíamos dado en el camino de Albertville a Front de Force. La tropa aumentaba en heterogeneidad ya que había arribado el capitán Zakarias con 10 ruandeses más; íbamos a empezar una tarea de acercamiento que diera por resultado el establecer un frente unido.

Las tropas enemigas estaban situadas en: Front de Force, a unas tres o cuatro horas a pie de nuestro campamento; Nyangi, en frente; Katenga, a dos horas y, después, a 50 kilómetros, Lulimba. Nuestra intención era atacar en el camino entre Katenga y Lulimba y detenerlos, si intentaban avanzar desde Nyangi. Este último es un pequeño pueblo que da sobre una ruta abandonada, más cercana a la sierra, donde está situado también Makungu y estaba nuestro Estado Mayor. Katenga está en el camino que actualmente se utiliza en el que los puentes son modernos y están bien hechos para resistir las avenidas de los ríos.

Para la tarea de detener las fuerzas que eventualmente avanzaran desde Nyangi, comisionamos a Azi con un grupo de seis cubanos y 10 congoleses. Al ataque en la carretera fueron unos 40 congoleses, 10 ruandeses y 30 cubanos, una tropa más que suficiente para destruir cualquier enemigo que avanzara por el camino.

En esos días había arribado un grupo de 10 cubanos que, en principio, se había pensado fueran los instructores de una base internacional, donde se entrenarían no solo los congoleses, sino también africanos de otros movimientos, pero, vistas las condiciones, la imposibilidad en que nos habíamos visto de conseguir un grupo estable de educandos en estas artes, decidimos incorporar los instructores a la lucha, lo que hicieron en esta acción. El refuerzo no era muy grande porque los compañeros tenían una preparación teórica adaptada a las necesidades de una enseñanza más o menos ortodoxa de las armas de guerra y no experiencia en la lucha guerrillera, salvo algunas excepciones.

Acompañé personalmente a los combatientes. Después de cruzar el río Kimbi, que en época de lluvias trae una corriente y una fuerza considerables pero ahora se pasaba fácilmente con el agua a la cintura, nos instalamos en la zona elegida.

La táctica era simple. El centro de la emboscada era lo más fuerte y allí debía llevarse el peso de la lucha. A ambos lados había hombres suficientes para detener la parte del convoy que quedara fuera, si este llegaba a ser muy grande, y para impedir la fuga de los atrapados, aunque considerando como lo ideal que el enemigo no tuviera oportunidad de defenderse por lo imprevisto de la acción. El fuego se iniciaría, como de costumbre, con el disparo de un lanzacohetes. Había un pequeño grupo a unos cinco o seis kilómetros en dirección a Katenga, encargado de romper un puente de tablas después que pasaran los camiones y cayeran en la emboscada para impedir la huida o el envío de refuerzos. Como recurso adicional, debido a que las minas antitanques no se podían utilizar directamente por falta de detonadores (que nunca llegaron), se colocó una en un pequeño puente de madera, de dos o tres metros de ancho, situado en el centro mismo de la emboscada. Habíamos desarrollado un dispositivo con una espoleta de granada que, halada por intermedio de un cordel, explotaba a los cinco o seis segundos. Ese artefacto era inseguro porque dependía de la habilidad del manipulador y de la velocidad de los camiones para hacer coincidir la explosión con el paso del vehículo, por lo tanto se dejaba como medida extrema, previendo la falla de algún otro elemento.

Situé el pequeño puesto de mando a unos 500 metros de la emboscada, donde estaba una poza; en este tipo de acciones hay que tener en cuenta el agua y las posibilidades de comer, ya que es preciso esperar días y días a que pasen los vehículos. El agua estaba estancada y sucia y, a pesar de los desinfectantes, hubo muchos casos de diarreas durante el lapso que estuvimos allí; de la comida, aunque no había ninguna variación, no había escasez, ya que precisamente el centro de la emboscada estaba asentado en un yucal abandonado que parecía un monte; yucas de años y años, que daban tubérculos inmensos, duros pero comestibles con buen hambre. Cayeron algunas lluvias lo que hizo más molesta la estancia. El primero y segundo día, no hubo mayores inconvenientes; los hombres pasaban en esa espera, tensa y aburrida a la vez, en la que las horas se hacen interminables pero, al mismo tiempo, cualquier ruido que rompe el silencio se transforma en un sonido de motor y provoca el alerta inmediato. Incluso yo, que estaba a unos centenares de metros de la primera línea, sufría a cada rato alucinaciones auditivas.

Hasta el día domingo, que fue el quinto de la espera, dominamos el personal, después los congoleses empezaron a dar síntomas de impaciencia e inventar supuestas informaciones que indicaban que los camiones pasaban cada 15 días y, como justamente un día antes de emplazar la emboscada había pasado una caravana, era mejor levantarla y volver luego. Todavía eran manifestaciones sin mayor insistencia, a pesar de que el ocio obligado, el agua corrompida, la yuca, a veces matizada con alguna pequeñísima cantidad de conservas, o el *bukali*, no eran elementos aptos para mantener alta la moral combatiente. Al quinto día sucedió un hecho cómico pero que dio muestras, una vez más, de las debilidades que sufríamos: cuando estaba plácidamente acostado en la hamaca, en el puesto de mando, escuché un tropel, casi como de elefantes a la carrera; eran los seis o siete congoleses encargados de la comida que me decían desorbitados, «*askari* Tshombe, *askari* Tshombe» (soldados de Tshombe). Los habían visto allí mismo, a unos 20 o 30 metros de la posición. Apenas tuve tiempo de ponerme mis arreos de combate, dejando hamaca y mochila libradas a su suerte, y ya uno de los cubanos que me acompañaba también veía los *askari* Tshombe; la situación se complicaba ya que no podía contar con los congoleses y no tenía conmigo más que cuatro cubanos, uno de ellos enfermo, Singida; envié rápidamente a este último a avisar a Moja para que me enviara refuerzos e hice que se llevara también a los congoleses que, en estas condiciones, servían más bien de estorbo, caminé unos metros hacia el río, para salirme de la franja visible por el enemigo, y me encaminé sobre los pasos de los que se retiraban, con la intención de retroceder por el mismo camino después de trabar contacto con los guardias; a los pocos instantes llega la noticia de que habían visto bien y no eran soldados enemigos sino campesinos de la zona que, al descubrirnos, también habían huido y uno de nuestros hombres, a lo lejos, los observó bien.

Estábamos comentando estas incidencias cuando llegó a nuestras espaldas un explorador enviado por Moja para saber qué pasaba, escuchó nuestra conversación y salió corriendo a informar que ya los guardias estaban en el puesto de mando y lo habían tomado. El desconcierto fue total; los emboscadores emboscados. Moja, que estaba al mando directo de la acción, inmediatamente levantó la emboscada y se parapetó en una zona cercana mientras daba órdenes de que se me buscara, pues según relatos yo había salido en dirección al río Kimbi.

Después de dos horas, todavía estábamos dando vueltas y algunos de los congoleses aprovecharon para seguir al campamento y no retornar más; sufrimos varias bajas de este tipo, producto de la confusión. Al infantilismo de las reacciones de los congoleses, que se escapaban como muchachos malcriados, se agregaban errores de algunos de nuestros compañeros por falta de experiencia en la lucha.

Decidimos cambiar el lugar de la emboscada unos centenares de metros, puesto que los campesinos nos habían visto y no sabíamos a qué grupo pertenecían, y yo me vi obligado a retirarme y retornar al campamento, pues me avisaban que estaba en camino el compañero [Emilio] Aragonés. La emboscada duró 11 días, desde el 1ro. del mes de septiembre hasta el 11 y varias veces Moja tuvo que anunciar que se quedaba solo con los cubanos, debido a que los congoleses planteaban irse, cada vez con mayor insistencia, pero, ante su actitud, se mantuvieron en sus puestos.

Por fin llegaron los camiones en número de dos; el primero fue destruido, siete a ocho soldados fueron muertos y se ocupó igual número de fusiles; no traían nada más que sus armas, abundante provisión de marihuana y algunos papeles sin importancia, salvo la nómina de pago de Lulimba; el segundo vehículo no fue destruido por la gente de la bazuca, ya que esta falló, y los ocupantes, en mayor número que en el primero, se parapetaron y pusieron en huida a nuestra ala izquierda. En ella la mayoría eran congoleses pero había cubanos que también retrocedieron, asustados por la fuga de aquellos. En vez de aniquilar completamente a los dos camiones, en un momento dado fuimos acosados y tuvimos que emprender la retirada. Como sucedía siempre en esos momentos, la desbandada fue total. Los congoleses rápidamente cruzaron el Kimbi, no parando hasta el Estado Mayor y volvimos a quedar reducidos casi al grupo de cubanos aunque esta vez los ruandeses, con mayor experiencia de lucha, se habían quedado; incluso uno de ellos había intervenido con su bazuca contra el camión y otro, que estaba incorporado a nuestras tropas, mostraba orgullosamente las botas de un soldado muerto que se había apropiado, pues las suyas estaban destruidas. También habían contribuido al rescate de las armas.

Se demostró en esta acción: lo mucho que faltaba todavía para poder organizar fuerzas que dieran, aunque más no fuera, estas pequeñas batallas y lo mucho que faltaba en cuanto a la preparación de algunos cubanos, que se encontraban azorados frente a condiciones distintas a las habituales en su ejército, como son las de la guerra de guerrillas, y no atinaban a actuar con coordinación e iniciativa.

Por otra parte, la forma en que los soldados se defendieron, demostraba que tenían preparación y que avanzaban, porque lo hicieron después de ser destruido el primer vehículo; eran todos negros pero se veía que teníamos enfrente a un enemigo no desdeñable, contra lo que opinaban los congoleses mismos que achacaban la raíz de sus males a los mercenarios blancos, pues a los negros ellos los tenían atemorizados, según sus declaraciones.

Antes de comenzar el combate, el teniente jefe del grupo de Calixte me había anunciado que su tropa se negaba a combatir con los ruandeses porque estos huyen tirando tiros y son capaces de matar a los propios compañeros. De eso no nos cabía la menor duda porque lo habíamos sufrido en carne propia, pero dudábamos mucho más de los congoleses, y con toda razón, ya que se puede decir que ninguno tiró un tiro y la huida fue simultánea con el primer disparo. No nos preocupaba mucho esto porque lo mismo había ocurrido con los ruandeses y ya, en esta tercera intentona, si bien con un grupo reducido, habían demostrado su disposición de ánimo, pero las tentativas de unir ambos grupos parecían condenadas al fracaso. Habíamos podido conjurar la crisis previa y convencer a la gente de Calixte que luchara junto a los de Mundandi, pero luego se originó una disputa por las armas. Yo insistía en que se les diera a los congoleses, como un gesto, y los ruandeses estimaban que aquellos no habían hecho nada, que las armas les pertenecían; hubo un conato de violencia que, hablando con el capitán Zakarias, pudimos controlar y se entregaron los fusiles a regañadientes, sin que hubiera ningún gesto cordial. Los ruandeses partieron de vuelta a su frente; no quisieron continuar allí. Esto ocurría un día después de que le diera a Massengo mi opinión sobre Zakarias y sobre la unidad de la lucha.

El resultado del combate era satisfactorio en el sentido de que no teníamos que lamentar ningún herido. El compañero Anzali, en horas posteriores, haciendo un reconocimiento con Mbili, había quemado el camión abandonado por el enemigo y, al inflamarse la gasolina, sufrió quemaduras de alguna consideración. Azi había realizado también una emboscada a los soldados de Nyangi, provocándoles, quizás, algún herido, pero no tuvo mucha efectividad la acción.

Todavía mantenía la impresión de que las cosas podían marchar. Di instrucciones de que se hicieran nuevas emboscadas en el camino mientras me preparaba a ir a Lulimba para convencer a Lambert de la necesidad de la acción. Habíamos encontrado entre los papeles del camión, como ya dije, una nómina de pagos, en la cual se indicaba que había 53 hombres en Lulimba, y nosotros pensábamos que era la oportunidad ideal para atacar este punto con las fuerzas superiores de Lambert y poder abrir el camino a Kasengo. Si las emboscadas entre Katenga y Lulimba funcionaban, nos darían unos días de respiro para poner un cerco a este último punto, reuniendo todas las fuerzas desperdigadas en esa amplia zona.

Consecuentes con nuestros principios, iniciamos un esbozo de acción social. El médico Hindi, llegado de la base, daba consultas a los campesinos del lugar y establecía un sistema de visitas rotativas en los poblados de las montañas. Entregué semillas de legumbre, que me habían llegado del Lago, para que las sembraran y cultivaran, repartiéndonos luego el producto. Logramos una atmósfera distinta, comunicativa. Como los campesinos de cualquier lugar del mundo, estos eran receptivos hacia todo interés humano en ellos, agradecidos y con un gran espíritu de cooperación; era doloroso constatar que esos mismos hombres que mostraban una genuina confianza en nosotros e interés en trabajar, se pudieran transformar, al entrar en el Ejército de Liberación, en ese soldado indisciplinado, haragán y sin espíritu de lucha que teníamos enfrente. Las agrupaciones militares, en vez de ser factores de desarrollo de la conciencia revolucionaria, eran un vertedero donde todo se podría, resultado de la desorganización y de la falta de dirección de que tantas veces nos hemos lamentado en el curso de estas notas.

EL ENFERMO SE AGRAVA

Al finalizar el mes de agosto hacía mi habitual análisis, el más optimista de todos cuantos he escrito en los siete meses de permanencia en el Congo.

Se acabó la beca para mí, lo que significa un paso de avance. En general, este mes se puede anotar como muy positivo; a la acción de Front de Force hay que agregar el cambio cualitativo dado por la gente. La presencia de Zakarias con los 10 hombres es un alto índice de ello y la presencia de casi todo el frente en el llano, también. Falta ahora que la acción dé resultados y que podamos estabilizar la situación aquí. Mis próximos pasos serán visitar a Lambert en Lulimba y hacer una visita a Kabambare, luego convencerles de la necesidad de tomar Lulimba y seguir así; pero para todo ello es necesario que esta emboscada y las acciones subsiguientes den resultado.

Kabila, no sé qué hará, pero trataré de hacer venir a Massengo hacia los frentes y visitarlos, con eso cambiará la actitud de la gente hacia él, luego hay que organizar a los campesinos en toda la zona y darle un mando único al frente. Si todo sale bien, en dos meses podemos estar rodeando a Force y tratar de hacer los sabotajes necesarios a la luz eléctrica para que pierda su importancia estratégica ese punto. Todo se ve de otro color; hoy al menos.

Pero pocos días después los tintes sombríos volvían a adueñarse de la situación. Aly había tenido algunos altercados serios con los jefes de su zona y estaba ahora en el Lago, aunque sin decirlo, renuente a retornar, posponiendo el viaje de regreso. En la recientemente abandonada zona de Front de Force, decaía por completo la acción. Habíamos mandado a buscar de Kigoma un par de balones de oxígeno y acetileno para tratar de sabotear el tendido eléctrico por medio de la antorcha, pero se sufrieron mil dificultades para transportarlos a causa del peso y la mala disposición de la gente; además, no querían efectuar ninguna acción si no estaba la plana mayor de los cubanos allí; las exploraciones encaminadas a buscar un emplazamiento desde donde cañonear el tubo colector de agua de la planta hidroeléctrica no dieron resultados positivos. Y aquí, tras el primer momento de euforia, los soldados se cansaban de la vida activa y demandaban volver al dulce holgorio de su Base Superior.

Donde la situación se veía más sombría era en el dominio de las relaciones entre Massengo y Kabila con los jefes de la zona de Fizi, y de la Revolución con el gobierno de Tanzania. Kabila y Massengo llegaron a Kibamba, pero, inmediatamente se recibía la noticia de que las autoridades de Tanzania se negaban a entregar una serie de armas que habíamos pedido, entre ellas las tan anheladas espoletas para las minas antitanque, y exigían la presencia inmediata de Kabila. Nos consta que esto fue cierto, pues el enviado para buscar las armas fue Changa, nuestro «almirante» y a él mismo le dieron la contestación de que no se entregaría nada y que fuera Kabila personalmente a hablar con el gobierno. La única vez que había hecho un intento serio de cruzar (por lo menos no se podía demostrar lo contrario), Kabila era obligado a retornar para discutir quién sabe qué problema.

En la Base del Lago habían apresado a varios miembros del grupo rival de Fizi, que estaban haciendo propaganda disolvente en la zona; Massengo carecía de cárcel adecuada donde mantenerlos y dispuso enviarlos a Uvira para su custodia. Decidió llevarlos personalmente y aprovechar el viaje para hacer una inspección por las zonas que tocara. Salieron en lancha. Esta es la versión de Aly sobre los sucesos; da una idea neta del giro que tomaban los acontecimientos:

8-9-65

Del compañero: Aly
Al compañero: Tatu
Asunto: Viaje del compañero Tom a Kazima.
            Viaje del compañero Massengo con Changa y Aly a Uvira.

Salimos el día 16 a las 21:00 hrs. con el fin de dejar al compañero Tom en Kazima y continuar viaje a Uvira, con el fin de llevar los tres prisioneros contrarrevolucionarios, dejar un armamento e inspeccionar la zona, cosa esta que sería hecha por Massengo.

Llegamos a Kazima a las 24:30 hrs. Al llegar a Kazima el compañero Massengo mandó a subir al jefe de la escuadra al barco, pero subió un combatiente informándosele que en el barco viajaba el presidente Massengo, conversando con este, ofreciéndosele traerle cigarros y algunas boberías al regreso.

Al bajarse el combatiente demandó jabón y que, si no se le entregaba, el barco no podía salir. El compañero Tom bajó y les dijo a la escuadra que no tiraran, haciendo caso omiso al alejarse unos 100 metros el compañero Tom.

Tiraron cada uno, unos cuantos tiros dándose a la fuga, siendo capturado posteriormente uno de ellos.

El compañero Massengo llamó a la playa a los combatientes y jefes, dándole la orden de capturar el resto de la escuadra, la cual él recogería al regreso.

Continuamos viaje hacia Uvira, pero al llegar a Mubembe a las 09:00 hrs. el compañero Massengo dijo que pararíamos para continuar viaje por la noche.

En dicho poblado fuimos recibidos con bastante frialdad, hablando Massengo con el presidente y un compañero estudiante de China, para que reunieran la población y dar una asamblea con el fin de informar a la población de la situación política.

Aproximadamente a las 12:30 hrs. comenzó la asamblea, que se prolongó hasta las 17:00 hrs., en esos momentos se nos acercó el compañero Ernesto y nos dijo que no dijéramos nada, pero que querían que soltaran a los presos y de lo contrario habría sangre. A las 17:30 hrs. el compañero Massengo nos dijo que íbamos a salir, recogiendo y bajando a la playa. Ya en la playa el compañero Massengo nos dijo que subiéramos al barco; al entretenerse este un poco, Ernesto nos volvió a llamar y nos dijo que si éramos bobos, que iban a tirotear el barco. Acto continuo empezaron a tomar posiciones, hablando en mala forma mandaron a bajar los presos a una escuadra llevándose los mismos sin que hubiera reacción alguna, hasta que uno de los marineros rastrilló su fusil y partió hacia los insubordinados, siguiéndolo Massengo con unos más, empezaron a dar silbatos para reunir la tropa logrando capturar a 11 soldados, no así a los presos, los cuales vienen desarrollando una amplia campaña a favor del grupo contrario, que por lo que se ve parece haber prendido en los soldados.

La presión hecha por estos y por los informes recibidos, hizo que fuera imposible continuar viaje a Uvira ya que más adelante la cosa estaba peor.

Es sabido que los que se llevaron los presos pertenecen a Fizi y Baraka, mentándose otros hombres los cuales no recuerdo ya que no quise tomar nota delante de ellos.

Quiero hacerle saber que Massengo en ningún momento se nos acercó para prevenirnos del peligro que existía en ese lugar, y que él sabía que el mismo existía, ya que eso era voz popular, menos para nosotros por desconocer con claridad el idioma y haberse tratado todo esto en la asamblea, en la cual nosotros no participamos pero él sí.

Según pudimos saber por Ernesto esta situación no es de ahora.

Quisiera saber ante estos hechos, qué hacer, cuál debe ser nuestra actitud ya que de las palabras las cosas van pasando a los hechos y hechos peligrosos.

En lo que respecta a usted debe tener cuidado, bastante cuidado ya que ellos, o sea, los insubordinados, tienen una fuerza considerable y nosotros no los conocemos.

Al regresar pasamos por Kazima y recogimos al político, no así a los que debían estar prisioneros ya que los mismos no han sido capturados.

De regreso en un caserío, a pesar de habérseles hecho las señas que se les enseñó la noche anterior, abrieron fuego.

Esperando su rápida contesta queda de usted,

Revolucionariamente,

Aly

Es bueno aclarar que la suspicacia de Aly no tiene fundamento, ya que el propio Massengo debía subir al barco y estaría expuesto a los mismos peligros.

Massengo me envió casi simultáneamente una carta que indica cómo se sentían de inseguros los compañeros jefes de la Revolución Congolesa. Está fechada en Kibamba el 6 de septiembre:

Al camarada Doctor Tatu

Makungu

Camarada Doctor:

Después de algunos días de separación vengo a saludarle.

En el cuadro militar he seguido sus consejos, es decir, el camarada teniente coronel Lambert coordinará las actividades de los frentes de Lulimba-Makungu y Kalonda-Kibuyu.

El camarada Kabila y yo estábamos listos a ir a hacerle una visita, desgraciadamente las circunstancias no nos permiten realizar por el momento este programa. Cinco días después de nuestra llegada a Kibamba, el camarada Kabila ha recibido una llamada urgente del presidente Nyerere de Tanzania. La situación política en el interior del país no es muy grave, nosotros esperamos que con nuestro esfuerzo podamos superar algunas dificultades provocadas por los irresponsables. Hoy hemos procedido al arresto de algunos elementos de la banda contra-rrevolucionaria,* y no ha habido ninguna demostración de parte de la población, esto significa que la población comprende sus defectos. El jefe de esta banda es el traidor Gbenyé, que después de haber recibido muchos millones envía a estos agentes por todos lados con la intención de enterrar la Revolución y después ir a negociar con los hombres de Leopoldville.

Los imperialistas han prometido a Gbenyé dejarlo formar un gobierno si este logra enterrar la Revolución y agrupar en el seno de su futuro gobierno todos los agentes del imperialismo, a fin de mantener el neocolonialismo en el Congo.

Gbenyé, aprovechó la reunión de todos los jefes de estado del este africano (Tanzania-Uganda-Kenia) y declaró que debemos resolver nuestros problemas nosotros mismos con Leopoldville, prometiéndoles que después de la reconciliación con Leopoldville nosotros haríamos la Federación con los Estados del Este Africano. Es por esto que se acaba de llamar al camarada Kabila a Dar es-Salaam, puede ser con la intención de hacernos presión; ellos incluso han rehusado que el camarada Kabila fuera acompañado por alguno de nosotros hasta Dar es-Salaam.

A pesar de todo esto, no estaremos nunca de acuerdo con esta reconciliación. Le pedimos intervenir con su embajada al respecto.

Le señalo, además, que hoy parto a Uvira acompañado del capitán cubano Aly y después de mi retorno iré también a Ka-

---

* Son los tres prisioneros de que habla Aly.

bimba y espero encontrar su respuesta al retorno sobre estos asuntos, sobre todo sus buenos consejos sobre el problema que he expresado arriba.

Estimamos que los grandes líderes africanos no quieren la liberación completa del Congo, por miedo de que cuando el Congo sea completamente libre, con verdaderos revolucionarios a la cabeza, toda el África está en peligro de ir al remolque del Congo.

De todas maneras la situación no es aún grave, estamos casi seguros que podremos atravesar este período.

Con la base de lo que acabo de escribir espero que usted podrá darnos algunas directivas a seguir para resolver algunos problemas de este género.

En la carta se plantean varias cosas interesantes; la acción de Gbenyé y su ligazón con los imperialistas, que no está demostrada hasta el extremo que señala Massengo; sus promesas a los líderes africanos, que no nos constan tampoco, y la presión que sobre Kabila hiciera Dar es-Salaam, la cual existió efectivamente. Es digno de señalar el acercamiento hacia los cubanos en este momento, lo que debía haberse producido antes, en una situación más holgada para nosotros, pues estaba a punto de desencadenarse la ofensiva del ejército enemigo. Le contesté inmediatamente en los siguientes términos:

Querido camarada:

Acabo de hablar con su enviado el camarada Charles Bemba; él podrá decirle cómo ha visto la situación, pero le haré un pequeño balance.

Según mi impresión, nosotros hemos demostrado hasta hoy la posibilidad real de quedarnos en el llano; luego de las acciones en el frente de Mundandi, acabamos de hacer una emboscada donde hay de siete a ocho soldados enemigos muertos y seis armas capturadas.* Hemos colocado emboscadas en los dos caminos, el que va desde Nyangi hacia Lulimba y en la ruta de [Front de] Force-Lulimba.

Pienso que debemos insistir en esta zona y tratar de expulsar a los tshombistas que están cerca de Lulimba para tener una ruta abierta hacia el Lago. Conozco los problemas que hay en Baraka y Fizi, pero sería muy importante para nosotros tener un camino directo para los abastecimientos.

Sobre los problemas que usted me acaba de exponer: primeramente debe usted estar seguro de que nosotros lo apoyaremos con el gobierno de Tanzania y también en sus necesidades, en la medida de nuestras fuerzas. Quisiera hablar con usted pero comprendo sus dificultades para salir del Estado Mayor. En algunos días más, estaré libre para ir a hablar con usted. Luego desearía visitar otras regiones de este mismo frente y le pido no retenerme en el Lago; mi oficio es este que hago ahora.

Como usted, soy optimista a largo plazo pero hay que conceder más atención a la organización política y militar. Hemos avanzado pero no lo suficiente y podemos avanzar más combatiendo más. El combate es la gran escuela del soldado. Por otra parte, nuestra gran fuente para el abastecimiento de armas es el ejército enemigo, si no nos permiten utilizar el lago, tenemos el campo de batalla.

Saludo su decisión de nombrar al camarada Lambert como coordinador a pesar de que su papel se hace más difícil. Su verdadero cargo, en mi opinión, debiera ser jefe del frente. Le llamo también la atención sobre el hecho de que los camaradas de Ruanda han luchado muy bien con nosotros y ya lo han hecho

---

* Las armas capturadas fueron siete, pero una fue sustraída por un ruandés, originándose una disputa cuando se le descubrió y se le intimó su devolución.

con los camaradas congoleses. El capitán Zakarias es un tipo bravo, a pesar de algunos defectos que se pueden corregir con el tiempo.

El punto sobre el cual es necesario insistir es el de la política hacia los campesinos. Sin el apoyo de la población nosotros no podremos tener verdaderos éxitos. Espero hablarle, personalmente, más extensamente de este punto.

Con mis saludos revolucionarios,

Tatu

Todavía mantenía un tono optimista que duró algún tiempo; mal que mal, le habíamos hecho algunas bajas al enemigo y considerábamos que teníamos posibilidades de mantener una lucha de desgaste que los obligaría a abandonar determinados puntos, por costosos.

En estos días llegaron los tan anunciados mensajeros, que resultaron ser: [Emilio] Aragonés, [Oscar] Fernández Mell y [Aldo] Margolles,[48] que venían a quedarse en el frente; al enterarme de la personalidad de los compañeros que venían, tuve miedo que portaran algún mensaje instándome a regresar a Cuba o a dejar la lucha, porque no me cabía en la cabeza el hecho de que el secretario de Organización del Partido abandonara su cargo para venir al Congo, y más en una situación como esta, donde no había nada definido y más bien podrían citarse hechos negativos. Aragonés insistió en venir y Fidel consintió; lo mismo sucedió con Margolles; Fernández Mell, viejo compañero de lucha, era el hombre que había pedido a Cuba con intención de reforzar el cuadro de mando. Se incorporaba también Karim, que ocuparía la plaza de Tom como Político en razón de su mayor desarrollo ideológico y cultural.

Los tres primeros entraron clandestinamente, como médicos, pues no se sabía si realmente podrían quedarse, dada su condición de blancos, pero nosotros teníamos una posición que nos permitía hacer en nuestro campo prácticamente lo que quisiéramos; lo malo empezaba cuando tratábamos de insurgir en el campo congolés para organizar las cosas.

El compañero Aragonés, en razón de su tamaño, recibió el nombre swahili de Tembo (elefante) y el compañero Fernández Mell, por su carácter, el de Siki (vinagre). Los demás según iban saliendo de un vocabulario. Tembo recibió en la libreta de personal el número 120. Contando las bajas que habíamos tenido; cuatro muertos, dos que habían retornado y el compañero Changa, que estaba en la lista pero cuyas funciones se desenvolvían en Kigoma y en el cruce del lago, teníamos 113 hombres y, descontando los cuatro médicos, 107 de pelea. Era una fuerza de alguna magnitud para intentar algo, pero, como se ha visto, por diversas circunstancias, que no pude o no supe evitar, estaba dispersa en una extensa área y al momento de la acción no se podía contar nunca con más de 30 ó 40 hombres. Si a esto sumamos el hecho de que prácticamente todo el mundo sufrió alguna vez, y algunos mucho más de una vez, las fiebres palúdicas, se convendrá en que no era una fuerza capaz de decidir el resultado de una campaña; podría haber constituido el núcleo de un ejército de nuevas características si otras hubieran sido las condiciones de los compañeros congoleses.

La moral de nuestra tropa había mejorado algo, según se puede desprender del hecho siguiente: tres de los compañeros que habían planteado abandonar la lucha, solicitaron el reingreso con todos los deberes: Abdallah, Anzali y Bahati.

Parecía que al Ejército de Liberación también le llegaban refuerzos, en forma de contingentes entrenados en China y Bulgaria. La primera preocupación de estos muchachos era recibir 15 días de vacaciones para visitar sus familias (los que las tenían allí); luego estirarían ese plazo por resultarles corto. En todo caso, ellos eran cuadros entrenados por la revolución, no podían arriesgarse en la pelea, sería una irresponsabilidad; venían a verter sobre sus compañeros la montaña de conocimientos acumulados en seis meses de estudios teóricos, pero no se debía cometer el crimen de lesa revolución de hacerlos combatir. Este criterio era mantenido por los grupos, independientemente de que llegaran de China, Bulgaria o la URSS. Los intentos de preparación de estudiantes, que provenían de medios pequeñoburgueses del Congo, con toda su carga de resentimiento y afán de copiar a los colonialistas, traía esas consecuencias.

Se elegían estudiantes que hablaban francés o hijos de caciques políticos que han recibido todo lo negativo de la cultura europea y nada del espíritu revolucionario que nació en su proletariado. Volvían barnizados superficialmente de marxismo, imbuidos de su importancia de «cuadros» y con un desaforado afán de mando que se traducía en actitudes de indisciplina y hasta de conspiración.

Los combatientes humildes, capaces de dar la vida por una causa que apenas intuían, eran desconocidos por los dirigentes que permanecían alejados de los centros de lucha y estaban carentes de cuadros revolucionarios que los ayudaran. Nuestro empeño estuvo encaminado al fin de descubrirlos entre la hojarasca, pero el tiempo nos ganó la partida.

TOMANDO EL PULSO

Era necesario sostener la acción en la pista de Katenga a Lulimba, tratando de impedir el paso de los refuerzos, para mantener reducida la cantidad de tropas aisladas en este último punto e intentar el ataque. Se doblaron las emboscadas, poniéndose a su frente a Pombo y Nane, y empezamos a luchar en torno a un punto que nosotros rompíamos día a día y el enemigo arreglaba con gran rapidez, hasta que, definitivamente, puso allí una fuerte guarnición que nos impedía actuar en lo sucesivo.

Previa la exploración del camino interno, enviando por delante a Azima con un pequeño grupo, salí con rumbo a Lulimba; era un día nublado con lluvias intermitentes que no nos dejaban avanzar mucho, obligándonos a buscar refugio en algunas de las casas abandonadas que abundan en la ruta, la cual también estaba en desuso antes de que los últimos acontecimientos convulsionaran la región. A media mañana se escuchó ruido de combate con abundante despliegue de la aviación en dirección a la emboscada; de su resultado nos enteramos varios días después por comunicación de Moja: los guardias habían perforado nuestras defensas a costa de algunas bajas en tanquetas y, probablemente, en hombres, reforzando Lulimba. Desde ese punto también avanzaban tropas para ayudar a sus compañeros en la ruptura, lo que hace pensar que allí no hubo nunca 53 hombres, como señalaba la nómina de pagos capturada, sino muchos más. Creímos en un momento dado que la lucha era por Lulimba pero, en realidad, estaban reforzando los puntos clave para iniciar una ofensiva. Lo sospechamos luego por los grandes trabajos de acondicionamiento realizados en Front de Force y en Nyangi, pero no teníamos ninguna información debido a nuestra carencia de inteligencia en el campo enemigo.

Al mediodía nos encontramos con Azima, de vuelta de su exploración; había llegado por el camino hasta un poblado que nosotros llamábamos Lulimba, no encontrando guardias. Ese camino corre paralelo a las posiciones que ocupaban los rebeldes en la montaña hasta el punto que entronca con la carretera que viene de Front de Force y endereza directamente hacia las colinas, subiéndolas en el punto donde son más bajas y practicables.

Azima nos relató cómo había continuado la exploración un kilómetro desde el entronque, por la carretera que parecía más importante, hacia el río Kimbi, sin encontrar huella humana, además, habían ido a explorar el punto, llamado La Misión, una antigua iglesia protestante abandonada; al transitar por ese camino de la tierra de nadie fueron vistos por los observadores desde las lomas y, a una distancia de seis kilómetros, les tiraron 17 cañonazos, varios morterazos y con otras armas que no supo precisar. Los cañonazos fueron tirados con alguna precisión, pero dar mediante tiro parabólico sobre seis hombres que marchan por un camino es tarea de titanes; el resultado fue una monstruosa dilapidación de proyectiles, tirados sobre sospechosos, en una zona que debía estar cundida de avanzadas.

Con todos estos antecedentes por delante resolvimos hacer un alto en el camino y dormir ya que la distancia era larga, es muy fatigoso hacer el recorrido en un día y debíamos mandar a alguien por delante para que avisara al Estado Mayor de Lubondja que nosotros íbamos por la carretera del llano. Así lo hicimos y al día siguiente contactamos las avanzadas que habían enviado desde la loma, respondiendo a nuestro aviso, las que nos condujeron a la barrera de Lulimba, en la montaña.

En el tránsito pudimos apreciar la gran cantidad de poblados campesinos instalados en la selva, al pie de la montaña, en los lugares donde había agua. Estaban a dos, tres o cuatro kilómetros del camino carretero y los campesinos habían hecho casas primitivas, alimentándose de los nuevos sembrados o de los antiguos, cercanos a la ruta, aquellos más dispuestos a correr el peligro de un encuentro con el ejército adverso; además algo de caza. Hablamos largamente con los campesinos, pedí a Makungu un médico para algunos enfermos, ya que no llevábamos medicinas y les prometí que cada 15 días pasarían los galenos haciendo recorridos habituales.

La barrera del teniente coronel Lambert era una agrupación de pequeñas chozas (con sus correspondientes *birulos*) hechas de paja o de zinc, todas al borde del camino, sin vegetación que las ocultara, sin trincheras ni refugios de ningún tipo y solo con la exigua protección de un par de ametralladoras antiaéreas. La defensa utilizada ampliamente por los soldados era la de correr hacia un cañado cercano y esconderse cuando la aviación llegaba. Esta no había hecho incursiones serias pese a la visibilidad de la posición. Tampoco tenían fortificaciones en la primera línea de defensa, donde había algunas bazucas con los vigías (las trincheras siempre fueron un dolor de cabeza ya que, por algún temor supersticioso, los soldados congoleses rehúyen meterse en huecos cavados por ellos mismos y no fabrican ninguna defensa sólida para resistir los ataques). Lo fuerte de la posición estaba dado por lo empinado de la cuesta que dominaba el camino, serpenteante entre las lomas, de donde se podía atacar fácilmente a una tropa en ascenso, siempre y cuando lo hiciera solamente por la ruta. Si enviaran infantería que avanzara por los flancos, no habría nadie para atajarla y pudieran dominar la posición casi sin bajas.

Había muy poca gente en la barrera y ningún jefe. Pensábamos marchar inmediatamente hacia Lubondja pero nos mandaron a avisar que subiría un comandante. Llegó al día siguiente, informándonos que el teniente coronel Lambert estaba en Fizi porque tenía una hija enferma; antes había ido al Lago y hacía un mes y medio que no pisaba el campamento. El encargado de la tropa se pasaba el tiempo en Lubondja, que era calificado como Estado Mayor, y en la barrera quedaba algún jefe de menor categoría (lo que daba lo mismo, pues nadie tenía autoridad sobre los hombres). La comida era suministrada por los campesinos que debían marchar hasta el campamento desde la zona de Lubondja caminando unos 15 kilómetros; alguna que otra vez, cazaban algo en las cercanías; hay mucho venado.

Cuando llegaban los alimentos, fundamentalmente yuca, empezaba el trabajo de molido para hacer el *bukali* en forma individual ya que no había ninguna tradición de comida en conjunto; cada uno debía preparar su ración con lo que había podido conseguir, convirtiéndose el campamento en una gigantesca cocina múltiple donde hasta los vigías participaban del desorden, que era total.

Me invitaron a hablar a la tropa, un grupo menor de 100 hombres, no todos ellos armados, y les espeté la «descarga» habitual: los hombres armados no son soldados, son simplemente eso, hombres armados; el soldado revolucionario debe hacerse en el combate pero allí arriba no había combate. Les invité a bajar, cubanos y congoleses en igualdad de condiciones, ya que nosotros habíamos venido a pasar juntos los sufrimientos de la lucha. Esta sería muy dura; no había que esperar ninguna paz pronta y no podía esperarse ninguna victoria sin grandes sacrificios. Les expliqué también que, frente a las armas modernas, la *dawa* no siempre resultaba eficaz y que la muerte sería un acompañante habitual en las horas de la lucha. Todo esto en mi francés elemental traducido por Charles Bemba al *kibembe*, que es la lengua materna de esta zona.

El comandante estaba dispuesto a bajar con su gente pero no a atacar sin una orden superior; no hacíamos nada con bajar ese grupo pequeño y heterogéneo al llano, si no había una orden de ataque contra Lulimba. Resolví dirigirme a Fizi para tratar de convencer a Lambert. Llegamos primero a Lubondja, a unos 15 kilómetros por carretera desde la avanzada, ahora en el gran llano de Fizi. La recepción campesina fue muy buena y se materializó en comida. Se respiraba cierto ambiente de paz y seguridad ya que hacía mucho tiempo que los guardias no incursionaban dentro de las montañas y toda esta agrupación gozaba de un relativo bienestar caracterizado por comida más variada, como papas, cebolla y algunos otros alimentos y una situación estable. Al día siguiente dejamos ese punto y habíamos caminado unos 10 kilómetros cuando apareció un camión que llevaba tropas hacia Lubondja y, a la vuelta nos llevó hasta Fizi. En el vehículo viajaba un individuo con todas las trazas de una intoxicación alcohólica, vomitando espantosamente; me enteré al día siguiente que había muerto en el hospital, o mejor dicho en el receptáculo de Fizi, ya que en tal lugar no existían médicos ni asistencia de ningún tipo.

Durante los cuarenta y tantos kilómetros de camino pudimos observar varias características de la región: en primer lugar, la gran cantidad de hombres armados vagando por todos los pueblecitos que tocamos; en cada uno de ellos había un jefe que estaba en su casa o en una casa amiga, limpio, bien comido, bien bebido en general. Segundo, los soldados parecían gozar de una gran libertad y de estar muy contentos con esa situación, paseando siempre con su arma al hombro; no se notaba el más leve signo de disciplina, de afán de lucha ni de organización. Tercero, el gran distanciamiento entre los hombres de Lambert y los de Moulana, que se miraban como perros y gatos; a Charles, el inspector de Massengo, lo identificaron enseguida y le hicieron un gran frío alrededor.

Fizi es un pequeño poblado pero, con todo, el más grande que conocí en el Congo. Tiene dos barrios muy bien delimitados; uno pequeño con casas de mampostería, algunas muy modernas, y el barrio africano con las chozas habituales, con mucha miseria, sin agua ni higiene alguna. Este era el más poblado y vivían muchos refugiados de otras zonas que habían ido a converger en ese punto; el otro pertenecía a los jerarcas y la tropa.

Fizi está situada en la cima de la elevación que va subiendo del lago, a 37 kilómetros de Baraka, en una pradera con poca vegetación; tenía como defensa una sola ametralladora antiaérea, manejada por un mercenario griego, hecho prisionero en un combate en la zona de Lulimba, y con tan precaria defensa estaban muy satisfechos. El general Moulana me recibió muy fríamente debido a que conocía el objetivo de mi viaje y, dada la tirantez existente entre Lambert y él consideró oportuno hacer patente su disgusto. Mi situación era un poco extraña; alojado por el general Moulana, anfitrión cortés y frío, solicitado por un Lambert exuberante, lleno de amabilidades, era el campo de batalla de un combate sin exteriorización. El resultado fue que nos dieron dos comidas, una el general y otra Lambert. Se trataban con respeto mutuo y Lambert se cuadraba magistralmente ante el general.

Tuvimos una pequeña reunión en la que informé al mayor general [sic] de los trabajos que habíamos realizado en todo el frente y mi intención de hablar con el compañero Lambert para ver si podía hacer algo en la zona de Lulimba, sin soltar mucha prenda. El General me escuchó en silencio, después dio sus órdenes en swahili a uno de los ayudantes (no hablaba francés) y este comenzó a contar las grandes acciones realizadas en Mwenga, ciudad situada a unos 200 kilómetros al norte, que acababan de tomar. Los trofeos eran una bandera y una escopeta que le habían quitado a un sacerdote belga. Según ellos, no habían podido avanzar más y tomar otros pueblos por falta de parque y de armas; habían hecho dos prisioneros pero, palabras textuales: «Usted sabe, la disciplina no es muy grande y los mataron antes de llegar aquí»; los patriotas habían perdido tres hombres. Ahora querían reforzar Mwenga con armas pesadas y habían mandado a pedirlas, junto con municiones, al Lago. Luego iniciarían una ofensiva hacia Bukavu por esa zona donde tenían unas 300 armas. No quise hacer muchas preguntas debido a que podía traslucirse su faz irónica o de desconfianza y dejé que se explayaran en las explicaciones, a pesar de que no lucía muy lógico que 300 hombres, después de tomar la posición en furiosa batalla, no lograran más trofeos que una bandera y la escopeta del cura del pueblo.

A la noche, el «canchanchán» del general me explicó, junto con un coronel de la zona de Kasengo, las características de todas sus vastas posesiones territoriales. Se refirieron a Uvira, como un sector que está en su zona y que sin embargo tenía como jefe al coronel Bidalila, que no respondía a sus órdenes directas; el coronel de Kasengo, sin embargo, era un subordinado fiel del general. Ambos se quejaban de falta de armas; el de Kasengo estaba hacía tiempo esperando allí sin que llegaran los equipos. Le pregunté por qué no había dado una vuelta por Kibamba y me contestó que él podía esperar a que llegaran a Baraka los pedidos, de allí transportarlos con sus hombres hasta Kasengo e iniciar la ofensiva.

Ambos, el general Moulana y el coronel de Kasengo, eran veteranos que habían iniciado la lucha con Patricio Lumumba; ellos no lo dijeron explícitamente, el «canchanchán» se encargó de explicar que estos sí habían iniciado la lucha, que eran verdaderos revolucionarios, mientras Massengo y Kabila se habían incorporado después y ahora querían capitalizarlo todo. Inició un ataque directo contra estos compañeros, acusándolos de sabotear sus acciones; según el informante, como Kabila y Massengo eran de Nor-Katanga, enviaban armas y pertrechos para allá, manteniendo esta zona, leal a Soumialot, en la completa indigencia, y otro tanto ocurría con Kasengo. Además, no respetaban la jerarquía de mando; había allí un general y sin embargo el teniente coronel Lambert, que era jefe de operaciones de la brigada, tenía independencia completa y arreglaba sus asuntos con Kabila y Massengo, obteniendo una cantidad de armas y parque que ellos no lograban, relajando de esta manera la disciplina e impidiendo el avance de la Revolución.

Ambos, la gente de Kasengo y los de Fizi, me pidieron cubanos.

Les expliqué que estaba tratando de concentrar mis escasas fuerzas y no quería diluirlas en el vasto frente, que uno o dos cubanos no harían variar la situación; les invitaba a que fueran al Lago, donde nuestros compañeros podrían iniciarlos en el manejo de las ametralladoras y también había instructores para cañones y morteros; así podrían contar con sus propios servidores en esas armas sin tener que depender de un mercenario como en el caso de Fizi. Esta argumentación no los convenció en lo más mínimo.

El general me invitó a ir a Baraka y a Mbolo, su pueblo. Diplomáticamente, acepté pero debíamos volver en el mismo día porque teníamos que retornar a la zona de Lulimba. Antes de salir me llevaron a dar una vuelta por Fizi y tuve oportunidad de examinar un herido proveniente de Kasengo. La bala le había atravesado el muslo y la herida, sin tratar, estaba infectada, despidiendo un olor nauseabundo. Recomendé su envío inmediato a Kibamba —el herido llevaba 15 días en esas condiciones—, para ser tratado por los médicos residentes allí, y sugerí que lo trasladaran inmediatamente a Baraka, aprovechando el viaje nuestro. Juzgaron más importante subir una nutrida escolta en el camión y dejar el herido en Fizi; no tuve más noticias de él pero me imagino que la haya pasado muy mal.

Lo importante era organizar el *show*; el general Moulana se puso su atuendo de combate, consistente en un casco de motociclista con una piel de leopardo arriba, lo que le confería un aspecto bastante ridículo, haciendo que Tumaini lo bautizara como el «cosmonauta». Marchando muy lentamente y parando cada cuatro pasos, llegamos a Baraka, un pequeño poblado a orillas del lago, donde apreciamos una vez más las tan repetidamente enumeradas características de desorganización.

Baraka presentaba trazas de haber sido relativamente próspera —hasta una empacadora de algodón tenía—, pero la guerra había arruinado a todos y la fabriquita estaba bombardeada. A unos 30 kilómetros al norte, en la orilla del lago, está Mbolo; se va por una vía en muy mal estado que corre paralela a la costa. Aproximadamente cada 1 000 metros encontrábamos lo que llamaban barrera; con dos palos y una cabuya cualquiera, improvisaban una señal de detención, con la consistencia del hilo que la formaba; y se les exigía documentos a los viajeros. Debido a la escasez de gasolina, los únicos que viajaban eran los funcionarios y la virtud de esos grupos era diseminar las fuerzas en vez de concentrarlas. En Mbolo había un cambio de personal; los soldados que venían en el camión escolta reemplazarían a tres que irían a Fizi a sus vacaciones; se organizó una parada militar culminada con un discurso del general Moulana. Allí lo ridículo alcanzó una dimensión chaplinesca; tenía la sensación de estar observando una mala película cómica, aburrido y con hambre, mientras los jefes daban gritos, patadas en el suelo y tremendas medias vueltas y los pobres soldados iban y venían, desaparecían y volvían a aparecer, haciendo sus evoluciones. El jefe del destacamento era un antiguo suboficial del ejército belga. Cada vez que una tropa caía en manos de uno de esos suboficiales, aprendía toda la complicada liturgia de la disciplina cuartelaria, con sus matices locales, sin llegar nunca más allá, pero esto sirve para movilizarse organizando una parada cada vez que se mueve una mosca en la zona. Lo peor es que los soldados aceptan con mejor ánimo todas esas paparruchadas que la enseñanza de la táctica.

Por fin cada uno se fue por su lado y el general nos llevó a su casa y con toda amabilidad nos hizo reponer las fuerzas del día. Esa misma noche regresamos a Fizi, hablando con Lambert para salir inmediatamente. Además de la hostilidad reinante, de la frigidez que se notaba en las relaciones, muy distinta a la actitud general de los congoleses hacia nosotros, había tantas muestras de desorden, de pudrición, que saltaba a la vista la necesidad de medidas muy serias y limpieza muy grande. Así se lo dije a Lambert cuando lo vi y él, modestamente, me contestó que así era el general Moulana, que en su sector, como yo lo había visto, no pasaban esas cosas.

Salimos al día siguiente en jeep pero a poco se acabó la gasolina y nos dejaron botados en el camino, por lo que seguimos a pie. En la tarde nos paramos a descansar en la casa de un amigo de Lambert cuyo negocio era el expendio de *pombe*. El coronel nos avisó que iba a ver si cazaba un poco y salió, al rato llegó el producto de la caza, un pedazo de carne que comimos con el apetito habitual, mientras Lambert, mucho más tarde, llegaba chispeado, con señales de abundante *pombe* encima pero conservando la entereza (verdad que cogía unas «notas» simpáticas). Nos topamos con un grupo de 15 a 20 reclutas de Lambert que habían decidido irse porque no les habían entregado armas; este les echó un regaño serio, habló con un énfasis terrible, dada la facilidad de palabra que le provocaba el estado de euforia; allí mismo cogieron nuestros equipajes y nos acompañaron hasta Lubondja; creía que volvían para el frente, pero en realidad, solo hicieron el papel de cargadores y después los dejaron en libertad.

Hablamos entonces con Lambert de los planes futuros; me propuso dejar en Lubondja el Estado Mayor, pero le argumenté que ese punto estaba cerca de 25 kilómetros del enemigo. Una tropa que contaba, con buena voluntad, con 350 hombres no podía tener su estado mayor a esa distancia; ahí se podían dejar las impedimentas, pero nosotros debíamos estar con nuestros combatientes en el frente. Aceptó, no de muy buena gana, y fijamos para el día siguiente la salida. Nos llevó a ver su polvorín, situado a unos cinco kilómetros de Lubondja, en un lugar bien escondido. Realmente, era importante para las condiciones del Congo; gran cantidad de municiones, armas, incluyendo algunas que habían tomado al enemigo en acciones anteriores, en la época en que este estaba más débil; mortero 60 con sus obuses, bazucas belgas de tipo norteamericana que también tenían algunos proyectiles, ametralladoras 50. Estaba mucho mejor abastecido su polvorín que el de Fizi, lo que confería cierto peso a la argumentación de aquella gente.

Teníamos programado bajar inmediatamente al llano, concentrar las tropas de Lambert, las de Kalonda-Kibuyu y las de Calixte, dejando solamente algunas emboscadas para atajar los refuerzos y cercar Lulimba en una forma elástica, utilizando las tropas de Kalonda-Kibuyu para la doble función de atacar por la ruta e impedir la entrada de refuerzos. Pensaba que con este tipo de lucha podíamos causar muchas bajas al enemigo. Como reserva teníamos los hombres de la barrera del camino que sale de Lulimba hacia Kabambare, también bajo el mando de Lambert.

Salimos con todas estas buenas intenciones pero, no habíamos dejado el pueblo de Lubondja, tras las correspondientes asambleas y la *dawa* cuando aparecieron las dos «tataguas» y dos B-26 y empezaron una rociada sistemática contra el pueblo. Después de soportar 45 minutos de bombardeo, había un par de heridos leves, seis casas destruidas y algunos vehículos tocados por la metralla. Un comandante me explicó que el resultado de la acción demostraba el poder de la *dawa*; solamente dos heridos muy leves. Me pareció prudente no empezar una discusión sobre la eficacia de la aviación y las virtudes de la *dawa* en un caso como este y dejamos la conversación así.

Al llegar a la barrera comenzaron los conciliábulos y asambleas, al final de los cuales Lambert me explicó que no se podía bajar; entre otras cosas, todo lo que tenía eran 67 armas, y sus 350 hombres se habían regado por los villorrios cercanos; no tenía fuerzas para realizar un ataque en regla; él saldría inmediatamente a buscar los vacacionistas e impondría la disciplina necesaria.

Lo convencí de que enviara un grupo de hombres al llano, para explorar y avanzar algo en el trabajo; yo iría con ellos. Por la mañana salió con el primer grupo de hombres, diciéndome que los acompañaría un poco y luego iría a la barrera de Kabambare a buscar más gente, nos encontraríamos abajo.

Al llegar al pueblo que creíamos era Lulimba, no había nadie, seguimos caminando hacia el río Kimbi y, a unos dos kilómetros del pobladito, nos encontramos con toda la gente emboscada; el pueblo que nosotros llamábamos Lulimba no es tal, el verdadero está a unos cuatro kilómetros, en la orilla del Kimbi. Lambert había recibido unas jactanciosas noticias de Kalonda-Kibuyu, informando de la destrucción de todas las posiciones en ese punto y que los guardias se habían retirado a la selva; confiado en esto, mandó avanzar tranquilamente y, cuando llegaban, casi se topan con los guardias, por cierto tan despreocupados como nuestro grupo. Estaban haciendo sus ejercicios en un campamento cercano al pueblo y eran muchos. Se organizó una pequeña emboscada y enviamos exploradores que calculaban entre 150 y 300 la cantidad de enemigos.

Lo esencial era concentrar el mayor número de combatientes, organizarlos e iniciar un ataque sin muchas pretensiones para atraer fuerzas sobre este punto, pero primero debíamos crear una base un poco más fuerte y esperar que Lambert trajera sus famosos 350 hombres. Nos retiramos a La Misión, que está a unos cuatro kilómetros de Lulimba, a esperar los resultados de los parlamentos a realizarse con cada uno de los distintos jefes de barreras; Lambert se encargaría de ello.

EL PRINCIPIO DEL FIN

La impresión que daba aquel campamento de La Misión era de un grupo de muchachos en *weekend*; la más absoluta falta de preocupación imperaba; desde lejos se oían los gritos de la gente discutiendo, o la algarabía por algún episodio jocoso hacía retumbar la nave de la iglesia donde se alojaban; era una lucha constante para mantener las postas en su posición. Lambert iba y venía constantemente, dando la impresión de gran efectividad en la búsqueda de sus hombres, pero estos no aparecían, no podíamos superar el número de cuarenta; cuando se lograban algunos más, otros retornaban a la barrera o a sus villorrios. Tampoco pude bajar las ametralladoras para fortalecer un poco la posición; apenas se logró acercarlas a la primera loma que domina el acceso a la montaña.

Las exploraciones que había encomendado, realizadas por Waziri y Banhir, demostraban que había muchos más soldados que aquellos 53 primitivos de los que nosotros teníamos noticias. El campamento principal estaba situado del otro lado del río Kimbi pero había otro cuya ubicación no se había podido precisar; el enemigo cruzaba libremente a esta orilla del río y se nutría de los grandes campos de yuca sembrados por los campesinos de Lulimba, situados uno a cada lado del camino. Allí se les podía emboscar con relativa facilidad. Banhir, que había explorado a la derecha del camino, creía que debía haber otro campamento, pero no lo pudo ver y casi lo sorprenden los soldados. Lo envié a una nueva exploración desde unas lomas pequeñas pero que dominaban el llano, tratando de localizar el segundo campamento. No pudo cumplir su cometido porque tropezó con un grupo de soldados enemigos que estaban cazando, aunque, afortunadamente, no lo vieron. Era tal la impunidad de que gozaban estos que se aventuraban hasta las mismas estribaciones de las montañas; desde nuestra posición se oían los disparos de sus fusiles en distintas direcciones, lo que ponía muy nerviosos a los encargados de las postas. Ya el primer día habían dejado en tropel la emboscada al escuchar muy cerca los tiros de los cazadores.

Llegaban noticias de las distintas acciones que había realizado Mbili, a cargo de las emboscadas entre Katenga y Lulimba; habían causado algunas bajas a los soldados enemigos pero no en la magnitud deseada y las columnas de refuerzo habían pasado; Moja advertía que en las emboscadas no quedaban sino nuestros hombres, puesto que los congoleses, en todo caso, se quedaban dos o tres días y se retiraban y cada vez era más difícil reemplazarlos; estaban subiendo hacia su campamento superior, perdido completamente el relativo y pequeñísimo entusiasmo del primer momento. Los aviones habían bombardeado los poblados campesinos de Nganja y Kanyanja, dejando caer volantes que traían una foto muy borrosa de alguna gente muerta con una leyenda explicativa de que ese era el resultado de las correrías de los *simbas*. Más abajo, una apelación a la población, en swahili y francés, aconsejándoles que no se hicieran matar ni pasaran sufrimientos para enriquecer a chinos y cubanos que iban a robar el oro. Y, entre estupideces de este tipo, cosas tan ciertas como decir que los campesinos no tenían sal ni vestidos, no podían cazar ni sembrar, que el hambre amenazaba a sus familias; algo que estos sentían de cerca. En la parte inferior venía un salvoconducto con la firma de Mobutu; presentándolo, permitiría a los hombres reintegrarse a la vida normal; les garantizaría la vida y la libertad el ejército de Tshombe.

Es el mismo método utilizado por Batista en nuestra guerra. Tiene la virtud de desplomar a ciertos individuos débiles, aunque muy poco daño hizo en Cuba. Mi temor consistía en que aquí los débiles fueran mayoría en todo sentido. Claro que, con la misma estupidez batistiana, tiraban los panfletos después de bombardear y sembrar el terror; parece que es un método estándar de los ejércitos represivos.

Fui a hacer una exploración por los contornos para tratar de buscar puntos donde emplazar armas y hacer emboscadas efectivas. En esto pasé la mañana y pensaba seguir, cuando llegó corriendo Danhusi, uno de mis ayudantes, a decirme que los guardias habían estado cazando muy cerca de La Misión y que habían disparado algunos tiros, las postas salieron corriendo y todo el mundo estaba regado. Tuve que emprender el regreso y empezar la tarea fatigosa de buscar a la gente. Era difícil, ya que la cohesión duraba hasta el momento de producirse una alarma, a partir de entonces, todos atinaban a correr hacia su refugio seguro, las montañas. De resultas de aquella desbandada, quedaron apenas unos 20 o 25 congoleses conmigo.

Al día siguiente llegó Lambert de su recorrido; había ido hasta la barrera del camino a Kabambare y manifestó que los hombres estaban ahora a cuatro kilómetros de Lulimba y les había dado instrucciones de estar listos para cualquier eventualidad, pero que no había 120 sino 60, eso sí, tenían buena disposición para la lucha. Ya no creía mucho en Lambert debido a sus frecuentes actos de irresponsabilidad, pero podíamos calcular, como primera aproximación, 60 hombres. Le hice un recuento de lo sucedido y de los combatientes que nos quedaban; no podíamos atacar con esa gente. Según los últimos partes, Lulimba estaba muy reforzada, por lo que le propuse organizar tres pequeñas emboscadas con el objeto simple de arañar al enemigo; dos en los yucales, lugar donde iban confiados y una en la carretera. Cambiaría mi puesto hacia un arroyo, el Kiliwe, que queda a la izquierda de la barrera para tratar de organizar allí mis hombres. En realidad estaba buscando separarme de Lambert y tratar de organizar esa fuerza mixta, un anhelo que nunca podía satisfacer pues no lograba el núcleo de congoleses necesario para ello. Aquel dijo que iba a discutir con sus hombres esa nueva táctica y luego me respondería pero jamás llegó esa respuesta, debido a su propio carácter y a que los acontecimientos nos desbordaron.

En una de sus excursiones anárquicas de un lado a otro, Lambert se topó con un soldado enemigo que estaba cazando y lo mató. Esto provocaba nuevas inquietudes para mí; evidentemente, los tshombistas debían haber escuchado la ráfaga y saber que el muerto tenía solamente una *Springfield*; por otro lado, no lo habían enterrado ni quitado del lugar donde cayera. Le indiqué a Lambert que debía enterrar el cadáver para no dejar rastro y mantener la incertidumbre sobre la suerte del soldado y todo fueron dificultades pues nadie quería hacerlo debido al terror que tienen a los muertos. Fue dura la lucha para convencerlos de la utilidad de hacer desaparecer el cuerpo; no sé si lo hicieron, pero anunciaron al atardecer que ya estaba enterrado en lugar oculto.

No era aconsejable pasar más tiempo allí pues la seguridad era nula, dado que las postas dejaban «una raya» a la menor insinuación de peligro y, a veces, no avisaban, dirigiéndose recto a la montaña. Propuse una retirada de un kilómetro que Lambert aceptó en principio pero luego no cumplió.

Debía alcanzar a los hombres que mandara a buscar de Makungu y formar aparte el núcleo del ejército guerrillero, libre de la nefasta influencia de estos soldados indisciplinados, pero no podía dejar solo a Lambert con su cortejo de locuras y quedamos en que le enviaría a Moja con 10 hombres; él me daría, a cambio, 10 hombres, elegidos entre los voluntarios, para pasar un entrenamiento. Lambert cumplió a medias su promesa; me entregó 10 hombres, pero no eran voluntarios ni mucho menos escogidos, y no sirvieron para nada.

En el arroyo, a cinco kilómetros de Lulimba, alcancé al grupo que llegaba con Tembo a la cabeza; este había soportado con toda dignidad la fatigosa marcha y se había ganado el respeto de los desconfiados cubanos. Contando los hombres que, con Moja, irían a ayudar a Lambert, éramos 35; minúscula tropa. Los demás del grupo de 120 hombres, regados en el Lago, en la Base Superior, en Front de Force, en el frente de Calixte. Cada vez que avanzábamos iba disminuyendo nuestra tropa y no podíamos concentrarla; no me atrevía a dejar totalmente desguarnecido de cubanos algún punto porque se producía inmediatamente una vuelta completa al pasado. En este grupo venían algunas gentes nuevas; un teniente, hermano de Azima, al que pusimos por nombre Rebokate; un médico haitiano, Kasulu, que nos fue de gran utilidad (sin ánimo de desdeñar su ciencia, fue más útil por dominar el francés que por sus conocimientos médicos) y Tuma, el jefe del grupo de radiocomunicaciones. Discutimos con este último las instrucciones que traía, cambiándolas, ya que se pensaba que debía permanecer en Dar es-Salaam. Modifiqué ese aspecto de la organización, ordenándole que fijara su base en la parte superior del Lago, de donde debía buscar las conexiones con Dar es-Salaam y Kigoma y que buscara un radio potente para llegar en telegrafía directamente a Cuba. La guerra no se podía dirigir desde el Congo, como era mi intención, si había que depender en todo de Dar es-Salaam.

Nos pusimos de acuerdo sobre los tipos de equipos necesarios y sobre la utilización de uno chino, muy bueno, distribuido, con igualitarismo absurdo, uno por cada frente, sin considerar que en estos no se tenía la menor idea de la utilización de los aparatos. Aunque conocieran su manejo, el alcance limitado del transmisor no les hubiera permitido utilizarlo en comunicaciones entre sí, pero era imposible quitárselos; cada uno tenía guardado el suyo y no había forma de que lo entregaran. Trataríamos de hacer un grupo de comunicaciones sólido que sirviera para ir calificando cuadros congoleses. Le daba instrucciones también de que saliera por Fizi para examinar la planta de onda larga y ver si podíamos instalar una emisora de consignas revolucionarias para la región ya que, a pesar de algunos ataques aéreos, estaba intacta.[49]

Envié a Massengo, con los compañeros, una carta abundante en los habituales consejos; esta vez hacía énfasis en que debíamos hablar seriamente con la gente de Fizi para precisar relaciones y utilizar la radio allí existente, bajo un control central que evitara la posibilidad de la autopropaganda. Emitía de paso algunas críticas sobre el periódico dirigido por Kiwe. Sin referirme a su baja calidad general —no se podía pedir más— objetaba las mentiras que contaban en cuanto a los combates. Eran terribles; cualquier fabricante de partes de la época de Batista hubiera podido aprender de la imaginación calenturienta del compañero Kiwe.[50] Después él me explicaría que eso se debía a sus corresponsales.

Se utilizaron estos días en exploraciones para precisar la posición del enemigo y buscar un campamento provisional donde pudiéramos empezar la reorganización de nuestro personal, abandonando los bohíos al lado del camino, los que nos sirvieran de refugio algún tiempo. La aviación estaba activa pero no se preocupaba de las casas abandonadas, ametrallaba la zona de la barrera de Lambert. Estábamos preocupados por ese ataque cuando llegaron dos hombres de Moja, contándonos que los habían enviado para hacer unas exploraciones pero se cruzaron con tropas enemigas que avanzaban desplegadas; habían podido esconderse pero no retornar a La Misión. El informe adjunto establece cómo fue la acción:

28 de septiembre

Tatu:

En el día de hoy cerca de las 10:30 hrs. empezaron a avanzar los guardias de Lulimba para La Misión, en forma de cerco por la carretera y a pie, tirando morterazos y bombardeando la aviación. Yo me encontraba en la ametralladora antiaérea con el coronel y otros compañeros nuestros; dimos entonces la orden de que el cañón tirara para evitar que los guardias pudieran cercar a los compañeros de La Misión; las emboscadas de contención donde estaban los congoleses no tiraron y hasta el momento ellos no han aparecido. Los compañeros Tisa y Chail que estaban en La Misión cocinando pudieron retirarse hasta donde estábamos nosotros, los compañeros Banhir y Rabanini salieron a las 04:00 hrs. a hacer la exploración y desconocemos hasta estos momentos su situación, pensamos que se hayan retirado para donde usted está.* Los congoleses se han perdido casi todos; la idea que yo tengo es tirotear a los guardias desde esta posición contando para ello con la gente nuestra, ya que los congoleses cuando los aviones empezaron a tirar desplazaron las ametralladoras antiaéreas y cuando les dije que las volvieran a emplazar las tiraron al suelo. He puesto en la ametralladora un cubano; para el cañón mandé a otro compañero nuestro. El cañón se encuentra dos lomas atrás de nosotros, se le dijo al coronel que trajera el cañón desde ayer para esa posición y hasta el momento no se ha realizado. El compañero Compagnie** que se encontraba con el compañero Tisa en La Misión, se retiró con los congoleses, desconociéndose hasta el momento su situación, por lo que en este momento somos ocho, si no logramos parar a los guardias pensamos retirarnos más para arriba porque la loma está muy pelada, además hemos sentido tiros hacia la parte de Fizi, lo que es muy extraño.

El compañero coronel me asegura que son gentes de nosotros, pero dicha seguridad la considero relativa. Los guardias se pararon en La Misión y se mantienen en estos momentos ahí.

Moja

---

* Efectivamente, son los dos compañeros a que me he referido.
** Un soldado ruandés incorporado a nosotros.

Llegaban noticias de Mbili; había atacado dos tanquetas, destruyendo una, pero el enemigo había pasado, la aviación atacó duro pues los sorprendió en un claro, pero no sufrieron bajas. El final del informe era patético; tenía varios cubanos enfermos y solamente quedaban tres congoleses con ellos, los otros se retiraban a su base. Otra vez los guardias rompían la emboscada, ahora con relativa facilidad, pues la desmoralización de los combatientes era grande.

Al día siguiente, la radio dio una información del Estado Mayor de Mobutu según la cual una tropa de 2 400 hombres dirigidos por el teniente coronel [Iren Michael («Mad Mike»)] Hoare, está atacando por la zona de Fizi-Baraka para destruir el último reducto rebelde y ya Baraka había caído en su poder.

Lambert, por su parte, anuncia que efectivamente había sido atacado Baraka pero que había sido rechazado el ataque provocándole al enemigo 20 muertos blancos e innumerables negros. Como se ve, los propios congoleses no se preocupaban por contar el número de negros muertos, lo importante eran los blancos. Mientras, otro informe del frente de Lambert:

29 de septiembre

Tatu:

En el día de ayer hablamos con el coronel para que bajara el cañón y el mortero y hacerle fuego a la concentración de guardias que se encontraban más acá de Lulimba y lo que habían tomado era La Misión, por lo que Lambert salió a buscar el cañón y el mortero, acompañado por Nane para evitar que este no fuera a regresar, también le propuse que después de hacer los disparos a la concentración nos retiráramos para otra loma para evitar que en el día de hoy la aviación pudiese ocasionar algunas bajas. Ya ayer los aviones volaban bajito y los guardias les indicaban el punto a bombardear por medio de los morteros;

como a las 17:00 hrs. del día de ayer regresó el compañero Nane con dos morteros y un cañón e hicimos los emplazamientos, el coronel no regresó con Nane, sino más tarde, como a las 18:00 hrs., completamente borracho trayendo algunos hombres del campamento y planteándome que después que tiráramos los cañonazos y los morterazos bajaríamos con los hombres que él tenía allí y con nosotros a La Misión, ya que al tirarles los cañonazos los guardias se retirarían, le dijimos que eso era muy peligroso ya que el enemigo seguramente tenía emboscadas y eso era prácticamente meterse en el cerco de los guardias y con la confusión que se formaría entre la misma gente nuestra se matarían entre sí, diciéndome él que no, que había que hacerlo y que además él había hablado con usted y habían quedado en atacar a Lulimba, por lo que le dije que bajo mi responsabilidad los hombres nuestros se quedarían. Además, dijo que los guardias se iban a quedar con las frazadas que habían ocupado en La Misión y que eso no podía ser.* Después del ataque se iba a ir a China. Hicimos los disparos con los cañones y los morteros y nos retiramos para el campamento de él, junto con todos los soldados suyos, viniendo él también.

Anoche hablamos después de eso al regreso al campamento y no tratamos el mismo asunto ya que todavía estaba borracho. Decidí esperar otra oportunidad para hablar. El cañón lo tenemos emplazado en la otra posición que ellos tenían. En el lugar donde tiramos ayer dejamos una avanzada para observación. En el cañón tenemos un compañero nuestro para evitar que si los guardias intentan avanzar puedan hacerlo. Según todo parece indicar los guardias han acampado en La Misión y los otros se han retirado para su campamento, pues los camiones regresan. Prácticamente todo lo que estamos

---

* El día anterior, la retirada fue tan precipitada que quedaron las pertenencias de los que estaban ausentes, el teniente coronel, Moja y algunos más.

haciendo es tomar medidas por si los guardias intentan avanzar retenerlos. Siendo mi idea la siguiente:

Por la noche hacer algunos disparos sobre La Misión, esperar algunos días para hacer una pequeña exploración allí, ya que es posible que los guardias se retiren y no sean vistos. La gente nuestra a excepción del compañero que se encuentra en el cañón, la tengo controlada. Hoy le dijimos al coronel que sacara su personal temprano de las casas por los aviones, lo cual se hizo; pensamos construir algunos refugios. La situación entre nosotros y Lambert no ha sufrido ningún resquebrajamiento ya que lo que él tenía era que estaba «empombado». Cualquier contacto podemos hacerlo aquí en el campamento, ya que aunque nosotros vayamos para otra posición siempre dejaremos a alguien.

Esperamos cualquier otra instrucción de su parte,

Moja

El grado de irresponsabilidad del teniente coronel era terrible. Las noticias que me habían dado sobre Baraka eran falsas; este puesto había sido tomado casi sin combatir, de manera que nuestra situación se iba tornando cada vez más difícil y diluyéndose entre nuestras manos el proyecto de ejército, con todo su arsenal de armas, hombres y municiones. Todavía impregnado de no sé qué ciego optimismo, no era capaz de ver esto y, al hacer el análisis del mes de septiembre, escribía:

El análisis del mes anterior estaba lleno de optimismo, ahora no se puede serlo tanto, aunque algunas cosas han avanzado. Es evidente que no podremos rodear [Front de] Force dentro de un mes. Más aún, ahora no se puede dar fecha. Los mercenarios pasan a la ofensiva, sea cierto o no lo de Baraka y Lulimba, se han convertido en una plaza fuerte. Es verdad que tiene la debilidad de las comunicaciones, pero es casi imposible hacer pelear a este grupo en las condiciones actuales y los cubanos solos tienen que hacerlo todo. Sin embargo, Massengo nombró coordinador del frente al amigo Lambert (que no sirve para nada pero es acatado por los demás y me respeta) y me escribió una carta conciliadora* pidiéndome respuesta sobre algunos problemas concretos.

Mi lucha debe centrarse sobre la creación de una columna independiente, perfectamente armada y bien pertrechada, que sea fuerza de choque y modelo a la vez; si esto se consigue habrá cambiado el panorama en grado considerable, mientras no se consiga será imposible organizar un ejército revolucionario; la calidad de los jefes lo impide.

En resumen, es un mes en que hay avances pero el optimismo se retrae. Es de espera.

---

* En mi diario figura la palabra «conciliadora», pero no es la adecuada, pues nunca hubo rompimiento o roces entre Massengo y nosotros.

LUCHA CONTRA EL TIEMPO

Nuestra posición no era muy recomendable y hubiera sido muy mala en el caso de que los soldados emprendieran hacia allí una ofensiva, pero, en las circunstancias actuales, combatiéndose por el lado de Lulimba, había razonables suposiciones de que no seríamos molestados en un tiempo. El lugar estaba a orillas del arroyo Kiliwe, cerca de las primeras estribaciones de las montañas. Nuestra preocupación máxima era la comida; de vez en cuando cazábamos algún venado pero cada vez había menos y era peligroso hacerlo. Hay que considerar que estábamos situados en la tierra de nadie y la caza debía realizarse en esa zona precisamente, de manera que los tiros eran escuchados perfectamente por los guardias, aunque, a pesar de todo, estos mantenían una actitud recelosa, casi defensiva.

Tuvimos una reunión con el presidente de uno de los poblados cercanos. Cada poblado pequeño tiene su *kapita* o jefe menor; y los mayores, o una agrupación de aldeas, un presidente. Nuestro hombre hablaba francés y era bastante despierto; en una larga conversación le expuse nuestras demandas: necesitábamos unos cargadores para ir hasta el Lago a buscar conservas y otros abastecimientos, los campesinos debían asegurarnos la yuca y algunas hortalizas que se consiguieran y tabaco en rama. Lo que nosotros podíamos ofrecer era una parte de los alimentos u objetos traídos desde el Lago, pagar la comida que nos suministraran, darles asistencia médica y medicamentos gratuitos, dentro de nuestras posibilidades, y semillas de hortalizas, cuyo producto partiríamos. El presidente tomó nota de todas estas cosas y se reunió en asamblea con sus compañeros, trayéndome muy ceremoniosamente, a los dos o tres días, una respuesta escrita a máquina, firmada y con multitud de sellos, en la cual nos contestaba que buscaría los hombres para enviarlos al Lago, nos garantizarían la comida y tratarían de buscar el tabaco, pero no podían aceptar el pago pues era una norma de la Revolución que los campesinos debían alimentar al ejército, y la mantendrían.

De Mbili llegan noticias; otra vez los soldados han atravesado sus líneas y una vez más cayeron tanquetas en la acción, en esta oportunidad por intermedio de un ingenioso dispositivo: la mina era enterrada en el camino teniendo por detonador la misma espoleta de granada sostenida por un hilo, pero, al ser halado por la propia presión del vehículo que caía en una pequeña trampa, soltaba el seguro, explotando a los seis segundos; una tanqueta, por lo menos, voló debido a ese «tosco artefacto».

Envié a Siki para que trabajara como médico en la zona de la barrera y, al mismo tiempo, ayudara a Moja en sus tareas; los primeros informes que llegan de él, igual que los de Moja, llovían sobre mojado, lamentándose del grado de desorganización existente. Se maravillaba de una costumbre que mantenían imperturbables a pesar de estar esperando el ataque enemigo; todas las noches, cuando iban a dormir, los sirvientes de cada pieza la desarmaban y se la llevaban con ellos. No eran capaces de hacer trincheras para defenderse mejor, de dormir allí mismo con sus armas o, simplemente de dejar a alguien que las custodiara mientras los otros dormían. La pieza, como un objeto personal, iba con su dueño, el jefe de la misma, que no se dignaba dormir en otro lugar que no fuera su casa. Todas las mañanas se pasaba por el suplicio de movilizar a la gente para que estuviera temprano en su puesto de combate.

Me informaban también que habían escuchado unas fuertes explosiones en Lubondja; cuando fueron a averiguar qué pasaba, creyendo que era un ataque del enemigo, constataron que un polvorín completo se había incendiado, perdiéndose una gran cantidad de granadas de morteros, proyectiles de cañón y balas de ametralladoras.

Como anticipo a la llegada del compañero Massengo, llegó Muyumba, que hasta hacía poco era delegado del Consejo Revolucionario en Dar es-Salaam. Venía a hacerse cargo de acciones de sabotaje al ferrocarril de Albertville, en la zona de Makungu, y quería llevarse con él seis cubanos. Mi reacción fue violenta, explicándole que llevaba una lucha casi continua para concentrar mi gente, tratando de hacer un ejército mixto poderoso y que debía luchar constantemente contra la dispersión de fuerzas de este tipo (por primera vez utilicé con ellos la frase de que los cubanos se «congolizaban», se contagiaban del espíritu reinante). Esa dispersión hacía más daño que los beneficios que pudiera reportar; debíamos discutir eso muy seriamente porque veía muy mal el futuro de la Revolución por el camino que llevaba. La discusión y, sobre todo los relatos de las cosas que sucedían, le impresionaron mucho; me dijo que él estaba dispuesto a quedarse allí conmigo, que buscaría 20 campesinos para darles entrenamiento y que haría una inspección de la zona de Mukundi y después volvería. A la pregunta, [de] si yo estaba de acuerdo con que los reclutas fueran campesinos sin ninguna preparación militar, le contesté que era mucho mejor; prefería mil veces gente nueva, huérfana de todo contacto con los hábitos del vivac, a estos soldados ya corrompidos con la vida de campamento.

Al día siguiente llegó Massengo; también con él fui explícito y expresé sin ambages mi punto de vista sobre los problemas que estábamos confrontando, resaltando la decisión que debía tomar él de construir un ejército poderoso y disciplinado, so pena de quedar reducidos a grupos dispersos en las montañas. Quedamos de acuerdo en que haríamos un frente en esta zona bajo el mando de Lambert, pero yo tendría una columna independiente; le especifiqué que debía ser independiente del mando de Lambert también, pues ya las consecuencias de su irresponsabilidad me abrumaban.

Haríamos una especie de academia combatiente. Prefería como alumnos a los campesinos y Muyumba se comprometía a aumentar el número hasta 60, pero habría que agregarle soldados de los distintos frentes, cosa que no me hacía mucha gracia. Además, organizaríamos un Estado Mayor más racional que permitiera dirigir operativamente todos los frentes y estuve de acuerdo en enviar como asesores a Siki, para el trabajo del Estado Mayor, Tembo para el trabajo de organización política y Kasulu, el médico, como traductor de francés. Massengo me pidió que escribiera a nuestro embajador en Tanzania para que este interviniera ante ese gobierno, ya que las dificultades aumentaban día a día. Por último, pedía más cuadros cubanos. Le contesté en principio que sí, pero había que hacer una selección muy cuidadosa; esta era una guerra especial donde la calidad de los cuadros individuales valía mucho y no se podía suplir con el número.

Al día siguiente, mientras estábamos en las discusiones para tratar de hacer surgir de las ruinas al Ejército de Liberación, sucedió un accidente tragicómico; uno de los muchachos dejó caer su fosforera encendida y aquellos bohíos, hechos de paja y resecos, ya que solo comenzaba la temporada de lluvia, ardieron como antorchas; se perdieron algunas cosas, pero lo que más me fastidió fue el peligro en que se puso a la gente, ya que habían granadas que explotaban dentro y, sobre todo, la impresión que dimos a Massengo y sus acompañantes de desorganización, de descuido. Agano, que fue el autor material del siniestro, uno de los mejores compañeros, por otra parte, fue condenado a permanecer tres días sin comer.

Cuando estábamos en la fiesta de balas y granadas explotando, acompañadas por mis explosiones de calibre mayor, llegó Machadito,[51] nuestro ministro de Salud Pública, con unas cartas y un mensaje de Fidel; traía de acompañante a su colega Mutchungo, ministro de Salud Pública del Gobierno Revolucionario de

Soumialot; estaban perdidos y se habían guiado para llegar al campamento por la claridad y por el ruido de las explosiones. Supe de las largas conversaciones que habían tenido Soumialot y sus colegas con Fidel. La gente del Consejo Revolucionario no había sido veraz en sus exposiciones, supongo que mitad porque en estos casos siempre sucede así y mitad porque desconocían totalmente lo que ocurría dentro; estaban desde hacía mucho tiempo fuera del país y, como la ola de mentiras ascendía desde los soldados aumentando constantemente hasta llegar arriba, me imagino que, por buena voluntad que tuvieran, no podían darse una idea de lo que estaba sucediendo. El hecho es que pintaron un cuadro idílico, con agrupaciones militares por todos lados, fuerzas en las selvas, combates continuos; cuadro muy lejano de lo que nosotros podíamos palpar. Además, habían logrado una cantidad sustancial de dinero para hacer una serie de viajes por todo el continente africano, explicando las características de su Consejo Revolucionario, desenmascarando a Gbenyé y su camarilla, etc. Solicitaron apoyo también para una cantidad de intentonas sin fundamento y se habló de demandar de otros países amigos ayuda que llegaba hasta 5 000 fusiles, torpederas para el lago, armas pesadas, confeccionando unos planes de ataque y de penetración totalmente fantásticos. De Cuba habían extraído la promesa de 50 médicos y Machadito venía a explorar las condiciones.

Ya antes había recibido a través de Tembo la impresión de que se pensaba en Cuba que mi actitud era muy pesimista. Esto estaba reforzado ahora por un mensaje personal de Fidel, en el cual me aconsejaba no desesperarme, pedía que me acordara de la primera época de la lucha y recordaba que siempre estos inconvenientes sucedían, puntualizando que los hombres eran buenos. Le escribí a Fidel una carta larga de la que cito los párrafos que señalan mis puntos de vista:

Congo, 5/10/65

Querido Fidel:

Recibí tu carta que provocó en mí sentimientos contradictorios, ya que en nombre del internacionalismo proletario cometemos errores que pueden ser muy costosos. Además, me preocupa personalmente que, ya sea por mi falta de seriedad al escribir o porque no me comprendas totalmente, se pueda pensar que padezco la terrible enfermedad del pesimismo sin causa.

Cuando llegó tu presente griego* me dijo que una de mis cartas había provocado la sensación de un gladiador condenado y el Ministro,** al comunicarme tu mensaje optimista, confirmaba la opinión que tú te hacías. Con el portador podrás conversar largamente y te dará sus impresiones de primera mano ya que recorrió una buena parte del frente; por tal motivo suprimo el anecdotario. Te diré solamente que aquí, según los allegados, he perdido mi fama de objetivo manteniendo un optimismo carente de bases, frente a la real situación existente. Puedo asegurarte que si no fuera por mí este bello sueño estaría desintegrado en medio de la catástrofe general.

En mis cartas anteriores les pedía que no me mandaran mucha gente sino cuadros, les decía que aquí prácticamente no hacen falta armas, salvo algunas especiales, sino al contrario sobran hombres armados y faltan soldados y les advertía muy especialmente sobre la necesidad de no dar más dinero sino con cuentagotas y después de muchos ruegos. Ninguna de estas cosas han sido tomadas en cuenta y se han hecho planes fantásticos que nos ponen en peligro de descrédito internacional y pueden dejarme en una situación muy difícil.

Paso a explicarte:

---

* Tembo.
** Machado.

Soumialot y sus compañeros les han vendido un tranvía de grandes dimensiones. Sería prolijo enumerar la gran cantidad de mentiras en que incurrieron, es preferible explicarles la situación actual con el mapa adjunto.[52] Hay dos zonas donde se puede decir que hay algo de revolución organizada, esta en la que estamos y una parte de la provincia de Kasai donde está Mulele que es la gran incógnita. En el resto del país solo existen bandas desconectadas que sobreviven en la selva; todo lo perdieron sin combatir, como perdieron sin combatir Stanleyville. Esto no es lo más grave sino el espíritu que reina entre los grupos de esta zona, única que tiene contacto con el exterior. Las disensiones entre Kabila y Soumialot son cada vez más serias y se toman como pretexto para seguir entregando ciudades sin combatir. Conozco a Kabila lo suficiente como para no hacerme ninguna ilusión sobre él y no puedo decir lo mismo de Soumialot, pero tengo algunos antecedentes, como son la ristra de mentiras que les endilgara, el hecho de que tampoco se digna venir por estas tierras malditas de Dios, las frecuentes borracheras que se pega en Dar es-Salaam donde vive en los mejores hoteles y la clase de aliados que tiene aquí contra el otro grupo.* En estos días un grupo del ejército tshombista desembarcó en la zona de Baraka, donde un general-mayor adicto de Soumialot tiene no menos de 1 000 hombres armados y tomó el punto de gran importancia estratégica casi sin combatir. Ahora discuten de quién es la culpa, si de los que no combatieron o de los del Lago que no les mandaron suficiente parque. El hecho es que corrieron vergonzosamente, dejaron botado en la manigua un cañón de 75 milímetros sin retroceso y dos morteros 82; todo el personal de esas armas ha desaparecido y ahora me piden cubanos para que las rescatemos donde estén (que no se sabe bien) y

---

* Lo de las borracheras me fue comunicado por fuentes del otro bando; no parece ser cierto.

combatamos con ellas. A 36 kilómetros se encuentra Fizi y no están haciendo nada para defenderla, ni trincheras en el único camino de acceso, entre montañas, quieren hacer. Esto da una pálida idea de la situación. Con respecto a la necesidad de elegir bien los hombres y no mandarme cantidad, tú me aseguras con el emisario que los que hay aquí son buenos; estoy seguro de que la mayoría son buenos, si no estarían rajados hace mucho. No se trata de eso, es que hay que tener el espíritu realmente bien templado para aguantar las cosas que suceden aquí; no se trata de hombres buenos, aquí hacen falta superhombres...

Y quedan los 200 míos; créeme que esa gente sería perjudicial en este momento, a menos que resolvamos definitivamente luchar nosotros solos, en cuyo caso hace falta una división y habrá que ver con cuántas se nos enfrenta el enemigo. Tal vez, esto último será exagerado y se necesite un batallón para volver a las fronteras que teníamos al llegar aquí y amenazar a Albertville, pero el número no importa en este caso, no podemos liberar solos un país que no quiere luchar, hay que crear ese espíritu de lucha y buscar los soldados con la linterna de Diógenes y la paciencia de Job, tarea que se vuelve más difícil cuantos más comemierdas que le hagan las cosas encuentre esta gente en su camino...

Lo de las lanchas merece punto y aparte. Hace tiempo que vengo pidiendo dos técnicos en motores para evitar el cementerio en que se está convirtiendo el embarcadero de Kigoma. Llegaron tres lanchas soviéticas de paquete hace poco más de un mes y ya dos están inservibles y la tercera, en la que cruzó el emisario hace agua por todos lados. Las tres lanchas italianas seguirán el mismo camino que las anteriores a menos que tengan tripulación cubana. Para esto y el asunto de la artillada hace falta la aquiescencia de Tanzania que no se obtendrá fácilmente. Estos países no son Cuba para jugarse todo a una carta por grande que sea (la carta que se está jugando es bastante endeble). El emisario lleva el encargo mío de precisar con el gobierno amigo el alcance de la ayuda que está dispuesto a dar. Has de saber que casi todo lo que vino en el barco está incautado en Tanzania y el emisario también debe conversar sobre esto.

El asunto del dinero es lo que más me duele por lo repetida que fue mi advertencia. En el colmo de mi audacia de «derrochador», después de llorar mucho me había comprometido a abastecer un frente, el más importante, con la condición de dirigir la lucha y formar una columna mixta especial bajo mi mando directo, siguiendo la estrategia que me había trazado y que les participé. Para ello calculaba, con todo el dolor de mi alma, 5 000 dólares por mes. Ahora me entero que una suma 20 veces más grande se les da a los paseantes, de una sola vez para vivir bien en todas las capitales del mundo africano, sin contar que ellos son alojados por cuenta de los principales países progresistas que muchas veces les pagan los gastos de viaje. A un frente miserable donde los campesinos padecen todas, las miserias imaginables, incluida la rapacidad de sus propios defensores, no llegará ni un centavo y tampoco a los pobres diablos que están anclados en Sudán (el whisky y las mujeres no figuran en el rubro de los gastos que cubren los gobiernos amigos y eso cuesta, si se quiere de buena calidad).

Por último, con 50 médicos, la zona liberada del Congo contará con la envidiable proporción de uno para cada 1 000 habitantes, nivel que han pasado la URSS, Estados Unidos y dos o tres de los países más adelantados del mundo, sin contar con que aquí se distribuyen de acuerdo con preferencias políticas y no hay la menor organización de sanidad. Mejor que ese gigantismo es mandar un grupo de médicos revolucionarios y aumentarlo según mi pedido, con algunos enfermeros bien prácticos y del mismo tipo.

Como en el mapa adjunto va una síntesis de la situación militar, me limitaré a unas cuantas recomendaciones que les ruego tomen en cuenta de una manera objetiva: olvídense de todos los hombres en dirección a agrupaciones fantasmas, prepárenme hasta 100 cuadros que no deben ser todos negros y elijan de la lista de Osmany [Cienfuegos], más lo que descuelle por allí. Como armas, la nueva bazuca, fulminantes eléctricos con su fuente de poder, un poco de R-4 y nada más por ahora; olvídense de los fusiles, que si no son electrónicos no resuelven nada. Nuestros morteros deben estar en Tanzania y con ellos, más una nueva dotación de sirvientes, tendríamos de sobra por ahora. Olviden lo de Burundi y traten con mucho tacto lo de las lanchas (no olvidar que Tanzania es un país independiente y hay que jugar limpio allí, dejando de lado el tarrito que metí yo). Manden a la brevedad los mecánicos y un hombre que sepa navegar para cruzar el lago con relativa seguridad; eso está hablado y Tanzania lo acepta. Déjenme administrar el problema de los médicos, pero dándole algunos a Tanzania. No vuelvan a incurrir en el error de soltar dinero así, pues ellos se acuestan en mí cuando se sienten apurados y seguramente no me harán caso si el dinero corre. Confíen un poco en mi criterio y no juzguen por las apariencias. Sacudan a los encargados de administrar una información veraz, que no son capaces de desentrañar esta madeja y presentan imágenes utópicas, que nada tienen que ver con la realidad.

He tratado de ser explícito y objetivo, sintético y veraz. ¿Me creen?

Un abrazo.

Concordamos con Machado en la imposibilidad de tener 50 médicos ahí, a menos que los organizáramos como una guerrilla, y estuvo de acuerdo conmigo en las características realmente

LUCHA CONTRA EL TIEMPO 171

alarmantes que presentaba la situación pues había sido testigo de toda la depravación que existía en los frentes y captado el espíritu de la Revolución.

Tenía esperanzas de que algunos compañeros, como el ministro de Salud Pública autóctono, pudieran ayudar a poner un poco de orden, sobre todo porque este pertenecía a la zona de Fizi y tenía autoridad, sin embargo fue una figura nula; estuvo allí hasta el final, salvo un corto tiempo en que salió a cumplir alguna misión, pero se mantuvo totalmente alejado de Massengo (no sé de quién es la culpa) y más alejado aún de la realidad. Por supuesto, de sanidad no se podía ocupar; no había nada más que los médicos cubanos y los pocos medicamentos que llegaban eran para los frentes o para hacer algo de medicina elemental en las zonas donde acampaba una fuerza nuestra. Antes habíamos hablado con Massengo de la necesidad de atender más a Fizi, de imponer la autoridad sobre el general y darle alguna atención, por ejemplo en los médicos y la radio, pero ya era historia vieja pues Fizi pasaba a ser campo enemigo.

Moja llegaba de Lubondja, donde había ido a hacer una inspección después de la explosión del polvorín y traía la noticia de que Baraka se había perdido, en su opinión, sin lucha; se había perdido el cañón y los morteros, abandonados por sus servidores. Creo que en este caso eran los flamantes instructores búlgaros.*

Con todos estos antecedentes hicimos una reunión con los jefes que habían sido mandados a buscar, los que, por fin, aparecían. Hasta ese momento no habíamos logrado ninguna acción coherente por parte de Calixte ni de Jean Ila, el comandante de Kalonda-Kibuyu. No sé si achacarles a ellos mismos o a Lambert, cuyas características de trabajo tan estrafalarias no permitían realizar nada orgánico. En definitiva estaban presentes en la reunión, el

---

* Sigo la costumbre establecida en el Congo de adjudicar a los estudiantes la nacionalidad del país donde fueron entrenados.

propio Massengo, el compañero Muyumba, el ministro de Salud Pública, los comandantes Jean Ila y Calixte, el teniente coronel Lambert, otros comandantes del frente de Lambert y los habituales comisarios políticos y mirones. Se había mandado a buscar a Zakarias, pero no respondió, por lo que no estaban representados los ruandeses. Mis palabras fueron más o menos estas:

Primero, una presentación de los que estaban allí, el ministro de Salud Pública de Cuba, que había ido para hacer un análisis de las necesidades de la sanidad; Siki, jefe de Estado Mayor de un ejército cubano; Tembo, secretario de Organización del Partido que había abandonado su cargo para venir a luchar aquí; el compañero Moja; el compañero Mbili, de larga trayectoria de lucha. Explicaba más o menos las mismas cosas que a Massengo pero agregué un análisis del comportamiento de cada jefe; Lambert era un compañero dinámico, no cabía duda, pero todo tenía que hacerlo personalmente, no había formado un ejército, la gente hacía algunas cosas cuando él iba delante, pero en caso contrario no avanzaban. Di como ejemplo el caso del soldado muerto; él estaba en la primera línea pues sus compañeros le habían exigido que fuera para mantenerse allí. En cambio Calixte no había aparecido nunca por las líneas de combate. Las dos actitudes eran malas; el jefe no debe permanecer tan cerca de la primera línea que le impida abarcar su frente y tomar decisiones de conjunto, pero tampoco debe estar tan alejado que pierda todo contacto. Al de Kalonda-Kibuyu le objetaba que la barrera que decían tener en el camino era una ilusión, debido a que nunca hubo un solo choque con el ejército; no había razón de hacer permanecer 150 hombres en esas condiciones. Hice luego un análisis de las indisciplinas, de las atrocidades cometidas, de las características parasitarias del ejército, aquello fue una verdadera catilinaria y, aunque aguantaron refinadamente el chaparrón, ninguno estaba conforme con la «descarga».

Haciéndome algunas observaciones sobre la entrevista, el

compañero Tembo me decía que, a su juicio, no había dado prácticamente salida a los problemas del Congo; había hablado de todo lo negativo, pero no de las posibilidades que brindaba la guerra de guerrillas. Fue una crítica justa.

También tuve una reunión con mis compañeros, pues me había llegado el rumor de algunas expresiones que reflejaban el abatimiento creciente; manifestaban algunos que los cubanos permanecían en el Congo porque Fidel no conocía la real situación que se vivía. Les expresé que la situación era difícil, se desmoronaba el Ejército de Liberación y había que luchar por salvarlo de la ruina. Nuestro trabajo sería muy duro y muy ingrato y no les podía pedir a ellos que tuvieran confianza en el triunfo; personalmente creía que se podían arreglar las cosas aunque con mucho trabajo y multitud de fracasos parciales. Tampoco les podía exigir que tuvieran confianza en mi capacidad de dirección, pero sí, como revolucionario, podía exigirles que tuvieran respeto por mi honestidad. Fidel estaba al tanto de las cosas fundamentales y ninguno de los hechos ocurridos se ocultó; no había venido a ganar glorias propias en el Congo y no iba a sacrificar a nadie por mi honor personal. Si era cierto que no había comunicado a La Habana la opinión de que todo estaba perdido, fue porque, honestamente, no la tenía, pero sí había expresado el estado de ánimo de la tropa, sus vacilaciones, sus dudas y debilidades. Les conté cómo hubo días, en la Sierra Maestra, en que mi desesperación era total ante la falta de fe de los nuevos reclutas que, después de jurar por todos los santos su decisión inquebrantable, se «partían» al día siguiente. Eso fue en Cuba, con el grado de desarrollo que teníamos y la fuerza de la Revolución. ¿Qué no esperar del Congo? Los soldados congoleses estaban ahí, entre la masa, había que examinarlos uno a uno y descubrirlos; esa era nuestra tarea fundamental.

La necesidad de esta explicación demuestra el fermento que iba disolviendo la moral de nuestra tropa. Era difícil hacer trabajar a los muchachos; compañeros con bastante disciplina, cumplían formalmente las orientaciones, pero no había nada de trabajo creador, todo era necesario decirlo varias veces, controlarlo estrictamente y, además, debía utilizar mis proverbiales descargas, que no son muy suaves, para que algunas tareas se realizaran. Quedaba muy atrás la época romántica en que amenazaba a los indisciplinados con enviarlos de vuelta a Cuba; si lo hubiera hecho ahora, quedaba reducido a la mitad de los actuales efectivos, con buena suerte.

Tembo le escribió una larga carta a Fidel, en la que le exponía, fundamentalmente desde el punto de vista del anecdotario, la situación existente en ese momento. Con todos esos datos en la mano y su visión de la realidad, salió Machado de retorno.

De resultas de la entrevista con los comandantes, se había modificado algo la composición de la academia que ahora estaría integrada por 150 soldados, suministrados por los tres frentes a razón de 50 cada uno, Lambert, Kalonda-Kibuyu y Calixte, más 60 que enviaría Muyumba y campesinos reclutados en la zona.

Con respecto a Baraka, volvíamos a hablar con Massengo y estuve de acuerdo en enviar allí a Siki con algunos hombres para organizar una defensa de Fizi que hiciera posible, después de un estudio, llevar todas las fuerzas allí y atacar el primer punto. Pero Siki debía plantear, como condición previa, que las cosas se hicieran seriamente y que el mando estuviera totalmente en manos de los cubanos; bajo esas condiciones podíamos comprometernos a enviar toda la gente a la lucha. Este ultimátum era necesario. Hacía poco, en ocasión del fallido intento de atacar a Lulimba, las murmuraciones entre nuestros compañeros habían sido que, si otra vez quedábamos solo los cubanos y moríamos inútilmente, muchos iban a plantear dejar la lucha, porque así no se podía seguir.

No podía arriesgarme a un ataque a Baraka si no teníamos todas las armas en la mano y hacíamos un análisis serio; no sabíamos cuánta fuerza había allí, pero las posiciones del enemigo eran muy incómodas, tenía una cabeza de playa rodeada de montañas, en un territorio hostil. Podía haberse hecho algo. Para finalizar, le supliqué, casi, a Massengo que hiciera entrar en razones a la gente de Fizi con su autoridad y que le escribiera a Kabila una vez más para conminarlo a entrar en el Congo. No se podía estar hablando mal de Soumialot y su equipo, y, al mismo tiempo, dar el espectáculo de continuas amenazas de llegada, en medio de francachelas y orgías en Kigoma y Dar es-Salaam. Había vacilado mucho en decir cosas tan delicadas como esta, pero creía mi deber el exponérselas a Massengo para que se las transmitiera a Kabila directamente; no era nuestra intención hacer de ayas ni de tutores, pero hay sacrificios que un jefe revolucionario debe afrontar en un momento dado.

Massengo prometió escribirle a Kabila; no sé si lo hizo. Salió con Siki para la zona de Fizi, mientras Muyumba salía para la zona de Mukundi con la promesa de enviar en siete días los 60 campesinos, promesa que nunca se cumplió, ignorando por mi parte las causas, pues no volvió a dar señales de vida.

Lambert me mandaba una carta diciendo que había rumores de que ya Fizi había caído también y él pedía la autorización para salir con 25 hombres, buscaría otros 25 en el camino y con ellos reconquistaría Baraka o, si ya estaba perdido, a Fizi; le contesté que no tenía títulos para darle ese tipo de permiso pero que, en mi opinión, había muchos aspectos débiles en su frente, el enemigo estaba al atacar y era imprescindible su presencia allí. Era, por otro lado, imposible pensar que con 25 ó 50 hombres se podía retomar lo que se había perdido pese a contar con centenares. Tuvo la gentileza de enviarme una respuesta mientras partía para Fizi con su tropilla.

Por todo esto, las posibilidades de molestar, tan siquiera, al enemigo en la zona de Lulimba eran casi nulas; los soldados de la barrera principal no bajaban al llano ya; se mandó un grupo de contacto a la barrera del camino de Kabambare, con la intención de cruzar el río Kimbi y explorar desde el otro lado las posiciones de los soldados y el informe fue que aquello estaba al mismo nivel general; el teniente al mando de la barrera manifestaba que no podía mantener los hombres en la posición (no quedaban sino 25); no le obedecían, hacían lo que querían y si los llevara a cualquier acción, desertarían. Aquello era también una barrera teórica y el grupo debía descontarse como fuerza de combate.

FUGAS VARIAS

Seguíamos tentando, por todos los medios, incorporar congoleses a nuestro pequeño ejército y darles rudimentos de instrucción militar, para tratar de salvar con ese núcleo lo más importante, el alma, la presencia de la Revolución. Pero los encargados de darle el soplo divino, los cubanos, cada vez tenían más débil el hálito vital. La acción del clima no dejaba de hacerse sentir; a la endémica malaria se agregaba la gastroenteritis. En el diario de campaña tenía apuntado, hasta que el rigor de las carreras venció al espíritu científico, la estadística de mi caso; en 24 horas, más de 30 deposiciones. Cuántas más, lo sabe la manigua. Muchos compañeros sufrían del mismo mal, que no era durarero ni muy rebelde a los antibióticos fuertes, pero contribuía a debilitar una moral ya enferma. Y nada de lo que ocurría en el exterior de nuestro campamento coadyuvaba a levantárnosla; ni un gesto altivo, ni una acción inteligente.

Los pocos congoleses que habíamos logrado reclutar, iban a hacerse una *dawa* a algún campamento vecino o a hacerse examinar por el médico congolés (brujo) y no regresaban, simplemente desertaban. Sentía ante ellos la impotencia que da la falta de comunicación directa; quería infundirles todo lo que sentía, convencerles de que lo sentía realmente, pero el transformador de la traducción y, quizás, la piel, lo anulaba todo. Tras una de las frecuentes transgresiones (se habían negado a trabajar, lo que era otra de sus características) les hablé en francés, enfurecido; les espetaba las cosas más terribles que podía encontrar en mi pobre vocabulario y, en el colmo de la furia, les dije que había que ponerles faldas y hacerles cargar yuca en una canasta (ocupación femenina), porque no servían para nada, que eran peor que mujeres; prefería formar un ejército de mujeres antes que con individuos de esa categoría. Mientras el traductor vertía la «descarga» al swahili, todos los hombres se miraban entre sí y reían a carcajadas con una ingenuidad desconcertante.

El enemigo más constante era, quizás, la *dawa* y sus exigencias, por lo que conseguí un *muganga*, probablemente de los considerados de segunda categoría, pero que inmediatamente se hizo cargo de la situación; ocupó su puesto en el campamento y se dedicó a holgar como corresponde a un *muganga* de primera. Era inteligente; al día siguiente de llegar le dije que debía salir con un grupo de hombres que iban a estar varios días en una emboscada, porque la *dawa* perdía eficacia con el tiempo y la gente no se quedaba en la posición, pero me contestó con una rotunda negativa; él les iba a hacer una *dawa* reforzada que duraba 15 días. Frente a un argumento tan contundente y respaldado por su autoridad, tuvimos que acceder y, salieron los hombres con *dawa* reforzada, la que, unida a la velocidad y oportunidad de la carrera, daba excelente resultado.

Habíamos hablado, días antes, con Massengo de empezar un entrenamiento práctico en la zona de Kalonda-Kibuyu y, por tanto, tomé medidas para enviar un grupo de cubanos con la misión de actuar divididos en dos grupos e ir seleccionando los mejores combatientes congoleses a medida que actuaban en la emboscada. Usaríamos el mismo sistema que en la zona más cercana a Katenga, donde ya habíamos levantado todas las emboscadas por el agotamiento del número de congoleses, que fue reduciéndose hasta quedar uno o dos solamente. Dejamos a Azi, que estaba enfermo, con dos compañeros y el resto lo concentramos con nosotros. A pesar de nuestros esfuerzos, entre enfermos y dispersos por los distintos frentes quedaba poca gente disponible y salieron hacia Kalonda-Kibuyu con Mbili 13 hombres. Ishirini de segundo jefe. Este compañero era un soldado en Cuba pero, por sus condiciones, habíamos resuelto probarlo en misiones de responsabilidad, preparando jefes por si, eventualmente, agrandábamos nuestro ejército hasta constituirlo en un grupo operacional con bastantes soldados congoleses. Los compañeros debían estar más o menos unos 20 días en la emboscada; habíamos decidido que no permanecieran más tiempo debido a que los rigores del clima desajustaban mucho a los hombres, sobre todo a los cubanos. Pasado ese lapso, otro grupo se trasladaría a una región distinta, evitando saturar una misma zona de emboscadas, mientras ese descansaba y se depuraba. Había salido Mbili para cruzar el Kimbi y empezar las acciones, cuando llegaron con poca diferencia de horas, una pequeña nota patética de Siki y otra de Massengo. La de Siki decía:

> Moja:
>
> Los guardias avanzan sobre Fizi y no hay nada que los detenga ni quieren detenerlos, nosotros vamos de Fizi a Lubondja, voy a tratar de tumbar los puentes. Avísale a Tatu, mi viaje fue un fracaso.
>
> *Siki*
> *10/10/65*

La nota de Massengo traía la noticia de que ya había caído Fizi y daba instrucciones de que todo el grupo de Kalonda-Kibuyu se pusiera bajo mis órdenes.*

Entre tanto, algunos de los trabajos anteriores comenzaban a dar resultado; llegaba del Lago un cargamento de comida y algunas medicinas, transportadas por los campesinos con quienes compartíamos ciertas cosas. No era mucho, pero pudimos darles algo de sal y azúcar, y nuestros hombres tomar el té dulce. Llegaba

---

* Ese grupo nunca llegó a incorporarse, vinieron unos cuantos dispersos bajo las órdenes de un comisario político que parecía buen tipo pero no podía con aquella turba; el resto se había quedado en las casas campesinas. Boté a todo el mundo, incluyendo al comisario; no quería más desorden allí.

una carta de Aly, que llovía sobre mojado; era la historia de una emboscada que habían tratado de hacer en la zona de Kabimba, de cómo, por encontrar una cajetilla de cigarros vacía en un sendero, se volvieron atrás, para llegar finalmente, muy disminuido el grupo, al camino principal; de los 60 soldados congoleses quedaban 25; en el camino hicieron prisioneros a unos campesinos que pasaban (eran encargados de limpiarlo) quienes manifestaron que algunas horas después cruzaría un camión de la fábrica de cemento existente en Kabimba. El jefe del destacamento congolés, al enterarse de eso, resolvió levantar la emboscada una hora antes de que pasara el camión, ya que podían venir guardias; con eso acabó la operación que había durado una semana. Poco después llegaban los ascensos, el capitán a mayor o comandante y así sucesivamente; llovieron, en premio a tan gallarda acción.

Llegó Siki de Fizi, había hecho a marchas forzadas el camino debido a la situación, y narró las peripecias de su viaje. Las bocas por las que pasaron las conversaciones con el general Moulana (Siki no habla francés ni swahili, el general no habla francés), son demasiadas para poder dar una idea con garantías de fidelidad, pero, en resumen, Siki planteó nuestro *ultimátum* y la necesidad inmediata de hacer trincheras. La defensa existente era una «barrera» constituida por tres hombres, un bazuquero con su ayudante y otro con una «pepechá», y el consabido hilito en el medio del camino, para evitar que pasara nadie; ni una trinchera, ni una exploración habían hecho. Después que habló Siki, el general Moulana tomó la palabra e hizo una exposición de extremada dureza dirigida contra el compañero Massengo, acusándolo de ser el culpable de todo, ya que no le había mandado armas ni municiones y no le había mandado cubanos para pelear y que en esas condiciones él no iba a defender Fizi, que él no era un muerto para estar haciendo huecos (afortunadamente estaba vivo todavía), y que toda la responsabilidad debía recaer sobre Massengo. Este no reaccionó siquiera, no sabemos si por su falta de carácter o por estar en territorio enemigo, ya que así se podía calificar esa zona, y aguantó el chaparrón callado. Esa noche ya no durmieron en Fizi.

Era opinión de algunos compañeros que el general no podía ser tan imbécil, que estaba en connivencia con los mercenarios; esto es algo que no me consta, y este seguía en su zona de Fizi, alzado, cuando nosotros nos retiramos. Creo que el atraso puede explicar esta actitud pero, en la práctica, le hizo el juego al enemigo.

Lo real es que las disensiones internas llegaban a extremos como el relatado. Los 37 kilómetros de Baraka a Fizi transcurren por un camino de lomas con muchas posibilidades de hacer emboscadas, incluso hay un río que constituye una barrera bastante difícil de atravesar para vehículos, cuyo puente ya estaba roto a medias y no había más que destruirlo completamente para lograr buenas posibilidades defensivas; se hubiera retardado el avance, por lo menos. Pero nada de eso se hizo.

El día 12 de octubre el enemigo había tomado Lubondja en un paseo triunfal. El coronel Lambert se había enterado de la toma de Fizi y había partido con 40 hombres hacia allí, dejó algunas armas pesadas en Lubondja, las que se perdieron en la manigua; no quiso escuchar razones y Massengo no tuvo la presencia de ánimo de imponerle que se quedara a defender el último punto que impedía la unión entre las fuerzas de Lulimba y las que desembarcaron en Baraka, la barrera en la montaña.

Cuando llegó Massengo a nuestro campamento, le dije bastante exasperado que yo no podía asumir la responsabilidad de defender aquello de un ataque doble con los hombres que tenía. Estaba reforzado el extremo oriental con Mbili que, a marchas forzadas, había cruzado con sus 13 hombres, pero podíamos contar 13 cubanos de un lado y unos 10 del otro; extremar la defensa sería hacer matar 23 hombres ya que el resto no quería hacer absolutamente nada. Tenían en la barrera un polvorín con unas

150 cajas de municiones de todo tipo, sobre todo de armas pesadas, morteros, cañones, ametralladoras 12.7, y la noche anterior se había tratado por todos los medios de hacer trabajar a las gentes para salvarlo; hubo que amenazar con echarles agua, quitarles más [sic] mantas que los cubrían, hacer, en suma, una presión extrema sobre ellos, mientras Massengo, que pasó allí la noche, fue impotente para obligarlos a trabajar y los segundos de Lambert huían con sus adictos.

La reacción de Massengo fue enviarle una carta a Lambert ordenándole que volviera a hacerse cargo de la defensa con sus hombres. No sé si esa carta llegó a su destino pero era inútil; al poco rato llegaba la noticia de que había caído sin combatir la posición, amenazada por los dos extremos, desde Lulimba y desde Lubondja, y se había convertido la retirada en una huida. La actitud de nuestros hombres fue más que mala; armas que tenían bajo su responsabilidad, como morteros, las dejaron en manos de los congoleses y se perdieron, no demostraron ningún espíritu de combate, estaban pensando simplemente en salvar la vida, igual que los congoleses, y fue tal la desorganización de la retirada, que perdimos un hombre y todavía no sabemos cómo, pues sus compañeros no se dieron cuenta si se extravió, fue herido o muerto por los soldados enemigos que disparaban sobre una loma por la cual se retiraban. Pensamos que podía haberse dirigido hacia la Base del Lago o estar en algún otro lugar, hasta que su ausencia nos convenció de que había sido muerto o prisionero, sin saber nunca más de él. En definitiva, se perdieron un sinnúmero de armas. Di instrucciones de que todo congolés que se presentaba sin una orden expresa o a cumplir alguna misión fuera desarmado inmediatamente. Al día siguiente tenía un botín de guerra considerable, como si hubiéramos hecho la más fructífera de las emboscadas; el cañón de 75 milímetros, con una buena cantidad de parque, una ametralladora antiaérea completa y restos de otra, partes de morteros, cinco fusiles ametralladoras, parque, granadas y un

Che (Tatu) en el proceso del cambio de fisonomía, mientras se afeita la barba.

Che, caracterizado como Ramón Benítez, identidad asumida para su traslado desde Cuba hasta el Congo.

Sentados, de izquierda a derecha: Víctor Dreke (Moja) y Che (Tatu). De pie: José María Martínez Tamayo (Mbili en el Congo y Papi en Bolivia).

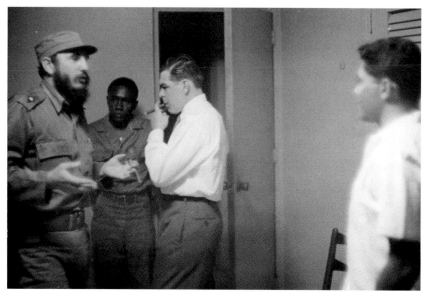

Fidel, en la despedida a Che, Víctor Dreke y José María Martínez Tamayo, antes de su partida de Cuba.

Che y Fidel.

Che en Cuba, después de cambiar su fisonomía y tal como salió para el Congo.

El primer grupo, en el viaje desde Dar es-Salaam hasta Kigoma, en Tanzania.

Recién llegados al campamento. De izquierda a derecha: Víctor Dreke (Moja), Rafael Zerquera (Kumi) y Che (Tatu).

De izquierda a derecha: Ernesto, el traductor congolés, Rogelio Oliva, funcionario de la embajada de Cuba en Tanzania, y el congolés Kiwe. El resto, sin identificar.

En la base, soldados de la columna de cubanos. De izquierda a derecha: Pablo B. Ortiz (Saba), Eduardo Torres (Nane) y, en el extremo derecho, congoleses sin identificar.

Un grupo de combatientes congoleses y cubanos. El segundo, a la izquierda, es Godefroid Tchamlesso; le siguen Mario Armas Fonseca (Rebokate), Roberto Sánchez Barthelemí (Changa), Osmany Cienfuegos y Ramón Armas Fonseca (Azima), junto a otros combatientes.

Grupo de combatientes cubanos y congoleses.

En el campamento central. De izquierda a derecha: los combatientes Roberto Sánchez (Changa), ya fallecido, Víctor Dreke (Moja), el congolés Kiwe, Osmany Cienfuegos, un congolés sin identificar y el médico Rafael Zerquera (Kumi).

En el centro, Víctor Dreke (Moja); el primero, a la derecha, Ángel Hernández Angulo (Sitaini), junto a otros combatientes.

En el centro, sentados, Che y Ernest Ilunga, su traductor y profesor de swahili; de pie, el médico Rafael Zerquera (Kumi), acompañados por otros combatientes cubanos y congoleses.

Che, junto a un grupo de combatientes congoleses y cubanos.

De izquierda a derecha: Julián Morejón Gilbert (Tisa), Rogelio Oliva y Godefroid Tchamlesso.

En la base de Lulimba. En el extremo derecho: Che, sentado, lee.

Combatientes cubanos, en las labores de construcción del campamento, en la base de Lulimba.

Durante un ejercicio de entrenamiento. De izquierda a derecha: Santiago Terry Rodríguez (Aly), Godefroid Tchamlesso —subiendo—, Rogelio Oliva y Julián Morejón Gilbert (Tisa).

En la Base Superior. Sentados, de izquierda a derecha: el segundo y de espaldas, Oscar Fernández Mell (Siki); José Ramón Machado Ventura, de cuclillas; Ulises Estrada; Emilio Aragonés (Tembo) y Che —ambos recostados. De pie, Carlos Coello (Tumaini).

En un momento de las operaciones de comunicación. Sentados, de izquierda a derecha: Rogelio Oliva, Roberto Sánchez Barthelemí (Changa), y Che. Detrás y de pie, José María Martínez Tamayo (Mbili).

Che imparte clases militares, con un mapa de la zona de operaciones. A su izquierda, Santiago Terry Rodríguez (Aly) y a su derecha, Ángel Hernández Angulo (Sitaini).

Una clase de táctica.

Ángel Hernández Angulo (Sitaini) —en el centro—, junto a otros combatientes, en quehaceres relacionados con la alimentación.

Che, en un momento de la comida.

Che, junto a un grupo de congoleses de la zona. En cuclillas, Roberto Chaveco Núñez (Kasambala).

En la Base Superior. De izquierda a derecha: Godefroid Tchamlesso, Sammy Kent, Che y Kiwe.

Che, en un momento de receso y disfrutando una de sus confesas "debilidades fundamentales": el tabaco.

Che, con un niño congolés en brazos.

Che, leyendo la prensa cubana.

Un niño congolés muestra heridas de proyectil. Al fondo, un grupo de combatientes.

Habitantes de la zona de la guerrilla. Foto tomada por Che.

Un combatiente congolés con su familia.

Uno de los barcos, durante la travesía por el Lago Tanganyika, en el regreso de los combatientes cubanos a Tanzania.

Che, en el barco de regreso, desde tierra congolesa a Kigoma.

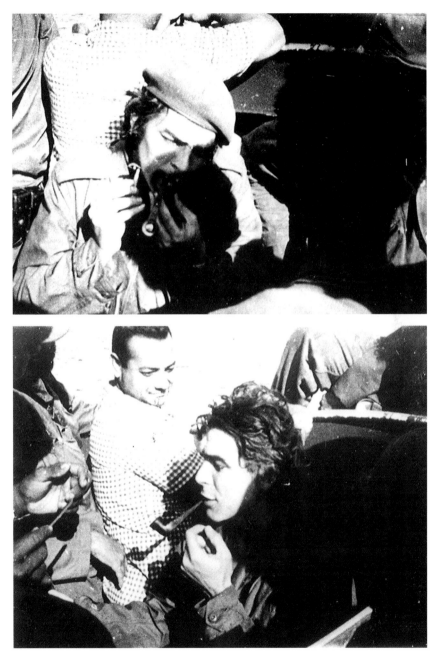

Che, durante la travesía hacia Kigoma, vuelve a transformarse su fisonomía. Aquí, afeitándose.

Combatientes cubanos, en el aeropuerto de Dar es-Salaam, antes de su retorno a Cuba.

centenar de fusiles. El responsable del cañón, el compañero Bahasa, había quedado solo en la posición y, ante el avance de los guardias, impulsado por un informe alarmista de otro cubano, se retiró dejándolo; los mercenarios no avanzaban con tanta celeridad y Moja dio órdenes oportunas salvando el cañón, pero a este compañero, miembro del Partido, le hice una severa crítica, como a varios más.

Resolvimos, de acuerdo con Massengo, desarmar a todos los soldados fugitivos, quitar todos los grados y hacer una fuerza nueva con lo que quedara —que en mi fuero interno deseaba fuera muy poco—. Apalabré solo a los que demostraban su seriedad y su espíritu de lucha.

Se realizó una asamblea con los compañeros congoleses; les dije con mucha dureza mi opinión sobre ellos, les expliqué que íbamos a hacer un Ejército nuevo, que nadie estaba obligado a seguir con nosotros, todo el que quisiera se podía ir, pero dejaría las armas allí y con nosotros quedaría el polvorín que habíamos salvado con tanto esfuerzo. Dirigiéndome a los reunidos, les pedí que levantaran la mano los que quisieran quedarse; nadie lo hizo. Como había hablado con dos o tres de los muchachos congoleses para que se quedaran, y estaban de acuerdo, me parecía extraño aquello; miré entonces a uno de los elegidos y pedí que dieran un paso al frente los que quisieran quedarse; dos de ellos dieron su paso al frente e, inmediatamente, la columna completa hizo otro tanto; ahora quedaban todos incorporados. No estaba convencido de esa disposición; pedí que lo pensaran bien y lo discutieran entre ellos y después decidiríamos. De ese nuevo parlamento salieron unos 15 hombres dispuestos a retirarse, pero obtuvimos cosas positivas; un comandante decidió quedarse como soldado, ya que yo no admitía grados anteriores, y el número de voluntarios fue mayor que lo previsto.

Se resolvió que Massengo retornara a la Base [del Lago] acompañado de Tembo, Siki y el médico traductor, Kasulu.

Paradójicamente, la situación política no podía ser mejor, ya que Tshombe había caído y Kimba estaba tratando infructuosamente de formar gobierno. Teníamos una situación ideal para seguir actuando y aprovechar la descomposición que existía en Leopoldville, pero la tropa enemiga, lejos de los acontecimientos de su capital, eficientemente dirigida y sin oposición seria enfrente, campeaba por sus respetos.

Con el compañero Rafael, encargado de los asuntos nuestros en Dar es-Salaam, que venía a hacer un recorrido y a charlar personalmente conmigo, tuvimos una discusión en la que nos pusimos de acuerdo en las cuestiones fundamentales: el jefe de las transmisiones estaría en el sitio de las operaciones; además debía haber una emisora capaz de comunicarse con La Habana, debía enviar un módulo semanal de comida para la base del nuevo ejército que estaría abastecido lo mejor posible y un compañero de Dar es-Salaam iría a Kigoma, a reemplazar a Changa que no hablaba swahili y tenía dificultades; Changa vendría de este lado como encargado de los botes.

Con respecto al abastecimiento, cambié mi anterior postura que resultó ser falsa; había venido con la idea de hacer un núcleo ejemplo, pasar todas las dificultades al lado de los congoleses y mostrarles con nuestro espíritu de sacrificio el camino de un soldado revolucionario, pero el resultado era que nuestros hombres estaban famélicos, descalzos, sin ropa y los congoleses se repartían los zapatos y ropas que les llegaban por otro conducto; lo único que habíamos conseguido era que cundiera el descontento entre los propios cubanos. Se había resuelto entonces formar un núcleo de ejército mejor abastecido de equipos y mejor comido que el resto de la tropa congolesa; estaría directamente bajo mi mando, sería la escuela práctica convertida en núcleo de ejército. Para lograrlo era imprescindible que nos mandaran regularmente de Kigoma los abastecimientos básicos y organizar desde el Lago su traslado al frente con los campesinos, pues a los soldados congoleses era muy difícil hacerlos trabajar y si los nuestros se dedicaban a esa tarea no tendríamos combatientes.

Dividimos nuestras fuerzas en dos compañías dirigidas por Siwa y Azima, como segundos jefes, ya que irían a combate bajo las órdenes de Mbili y Moja respectivamente, cuando hubieran pasado un período mínimo de entrenamiento. Su composición básica era de 15 cubanos y unos 45 congoleses, se agregaban algunos más de acuerdo con las necesidades; un jefe de compañía, tres jefes de pelotones, cubanos, y tres jefes de escuadra (de cinco hombres), cubanos. Estaba formada pues, de tres escuadras por pelotón y tres pelotones por compañía; en total, nueve jefes de escuadra, tres jefes de pelotones, el jefe de compañía con su segundo y una pequeña escuadra auxiliar, todos cubanos.

Nos trasladamos al nuevo campamento situado a una hora de camino del anterior, en las primeras estribaciones de la montaña pero todavía en el llano.

DESASTRE

Por esos días había llegado y se incorporaba a mí, «Tremendo Punto», que tendría la misión de ser una especie de comisario político de alto nivel; Charles, que también me acompañaba, sería un comisario más práctico, más de batalla, pues podía trabajar directamente con la gente de lengua *kibembe*, la mayoría de nuestra tropa. Consideraba muy importante la presencia de «Tremendo Punto», puesto que estábamos buscando cuadros capaces de ser desarrollados; nuestro embajador en Tanzania informaba de las presiones muy fuertes del gobierno de ese país para un arreglo con Gbenyé. No sabía lo que podía pasar pero estaba dispuesto a seguir la lucha hasta el último minuto; me convenía tener al lado a alguien que levantara la bandera insurrecta si llegaba a haber cualquier transacción con esa gente.

El nuevo campamento tenía mejores condiciones naturales que el anterior, pero no era perfecto ni mucho menos. Había muy poca agua, un pequeño manantial que brotaba allí mismo, cenagoso, y sabíamos por experiencia los trastornos gástricos que eso producía; una colina.que se erguía entre la carretera y el campamento impedía la visibilidad amplia. Hubiera sido mucho mejor hacerlo más montado en la loma, pero todas presentan la característica de no tener agua y se hacía muy incómodo trasladarla para un grupo de hombres considerable como el que teníamos. Di órdenes de hacer un polvorín en la parte superior de la loma, para no tener el lastre de la defensa de las 150 cajas de municiones de todo tipo que habíamos salvado en Lubondja. Hice una exploración por la zona eligiendo el lugar para el polvorín y tomé algunas otras previsiones, como la de tener listo un pelotón que defendiera la parte superior de la montaña en caso de que hubiera peligro de ataque.

Teníamos, con algunos campesinos que se habían incorporado, el germen de la tercera compañía; pensaba seguir hasta cuatro y después detenerme allí a hacer un balance de la situación, pues no quería aumentar excesivamente el número de hombres antes de hacer una selección rigurosa en el combate. Los campesinos de la zona, respondiendo al llamado del compañero Massengo, venían a inscribirse, a todos les «leía la cartilla» personalmente, traducida en términos enérgicos por Charles.

Llegó una nota de Machado desde el Lago informando que no podía partir porque no había bote disponible (al final lo hizo en un *motumbo* con motor); estaba dispuesto a llevarse a Arobaini, el compañero herido en un combate anterior, para tratar de salvarle un dedo que tenía en muy malas condiciones, con lo cual sufríamos una nueva baja; me comunicaba que había hablado con los médicos que plantearon retirarse de la lucha y tratado de convencerlos de que se quedaran seis meses, hasta marzo, pero no había sido posible y, por lo tanto, había tomado la decisión de dejarlos de todas maneras. El procedimiento era un tanto expeditivo pero no se puede negar que eficaz en cuanto a lograr lo buscado y yo estaba totalmente de acuerdo con él.

Enviamos a dos exploradores para ver en qué situación se encontraba el polvorín de Lubondja y tratar de hacer algo por ponerlo a buen recaudo; era mayor que el que nosotros habíamos salvado en la barrera de Lambert. Informaron que el polvorín estaba intacto pero que no había ninguna defensa allí, en lo que estaban equivocados pues un grupo de hombres, constituyendo una barrera endeble, se había movilizado desde el Lago para hacerla.

Por las inmediaciones vagaban muchos combatientes dispersos de Lubondja, de Kalonda-Kibuyu, de Makungu, que se refugiaron en las aldeas campesinas extorsionando a sus moradores; decidimos tomar medidas y Charles fue encargado de una inspección punitiva que permitiera limpiar estos lugares sancionando a los soldados, licenciándolos y quitándoles las armas. Esta actitud fue bien recibida por los campesinos que estaban muy molestos por la acción de los vagabundos, mucho más depredatoria que cuando llegaban en grupo, con cierto orden.

Decidimos comenzar un trabajo acelerado de construcción y de estudios, para ocupar todo el tiempo, tanto de los congoleses como de los cubanos; para fijar la línea de acción tuve dos reuniones, una de Estado Mayor, con los oficiales y otra de Partido. En la primera, se estableció el método de enseñanza militar; se fijaron las características de las compañías y se decidieron las acciones próximas; también los métodos de disciplina interna y de integración con los congoleses. El espíritu de los oficiales no era muy alto; mostraban un gran escepticismo frente a las tareas aunque las cumplían aceptablemente bien. Se comenzó la construcción de casas, letrinas, el hospital, los trabajos para limpiar la poza, a hacer trincheras de defensa en las zonas más vulnerables. Pero todo marchaba muy lento debido a que las lluvias eran más intensas ahora y no tuve la suficiente decisión para obligar a los hombres a trasladar el polvorín, esperando que se acabara la construcción en la parte superior, debilidad mía que fue fatal. Por otro lado, amparados en la falsa seguridad de estar a varios kilómetros del enemigo, que no frecuentaba esos sitios, no pusimos piquetes de vigilancia a distancia, como era lo habitual en estos casos, sino que las postas estaban bastante cerca.

En la reunión de Partido insistí una vez más en la necesidad de que me apoyaran para crear un ejército disciplinado, un ejército ejemplo. Pregunté a los presentes quiénes creían en la posibilidad del triunfo y solo levantaron la mano Moja y Mbili y los dos médicos llegados últimamente, Fizi y Morogoro; tanto se podía creer que era el producto de una real seguridad como de una mayor afinidad a mí; una demostración de lealtad, en suma. Advertí que a veces tendría que pedir sacrificios de tal magnitud que podían llegar hasta la vida y pregunté si estaban dispuestos a hacerlo; en ese caso todos levantaron la mano.

Pasamos al análisis de debilidades de varios miembros del Partido, haciendo críticas que fueron aceptadas. Cuando llegué al caso de Bahasa, el compañero que había dejado el cañón, este no estuvo de acuerdo. Bahasa había demostrado extraordinarias cualidades entre las que resaltaba un entusiasmo inquebrantable que servía de ejemplo a sus compañeros, tanto cubanos como congoleses, pero el momento de debilidad había existido y la prueba estaba en que el cañón había sido salvado después que él lo dejara. Insistí una y otra vez, hasta que al fin, con aire de reproche, contestó: «Bueno, soy culpable». Claro que no era eso lo que buscaba, sino el análisis de las debilidades nuestras, por lo que requerí la opinión de varios compañeros más, quienes entendieron que había existido la flaqueza imputada.

Levanté la reunión con el convencimiento de que muy poca gente me acompañaba en el sueño de hacer un ejército que llevara al triunfo las armas congolesas, pero estaba razonablemente seguro de que había hombres dispuestos a sacrificarse, aun cuando consideraran que su sacrificio era estéril.

Lo fundamental era lograr la unidad entre congoleses y cubanos, tarea difícil. Habíamos hecho cocinas comunes para evitar la anarquía de la cocina individual; a los congoleses no les gustaba nuestra comida (los cocineros eran cubanos porque si no desaparecían todos los alimentos) y protestaban constantemente, había un ambiente tenso.

Jean Ila, el comandante de Kalonda-Kibuyu, llegó a incorporarse con 70 hombres pero ya tenía demasiada gente y no podía aceptarlo; lo envié para su zona dándole la seguridad de que iría un grupo de cubanos para organizar la emboscada directamente en el camino, ya que estaba sobre la carretera Lulimba-Katenga, en la cual todavía podíamos hacer acciones eficaces. Le quité el mortero y una ametralladora desvencijada a la que le faltaban piezas y una bazuca de modelo soviético, sin proyectiles; quería llevarse de vuelta las armas pero le ordené que las dejara allí pues pensé estarían más seguras.

Antes de que partieran, a pedido de Jean Ila, hablé a sus hombres, haciéndoles la advertencia de que debíamos trabajar unidos y criticando su manera de actuar frente a los campesinos, como si olvidaran su propio origen. Esta intervención mía y otra a nuestra tropa en la que advertí que serían fusilados aquellos que desertaran, no fueron del agrado de los congoleses. Continuamente se producían deserciones con fusiles y la única manera de evitarlo era tomar medidas muy drásticas y, al mismo tiempo, darles mayor facilidad a los que quisieran irse para hacerlo sin el fusil.

Todavía seguían nuestras patrullas por todas las zonas aledañas buscando las armas desperdigadas y habíamos logrado dar con una ametralladora a la que también faltaban piezas; con esa y la de Kalonda-Kibuyu hicimos una completa. Respondiendo a la advertencia y al ofrecimiento que al mismo tiempo les había hecho, empezaron a licenciarse combatientes.

El día 22 de octubre desde temprano empezó a oírse un mortero continuo hacia Lubondja, lo que nos hizo pensar que avanzaba el enemigo por allí; tomamos algunas medidas y envié una carta un poco apresurada a Massengo en la cual le pedía que reforzara él, con hombres del Lago, esa posición para no verme obligado a entrar en un combate defensivo ahora; dándole, de paso, una serie de consejos (para no perder la costumbre) como el de enviar hombres a Fizi y Uvira para saber cuál era la disposición de nuestras tropas.

Llegaban noticias de Lubondja; habían puesto fuera de peligro el polvorín fraccionándolo en dos partes, una se ubicó en un lugar escogido por nosotros, la otra fue oculta por los compañeros congoleses y nunca nos quisieron decir dónde estaba; la barrera de

Lubondja pedía cubanos, bazucas, armas de contención, pero no quise satisfacer ninguno de los pedidos para no seguir fraccionando la tropa o su poder de fuego.

Arribamos el 24 de octubre, fecha que marcaba el medio aniversario de nuestra llegada al Congo; seguía lloviendo mucho y las casas de paja se mojan cuando las lluvias son continuas; algunos congoleses me pidieron autorización para ir a buscar al antiguo campamento unas planchas de zinc que allí quedaron y se la di.

Había pasado quizás una hora desde aquel momento cuando se oyó una descarga de fusilería y luego fuego graneado; los desprevenidos congoleses habían chocado con el ejército que avanzaba en una acción ofensiva y habían sido atacados por los soldados. Afortunadamente para ellos les tiraron desde lejos y se salvaron todos. En el campamento se armó el pandemónium; los congoleses desaparecieron y no podíamos organizarnos; habían ido hacia el domicilio del *muganga* para hacerse la *dawa*, después empezaron a ocupar su lugar. Comencé a organizar la defensa con la compañía de Siwa que debía ocupar la primera línea y nos aprestamos a hacer un buen recibimiento a los soldados. De pronto, varios compañeros me informan que por la montaña, cercándonos, vienen contingentes de soldados enemigos, no les pude ver y al preguntar cuántos eran me dijeron que muchos; ¿cantidad?, muchos, fue la respuesta; no se podía saber cuántos pero una gran cantidad. Estábamos en una situación difícil, pues nos podían cortar la retirada y no podíamos defendernos bien si la loma estaba en poder del enemigo; envié un pelotón al mando de Rebokate a que chocara con los soldados lo más arriba posible para tratar de frenarlos allí.

Mi dilema era el siguiente: si nos quedábamos podíamos ser rodeados, si nos retirábamos perdíamos el polvorín y todos los equipos que habíamos salvado, como dos morteros 60, una planta de radio, etc.; no teníamos tiempo de llevarnos absolutamente nada. Preferí hacer frente al enemigo, esperanzado de resistir hasta que llegara la noche y podernos retirar. Estábamos en esa tensa espera cuando el enemigo apareció por el camino lógico, el que estaba enfrente a la carretera de Lulimba, y se les hizo fuego desde allí, pero este duró apenas un minuto, inmediatamente un compañero vino corriendo —parecía tener una herida grave pero había sido solamente el golpe de la bazuca al disparar—, y anunció que ya los soldados estaban en la primera línea y esta era desbordada. Hubo que dar una apresurada orden de retirada; una ametralladora cuyos sirvientes congoleses habían huido fue abandonada por el tirador cubano que no hizo intento de salvarla; envié hombres para avisar a los del otro extremo que se parapetaran y se apresuraran a retirarse, que nosotros lo haríamos por un flanco y salimos a la carrera dejando innumerables cosas: libros, papeles, comida, incluso los dos monitos que tenía de mascotas.

Un grupo no recibió la orden de retirarse, quedándose y haciendo frente al enemigo al que provocó varias bajas; Bahasa y el compañero Maganga lo habían hecho, salvando el cañón y, después de entregarlo a los congoleses para que lo pusieran a buen recaudo, se quedaron luchando junto con Siwa, Azima y algunos compañeros más que no recuerdo y que fueron los que salvaron nuestro honor en la jornada. Al retirarse definitivamente, tiraron un bazucazo contra el polvorín pero sin resultado.

Nosotros, como he dicho, nos retirábamos por un costado, eludiendo el posible cerco que estaban tirando los soldados desde arriba. Personalmente, tenía la moral terriblemente deprimida; me sentía culpable de aquel desastre por imprevisión y debilidad. El grupo de hombres que me seguía era bastante grande, pero mandamos algunos adelante para abrir camino si hubieran soldados enemigos tratando de cerrar el cerco; les ordené que me esperaran en el firme de una loma, mas siguieron caminando sin hacerlo y no me reuní con los cubanos, sino hasta después de varios días; los congoleses empezaron a desertar desde ese momento.

Descansando en el firme de la loma donde debían esperarnos, hice la amarga reflexión de que éramos 13, uno más que los que tuvo Fidel en un momento dado, pero no era el mismo jefe. Estábamos Moja, Mbili, Karim, Uta, Pombo, Tumaini, Danhusi, Mustafa, Duala, Sitini, Marembo, «Tremendo Punto» y yo, sin saber qué había pasado con el resto de los hombres.

Cayendo la noche, cuando se apagaban los últimos disparos de la soldadesca que había dominado nuestra posición, llegamos a un poblado campesino, abandonado por sus habitantes, y tomamos unas gallinas gordas, bien comidas, con la filosofía de que todo lo que estaba allí se perdería al día siguiente por la acción del enemigo. Seguimos caminando para alejarnos un poco, ya que solamente estábamos a dos o tres kilómetros del campamento, pues habíamos dado una vuelta muy grande por un camino malo. A un kilómetro o kilómetro y medio había otro poblado donde quedaban algunos campesinos todavía. Tomamos unos pollos más e íbamos a pagarles, pero contestaron que todos estábamos en derrota y éramos hermanos en desgracia; eso no valía nada.

Queríamos que alguno nos sirviera de guía, pero estaban terriblemente asustados; informaron simplemente que a poca distancia había otro poblado donde se sabía que estaban los médicos y alguien más. Mandamos un hombre allí y, al rato, llegaban el médico Fizi y Kimbi, el enfermero, con dos compañeros más; habían salido por la mañana temprano para hacer un recorrido por las aldeas y se habían detenido allí cuando se escuchó el fragor del combate, a poco pasaron huyendo una buena cantidad de congoleses, entre ellos un herido que habían tratado y que siguió caminando; todo el mundo iba rumbo a Lubichako. Habían tenido noticias del herido que trataron, leve, y quizás algún otro congolés, también herido leve, y que Bahasa estaba grave. Llegó un aviso a Azima explicando dónde estaban y, tras de dormir un rato para reponer fuerzas, a las cuatro de la mañana partimos hacia el lugar, guiados por un campesino que superó su miedo. A las seis de la mañana llegábamos al pobladito donde estaba Bahasa herido; había una buena concentración de hombres entre cubanos y congoleses.

Se aclaraba la imagen del desastre y sus causas. Los hombres que había mandado a detener los soldados que venían a cercarnos por los firmes, no habían dado con ellos, incluso, después, viendo abajo a los enemigos entrar en el campamento, no habían disparado pues por esa zona era por donde se suponía que nosotros ascenderíamos si había una eventual retirada (lo que no se hizo debido a las noticias de que el enemigo estaba en la montaña). La afirmación de Siwa, después confirmada, de que los tales soldados habían sido campesinos que huían por la sierra cuando vieron acercarse a la verdadera tropa enemiga, que nunca salió del llano, hacía más ardiente mi angustia; habíamos desperdiciado la oportunidad de hacer una buena emboscada, pudimos haber liquidado una buena cantidad de soldados enemigos y fracasamos debido a aquella mala información que había descompaginado la defensa y al derrumbe injustificable de una de las alas. El compañero Bahasa, en el instante de la retirada, fue alcanzado por un disparo y llevado en hombros de los compañeros hasta ese pequeño poblado.

Tomamos los costados de la loma, porque estábamos todavía en un hoyo, mientras se realizaba la cura de Bahasa. Este tenía una herida de bala que le atravesaba, fracturándolo completamente, el húmero; también una costilla y estaba internada en el pulmón. Su herida me hizo recordar a la de un compañero que había atendido hacía años en Cuba y que había muerto a las pocas horas; Bahasa era más fuerte, sus huesos poderosos habían frenado la bala que, al parecer no había llegado al mediastino, pero estaba muy dolorido; se le entablilló como mejor se pudo e iniciamos una fatigosísima ascensión por lomas muy empinadas, muy resbalosas por el agua caída, con una carga muy pesada, llevada por hombres agotados y sin una correcta cooperación de los compañeros congoleses en este transporte.

Tardamos seis horas en transportar a Bahasa; fueron horas terribles, los hombres no resistían más de 10 a 15 minutos llevando sobre sus hombros al herido y cada vez se hacía más difícil el reemplazarlos porque, como ya dije, los congoleses no se prestaban a ello y los nuestros eran relativamente pocos. En un momento dado, pareció que subían soldados a cerrarnos el paso por uno de los firmes de la loma y hubo que dejar compañeros a defender la retirada del herido, pero solo eran campesinos que huían. Desde nuestra atalaya podíamos ver las innúmeras hogueras que se formaban, pues los soldados prendían fuego a todas las casas campesinas; caminando por el sendero que los unía interiormente, llegaban a cada poblado y lo quemaban completo. Seguíamos su avance por las columnas de humo que subían y podíamos observar los contornos de los campesinos que huían hacia la montaña.

Llegamos, por fin, a un pequeño poblado donde prácticamente no había nada de comer y estaba lleno de refugiados, todos con una callada inculpación a los hombres que habían ido a destruir su seguridad; les habían inculcado fe en el triunfo final y después se retiraban sin defender sus casas, sus sembrados. Toda aquella ira callada se traducía en una frase desconsolada y desconsoladora: «Y ahora qué comemos». Efectivamente, todos sus labrantíos, sus animalitos, habían quedado allá abajo; huyeron con lo que podían, cargados de hijos, como siempre, y no habían podido transportar sino comida para una o dos jornadas. Otros campesinos me explicaban cómo los soldados habían llegado de improviso y habían capturado sus mujeres y bramaban que con un fusil se hubieran podido defender, pero con la lanza habían tenido que huir.

Bahasa parecía bastante mejorado; hablaba, se sentía un poco menos dolorido aunque muy nervioso y había tomado caldo de pollo, tranquilizado por su estado le tomé una foto en la que aparecían sus grandes ojos, saltones de habitual, expresando una ansiedad que no supimos prever.

En la madrugada del día 26 de octubre, el enfermero vino a avisarme que Bahasa, después de tener una crisis y arrancarse las vendas, había muerto, aparentemente de un hemotórax agudo. Por la mañana cumplimos el solemne y triste ritual de cavar la fosa y enterrar al compañero Bahasa; era el sexto hombre que perdíamos y el primero que podíamos honrar de cuerpo presente. Y ese cuerpo era una acusación muda y viril, como lo fuera su conducta desde el momento de la herida, contra mi imprevisión, mi estupidez.

Reunida la pequeña tropa de los derrotados, despedí el duelo, casi en un soliloquio cargado de reproches contra mí mismo; reconocí los errores en que había incurrido y manifesté, lo que era una gran verdad, que de todas las muertes acaecidas en el Congo, para mí la más dolorosa era la de Bahasa, porque había sido el compañero al que había reprendido seriamente por su debilidad y porque había respondido como un verdadero comunista en la forma en que lo hizo, pero yo no había sabido estar a la altura de mis responsabilidades y era el culpable de esa muerte. Por mi parte haría todo lo que de mí dependiera para borrar la falta, con más trabajo, con más entusiasmo que nunca. Expliqué que la situación se agravaba, que si no se realizaba la integración con los congoleses no podíamos formar nuestro ejército; les pedía a los cubanos que pensaran bien, que ya no era solo el internacionalismo proletario lo que debía impulsarnos a la lucha, pues el sostenimiento de la base nos permitiría tener un punto de contacto con el exterior; perdida esta, estaríamos incomunicados durante quién sabe qué tiempo en las zonas interiores del Congo. Había que luchar para mantener abierta esa vía.

A los congoleses les hablé después, explicándoles la gravedad de la situación y también cómo el origen de nuestra derrota estaba en haber tenido miedo de exigirles trabajos extraordinarios; debía existir más confianza entre nosotros y formarse un Ejército más unido, que nos permitiera reaccionar más rápidamente frente a todas las situaciones, apelando a su conciencia revolucionaria. Acabada la triste ceremonia, nos trasladamos a Nabikume, poblado bastante grande situado a orillas del arroyo del propio nombre, en un valle fértil y agradable. Entre los congoleses se manifestaron dos tendencias: una pequeña, capitaneada por «Tremendo Punto», que quería de todas maneras acercarse a la base; otra, que comprendía a la mayoría de los hombres de esa región, capitaneada por Charles, que quería permanecer allí, más cerca de los guardias, defendiendo la zona.

Resolví quedarme; seguir retrocediendo era agregar nuevas derrotas a las que habíamos sufrido y aumentar la desmoralización de los hombres que habían perdido casi completamente la fe. Los cubanos querían ir a la base porque el lago también los había envenenado y se sentían más cerca de las posibilidades de escape, pero permanecimos allí, recomenzando la tarea de formar dos compañías con los restos de hombres que nos habían quedado, recolectando los congoleses que podíamos y llamando a todos los cubanos que en la huida habían ido a parar a otro punto.

Recapitulando el desastre, hacía el siguiente análisis:

Desde el punto de vista militar, cometí el primer error al haber elegido el lugar del campamento sin una investigación más profunda y sin haber organizado una defensa más sólida; no había postas a distancia suficiente como para poder entrar en combate a varios kilómetros de la posición; no fui capaz de imponer un poco más de trabajo y de esfuerzo para hacer que estuviera el polvorín establecido en la parte superior, lo que nos hubiera dado mucha más flexibilidad para la acción, y que estuvieran emplazadas algunas armas, como el mortero, que se había perdido en el combate. De otro lado, las informaciones sobre los soldados rodeándonos por la loma trastornó todos los planes e hicieron de la defensa, no una acción coordinada, sino un amontonamiento de gente distribuida sin ton ni son.

Además, nuestra ala, donde había bastantes cubanos, se había desplomado casi sin combatir; no podíamos echar la culpa esta vez a la huida de los congoleses; éramos cubanos los que estábamos allí y nos habíamos retirado. Cuando me anunciaron que los soldados ya estaban coronando la pequeña loma que nos defendía, tuve intenciones de tomar un fusil automático e ir a luchar allí, después razoné que era arriesgarlo todo a un solo golpe y preferí retirarme, pero el hecho real era que no estaban coronando la loma, que había sido producto del nerviosismo del momento la información, como el nerviosismo había hecho ver soldados donde todos eran campesinos y grandes cantidades donde no podía haber más de una quincena de hombres.

Desde el punto de vista militar, habíamos perdido todo el polvorín, unas 150 cajas de obuses de cañón, que quedaba ahora prácticamente inutilizado, de mortero y de ametralladora, habíamos perdido un mortero 82 y una ametralladora, dos morteros 60 y dos ametralladoras incompletas, en depósito, una bazuca soviética sin proyectiles, un aparato transmisor de modelo chino, que por fin había conseguido, numeroso equipo menor; las bazucas que estaban en poder de los congoleses se habían perdido junto con los bazuqueros, los proyectiles también; y, sobre todo, el embrión de organización que habíamos logrado dar hasta ese momento a nuestra gente.

La actitud de los congoleses no había sido tan mala como otras veces; es verdad que en el primer momento todos desaparecieron, pero era para hacerse la *dawa*, luego habían regresado y hubo unos cuantos que se portaron bien; hubiéramos podido comenzar a elegir combatientes entre ellos si no [nos] hubiéramos enfrentado a una situación tan comprometida por la derrota que los hizo desertar después de haberse portado dignamente.

Desde el punto de vista político, todo el crédito que habíamos ganado con nuestra actitud hacia los campesinos, fraterna, comprensiva, justa, se perdía frente al hecho siniestro de que todas sus casas estaban quemadas, estaban expulsados de la zona donde malamente podían comer y relegados a vivir en montañas que no tenían prácticamente alimentación y con la amenaza permanente de que los soldados enemigos avanzaran para ocupar esos lugares.

Los jefecitos locales se vengaron con creces; todos ellos, Calixte, Jean Ila, Lambert, los comandantes de este último, un comisario llamado Bendera y, quizás, algunos presidentes, empezaron a regar que los cubanos eran unos fantoches, que hablaban mucho, pero a la hora del combate se retiraban y dejaban todo y los campesinos pagaban las consecuencias. Ellos habían querido permanecer en las montañas, defendiendo los puntos claves; ahora se había perdido todo por culpa de los charlatanes.

Esa fue la propaganda que hicieron los jefes entre sus soldados y entre los campesinos. Desgraciadamente, tenían una base objetiva para lanzar sus insidias; debía luchar muy fuerte y muy duro para volverme a ganar la confianza de esos hombres que, apenas conociéndome, ya la habían depositado en mí y en nuestra gente, más que en los comisarios y jefes, cuyas arbitrariedades habían sufrido durante tanto tiempo.

LA VORÁGINE

Nuestra primera preocupación fue luchar por la lealtad de los campesinos. Teníamos que hacerlo, debido a las fuerzas adversas que enfrentábamos. La continuidad de los repliegues y derrotas de nuestro ejército, el maltrato o abandono sufrido por los pobladores de la zona y, ahora, las malévolas interpretaciones con que los distintos jefes se vengaban, hacía difícil nuestra situación. Reunimos al *kapita* del lugar conjuntamente con notables de otras aldeas vecinas y los campesinos que allí moraban y hablamos con ellos mediante la ayuda del inapreciable Charles. Les explicamos la situación actual, el porqué de nuestra llegada al Congo y el peligro en que estaba la Revolución, pues nos peleábamos entre nosotros y no atendíamos a la lucha contra el enemigo. Encontramos en el *kapita* una persona receptiva y dispuesta a cooperar; decía a quien le quería oír que era una infamia que nos compararan con los belgas (cosa que ya había sucedido) pues él, en primer lugar, nunca había visto un belga por esas regiones y menos había visto un hombre blanco comiendo con sus soldados el *bukali* en unas escudillas, en la misma proporción que los demás. No dejaba de ser reconfortante la apreciación del campesino, pero teníamos que hacer algo más que una labor de captación personal; dada la multitud de aldeas diseminadas por esa zona, si para granjearme su confianza tenía que pasar días en cada una, comiendo *bukali* en cazuela, era problemático el éxito.

Pedimos que nos garantizaran el abastecimiento de yuca y algunos otros comestibles que pudieran conseguir, que se nos brindara ayuda para hacer un hospital, en un punto cercano pero fuera del camino que podían seguir los guardias en un eventual avance, que nos prestaran sus herramientas para hacer trincheras y mejor defender esa posición y se formara un pequeño cuerpo de exploradores para permitirnos conocer más del enemigo. Accedieron inmediatamente y, al poco tiempo, estaba listo un hospital bastante grande y cómodo, situado en una loma, protegido de la aviación y donde habíamos hecho una serie de huecos para guardar las impedimentas e impedir que sucediera lo que nos venía ocurriendo en los últimos tiempos; perderlo todo en manos del enemigo.

A la rapidez y el entusiasmo con que los campesinos respondieron a la llamada, contribuyó también un episodio lamentable: en la barrera de Lubondja, un grupo de congoleses decidió confeccionar, con granadas, trampas caza bobo, y así lo hicieron, pero no dieron aviso a sus compañeros; otro grupo de congoleses pasó por allí y cayó en la trampa destinada al enemigo. Tres heridos leves y uno grave, con una perforación en el vientre, llegaron al hospital; atribuían su herida a un morterazo tirado por el enemigo en avance. Los heridos leves fueron rápidamente curados, pero al otro hubo que hacerle una delicada extirpación de asas intestinales en condiciones muy difíciles, al aire libre, con el peligro constante de que los aviones pasaran cerca, ya que estaban sobrevolando la zona. A pesar de todo, se realizó la operación exitosamente, elevando los valores del compañero Morogoro, el cirujano, lo que nos permitió insistir en que se acabara rápidamente el hospital, lugar apacible y tranquilo para poder realizar esas tareas a buen recaudo.

Esa misma noche llegó otro herido con dos perforaciones. ¿Qué había pasado? Al oír la explosión, todo el grupo salió huyendo, los heridos leves y el herido en el vientre, que se podía valer, corrieron también, siendo recogidos por sus compañeros, pero hubo uno que quedó allí; tal vez no se podía mover por la gravedad de su estado o simplemente atemorizado. Al anochecer, viendo que los guardias no avanzaban, algunos de los congoleses determinaron acercarse a buscar sus armas (las habían botado en la huida) y fue entonces que encontraron a este compañero herido. Fue trasladado al hospital, llegando de noche. No teníamos lámparas ni luces adecuadas; iluminándonos con dos linternas, hubo que hacer una operación aún más difícil que la anterior con un hombre en pésimas condiciones físicas y sin medicinas adecuadas. En la madrugada, a pesar de todos los esfuerzos, cuando ya se habían acabado de tratar las cuatro perforaciones, murió el paciente. Todo esto, más la atención que hubo para una mujer herida en singular combate con un búfalo (que sucumbió a los lanzazos), hizo mucho por la estimación de los campesinos y logramos formar un núcleo capaz de resistir la influencia maligna de los jefes.

Estos continuaban sus siembras insidiosas. Por ejemplo, el episodio de las granadas fue difundido por «Radio Bemba», anunciando que habían sido los cubanos los que habían puesto los artefactos y los congoleses los que habían caído en la trampa. Infamias de ese tipo eran las que se encargaban de diseminar gentes como el comisario Bendera Festón, el comandante Huseini y otros individuos de su valer; Calixte y Jean Ila no se cansaban de echar denuestos contra mí, al igual que toda la gente de Lambert.

En la barrera mixta de Lubondja, reunían a los soldados congoleses bajo nuestro mando y se reían de ellos porque se les obligaba a trabajar, a hacer trincheras, mientras sus soldados permanecían cómodamente en las casas con tres o cuatro de posta solamente, y se negaban a mostrarnos el lugar donde estaba una parte del polvorín escondido. Trapalería de ese tipo debíamos aguantar con paciencia benedictina.

El comandante Huseini convocó a una reunión con todos los congoleses en la que pusimos nuestra escucha. Hablando de mí, se quejaba de que le increpaba como a un muchacho; la comida que venía del Lago la repartíamos entre nuestras compañías solamente y nos estábamos cogiendo todas las armas y el parque de ellos; también nos comíamos el maíz y la yuca; ya íbamos a ver qué pasaba cuando se acabaran los comestibles. Lo más triste del caso es que ellos habían solicitado nuestra presencia allí.

El hecho, despreciable como era, tenía sin embargo, las atenuantes de un trato realmente fuerte que habíamos llevado contra los jefes, su ignorancia, su superstición, su complejo de inferioridad, las heridas que había infligido a su susceptibilidad y, quizás, el acontecer doloroso para sus pobres mentalidades de que un blanco los increpara, como en los tiempos malditos.

Los hombres de Lambert hacían, por su lado, el mismo trabajo y trataban de chocar directamente con los nuestros acusándolos de cobardía, de provocar al ejército enemigo y después salir huyendo, cosa que exacerbaba los ánimos y no contribuía en nada a levantar la decaída moral de nuestra tropa. Mbili, varias veces planteó retirarse un poco más atrás para perder contacto con el comandante y evitar un choque, o que fuera destruida totalmente la moral de su gente. Esta situación se presentaba en todos lados; el compañero Maffu me escribía desde Front de Force una nota que hice llegar rápidamente a Massengo en donde anunciaba lo que sigue:

La presente es para informarle de la situación existente. He pedido al capitán y al comandante que fuéramos a cortar la línea y me han dicho que ellos no tienen ni balas ni comida. Las conservas que había se las han comido.

Después de recibir su mensaje, dijeron lo mismo.* El día que llegó el capitán, nos dijo que los congoleses le habían tendido una emboscada, que ellos los habían batido y desarmado y trajeron los fusiles aquí. El comandante había sido citado a una reunión allá y él me dijo que la situación era muy mala y que él no podía ir porque los congoleses lo matarían.** Sin embargo, ellos tienen dos reuniones por día con muchos aplausos y gritos.

---

* Se refiere a un mensaje instándolos a realizar cuanto antes el sabotaje.
** Es la reunión que presidió Massengo, a que nos hemos referido en su oportunidad.

Yo pensaba que era para combatir, pero he podido saber que en las reuniones se trataba del método para salir del Congo.

Al principio me habían dicho que sería la semana próxima, pero después en otra reunión han acordado enviar una exploración al lago para ver dónde se encuentran los barcos y tomarlos. Para eso han enviado un capitán y 10 soldados. Además, han enviado al comisario con otro grupo a Kigoma, encargado de otra misión pero para los mismos fines.

Le diré también que de los ocho congoleses que había en una reunión, fueron golpeados y solo dejaron aquí tres de ellos.

El hombre que nos ha informado, no nos ha dicho si han hablado de nosotros en caso de irse. Me dijo que si lo sorprendían hablando de esto con nosotros se le fusilaría. Si puedo lograr una información más exacta se la haré saber.

Con estos antecedentes, ordené a Maffu que fuera a reforzar la base y a Azi (situado en el frente de Makungu) que se dirigiera a mi encuentro. Mientras todo esto sucedía, yo trataba de reagrupar mis hombres y mandaba expediciones a buscar todas las armas que habían sido regadas en la huida y no cayeron en poder del enemigo; el cañón de Bahasa, morteros, ametralladoras, que habían quedado bajo la custodia de los congoleses y estos habían escondido para huir más rápido. Enviaba una carta a Siki, donde se repiten muchas de las cosas narradas, solamente extraeré algunos párrafos que dan una idea de mi valoración de la situación:

El decaimiento de la gente es terrible y todo el mundo quiere echar para el Lago; probablemente te caigan muchos por allí, envíamelos inmediatamente bien provistos de parque. Que se queden solamente los enfermos reales. Yo tomé en principio la decisión de quedarme aquí en Nabikumo, a 10 horas del Lago (Base Superior), a un día y medio de Kazima y a dos horas de una endeble barrera hecha cerca de Lubondja. Si sigo hacia el

Lago es una enorme derrota política pues todos los campesinos confiaban en nosotros y se ven abandonados. Una vez reorganizados, podemos prestar una ayuda eficaz, esta tarde comienzan las clases de tiro con un máuser soviético del que hay balas aquí. Carecemos de municiones .30 (SKS) y estamos flojos de FAL. Deben mandarnos, si hay, 5 000 tiros de SKS y 3 000 FAL. Por favor, si no hay confírmenlo; es desesperante esta falta de noticias.

Llegan rumores de que arribaron tres barcos con municiones y que Kabila cruzó a Kabimba, además de que hay 40 cubanos allí. Traten de tomar lo menos posible de esa gente y enviármela. Después de conocer la situación allí (objetiva) se podrá tomar una decisión.

La información sobre Kabila había sido recogida de boca de un mensajero congolés, que me aseguró que él había visto a los cubanos y que Kabila personalmente desembarcó en la zona; la carta dice Kabimba, pero en realidad es Kibamba.

Los compañeros me escribieron abundantemente pero las cartas no responden una a otra, exactamente, porque, como se explica, se cruzan en el camino. Transcribo completa esta sin fecha, de los últimos días de octubre:

Camarada Tatu:

Lamentamos profundamente la muerte del compañero Bahasa y nos solidarizamos con tu estado de ánimo, dadas las circunstancias que rodearon este caso. Nos felicitamos de que tú estés bien junto con los demás compañeros.

Esperamos que para cuando recibas esta carta ya estaremos reivindicados ante tus ojos de la aparente negligencia por nuestra parte en cuanto a los informes y los envíos de materiales. Como habrás visto el día 21 —dos días después de nuestra llegada— ya habían salido el primer enviado y la primera carta. No había pasado mucho y ya salía el otro envío, con el informe muy extenso y exhaustivo. En el informe te enviamos la relación del personal de que disponíamos en aquel momento.

No nos explicamos cómo has podido tener la pía ingenuidad de creer que Kabila había venido con cuatro barcos. (En todo caso debía haber traído cuatro barcos cargados de madre). Él continúa imperturbable en Kigoma. En cuanto a la llegada de los cubanos los informantes posiblemente confundieron sus deseos con la realidad. El único cubano que ha llegado es Changa que ha dado dos viajes en el espacio de tres o cuatro días, después de estar 19 sin venir. Con referencia a este último nos dijo que quería permanecer dando los viajes puesto que tiene miedo de que nos vayan a embarcar y se pierda la comunicación por el lago. Este planteamiento es nuevo, pues ya había aceptado venir y se debe a la situación que él palpa tanto en Kigoma como aquí en el Lago.

Nos dijo el mensajero que había una carta para Massengo pero en realidad no vino, aunque estimamos que cualquier cuestión a tratar con él es inútil, pues Massengo en este momento es un hombre completamente derrotado que no tiene ánimo para nada ni autoridad para mandar a nadie, según él mismo nos confesó en la entrevista de ayer. Massengo nos dijo que ni el propio Kabila si viniera tiene autoridad para resolver nada, que todos les achacan la culpa del desastre a ellos dos. Podemos decirte que daba lástima la actitud de Massengo durante la conversación. Nos afirmó que no había autoridad siquiera para prender a los que habían enviado cartas a los combatientes instándolos a deponer las armas. Todo esto lo atribuyó a las diferencias tribales y cosas por el estilo. Insistió mucho en que lo ayudáramos a buscar escondites seguros para las armas y las municiones, para si en el futuro se podía reanudar la lucha. Esto unido a lo que ya informamos de que estaba preparando para irse a Kigoma (cosa que no nos quiso decir a nosotros, pero que se lo había comunicado a Ngenje) te da la idea de cómo está.

En cuanto a la situación en el Lago, en la Base [Superior] y en el frente de Aly y de Tom (Kazima), todo va en el informe anterior. La única variante es que las cosas empeoran por día. (Pero esto es lo normal aquí).

En cuanto al control de las cosas que salen de que hablas en tu carta, en cada informe se te envía la relación detallada de todo. Todavía tenemos aquí alguna reserva excepto de ropa, que no ha venido y de zapatos que solo quedan números chiquitos. A los 10 congos que nos mandaste solo les pudimos entregar *tennis*. Armas tampoco hay pues aunque Ngenje tiene el control de todo allá abajo, este control llegó demasiado tarde y no hay (controla la nada). En la reserva aquí en la Base [del Lago] nos quedan 15 FAL, pero no se los entregamos pues no creemos que pensaras hacerlo.

Nosotros estimamos que los informes enviados anteriormente te darán una idea más completa de la situación general, objetivamente planteada y que ello te servirá para tomar una decisión como tú dices en tu carta.

De los cubanos que han llegado aquí en estos dos o tres últimos días están: Israel, Kasambala, Amia, Abdallah, Ami y Agano. Todos te los estamos devolviendo, menos Israel y Kasambala que tienen los pies hinchados de caminar descalzos. A Bahati tampoco se le puede mandar ahora porque sigue enfermo. En cuanto a las balas, van 2 000 tiros de FAL y 3 cajas de 7.62, de AK no tenemos.

Hemos pensado que dada tu situación, pudiera ser bueno que Tembo se trasladara para allá contigo. También creemos que o tú debieras darte un brinco acá o ir uno de nosotros allá, para intercambiar opiniones sobre la situación general. Seguimos manteniendo comunicación con Kigoma y Dar es-Salaam por radio.

Somos de la opinión de que todo lo que ocurre aquí como donde tú estás es de conocimiento del enemigo. Esta es también la opinión de Massengo ya que hay mucha gente, incluso oficiales de alta graduación, que se han pasado al enemigo y muchos que no se sabe dónde están.

Otra cosa que nos dijo Massengo (cuya opinión en este caso nosotros compartimos) es que él esperaba en cualquier momento un ataque a la Base [Superior] y al Lago. El ataque por sorpresa que te hicieron nos confirma en esta opinión.

Siki estima que la posición que has escogido es muy mala y en cualquier momento podemos quedar aislados. Ya que la barrera se encuentra en las inmediaciones de Kaela y como sabrás por los anteriores informes Kazima fue tomado hace varios días y allí solamente hay cuatro cubanos junto con Almari y Tom. Con los congos no puedes contar, pues se escapan.

Para regularizar un poco los mensajes vamos a esperar respuesta antes de enviar el siguiente. Así sabremos lo que conoces y lo que necesitas.

Recuerda que casi no queda gente aquí y que tenemos dos compañeros en los morteros hacia el lago, dos en un puesto de observación hacia Nganja y estamos teniendo que hacer posta aquí para seguridad del almacén (los congos son *tifi-tifi*). Ya nos jodieron medio saco de frijoles y un saco de sal en el camino del barco a la base.

Un abrazo.

Siki
Tembo

Después de recibir esa carta, contestación a la que acabé de citar, recibí una segunda, fechada el 26 de octubre, que transcribo en sus párrafos fundamentales:

La situación en el Lago y la Base [Superior]

De la reunión de Siki con Massengo salieron los siguientes acuerdos: nombramiento de Ngenje como jefe del campamento del Lago con toda la autoridad inherente al cargo y responsable de la defensa. Está autorizado para tomar todas las medidas que estime pertinentes para que sus órdenes se cumplan, teniendo como únicos jefes por encima de él a Massengo y a Siki. También se responsabilizó al propio Ngenje y a Kumi como responsables de las cosas que lleguen al Lago por nuestra vía independiente. Adjuntamos croquis de la defensa,[53] con la ubicación de todas las fortificaciones así como las armas pesadas. Como verás la defensa está bien organizada, de acuerdo con los medios que poseemos que incluyen dos líneas de trincheras. Siki nada más confía (yo también) en las armas servidas por los cubanos ya que con los otros hay el mismo problema de todos los demás lugares. *Hapana masasi, hapana chakula, hapana travaille*; y siempre la pregunta de que por dónde es la retirada. Todo esto en el marco de la falta de autoridad manifiesta de Massengo. A esto hay que añadir que el Lago se ha convertido en el refugio de todos los fugitivos con el consiguiente relajamiento de la disciplina. En la reunión con Massengo se trató de la organización del Estado Mayor en la que expusimos nuestra proposición de organigrama, quedando en usar la parte militar que le sugerimos y con las adaptaciones de ellos en cuanto a la parte civil. Se le añadió a nuestra proposición la parte de justicia y finanzas que se considerarán dentro de lo militar. Como te habíamos informado anteriormente, se piensa nombrarte jefe de Operaciones.

Podemos informarte que ya tenemos el control del suministro así como de la existencia de parque y demás propiedades tal como había quedado Massengo contigo. Hasta cuándo durará esta dicha ya es otra cosa, pues pensamos que pronto van a surgir problemas, ya que para trabajar y pelear no reclaman nada, pero de los suministros ya están pidiendo y ha habido algunos pequeños roces tanto en el Lago como en la Base [Superior]. Aunque nosotros nos mantenemos firmes con la consigna «todo para el frente», y el que quiera disfrutar de los abastecimientos que vaya para el frente. También les hemos propuesto soluciones como la de dedicar un tercio del personal para ir a los poblados vecinos a buscar comida. Sin embargo, ellos prefieren pasar hambre en sus casas sin hacer nada antes que resolver este problema. Lo cierto es que no tienen nada que comer.

Situación en el frente de Aly: Kabimba

En realidad ellos se encuentran en Katala, un poco más cerca de Kibamba, ya que los guardias tomaron Kabimba, lo quemaron y se retiraron. El mayor de allí no permitió que Aly les hiciera frente, ni permite que este lo asesore y, es más, se empecina en permanecer pegado al lago sin tener en cuenta el peligro de que los guardias puedan tomar los firmes. Siki le mandó órdenes a Aly para que los cubanos por su propia cuenta los tomaran para evitar que sean cercados o sorprendidos. La situación de Aly con el mayor es un tanto delicada, ya que el mayor le dijo que lo mejor que hacían los cubanos era irse para la base (con el pretexto de que descansaran). Un político congolés le dijo aparte a Aly que el jefe había reunido la tropa y le había comunicado que lo mejor que hacían los cubanos era irse de allí. Todo esto lo conversó Siki con Massengo y quedó en resolver esa situación hablando personalmente con el mayor de Kabimba. Hace unos días estuvieron tres días caminando para poner una emboscada en la carretera de Albertville, cogieron unos civiles y los detuvieron. Los civiles manifestaron que estaba al pasar un camión enemigo de abastecimientos y, a pesar de eso, los congos insistieron en irse sin esperarlo. Esto te reflejará el estado moral en que se encuentra ese frente. Les mandamos algún abastecimiento. En ese frente hay 11 cubanos en total.

Situación de Kazima

Kazima fue tomado por los guardias, como antes te habíamos informado, ellos avanzaron por mar hasta Kaela, la quemaron y se retiraron, se perdió todo, menos una ametralladora antiaérea (antes fue inutilizada y escondida por un cubano al que los congos dejaron solo y, según explica, tuvo que retirarse bajo el fuego de los aviones). Te relatamos estos hechos tal como nos los informaron. Se enviaron 50 congos con un mayor al frente para que se pusieran a las órdenes de los cubanos y formar una barrera. Más tarde llegó allí un comandante que había estado en Cuba con siete acompañantes, diciendo que iba para Baraka. Tom, el político, le explicó la situación tratando de disuadirlo, pero él se empecinó y siguió, cayendo en una emboscada y resultando muerto él y tres más. Almari le pidió a Siki ir para allá con 10 congos y medicinas para curas de primera urgencia. En este momento hay de Kaela para acá tres emboscadas. Claro que con todas las dificultades propias de las emboscadas con congos, que se fugan, hay que presionarlos, amenazarlos, se pierden, etc. Según el político Tom, dice no ha empezado a fusilar porque tendría que fusilarlos a todos. En total hay seis cubanos en ese frente.

Las comunicaciones

Tenemos comunicación con Kigoma tres veces al día por R805 en clave y a las siguientes horas: 08:00 hrs.; 14:30 hrs. y 19:00 hrs. Estamos tratando de establecerlas con Dar es-Salaam aunque está en el límite del alcance del equipo. Si se establece será dos veces al día y en clave. Kabila está utilizando el servicio de

Kigoma con la Base, por lo que ahora estaremos mejor dirigidos. Hay posibilidades de instalarle una microonda a una lancha para podernos comunicar durante la travesía (si tú lo autorizas). Estamos reorganizando la comunicación por teléfono. Massengo quedó en enviar dos o tres muchachos para enseñarles el funcionamiento y reparación de ese medio.

Habiendo terminado de escribir la página anterior se hizo contacto por la planta con Dar es-Salaam. Se recibió y transmitió 100/100.

Después de terminar el informe general de la situación nos llamó Ngenje desde el Lago para informarnos que Massengo estaba preparando para irse de Kigoma. Al rato se produjo una segunda llamada desde allá abajo para informarnos que se había producido una reunión de todos los «grandes» con Massengo. A la reunión asistieron Ngenje y Kumi; en ella Massengo planteó que se iba para Kigoma pues él era el único dirigente que estaba en el Congo. Los «grandes» se opusieron y Massengo consintió en quedarse. Sin embargo, nos informaron, los preparativos para la salida continuaron.

Una tercera llamada recibida nos informaba que continuaban reuniéndose. Massengo planteó que había recibido un mensaje de [Joseph] Kasavubu en el que le ofrecía un ministerio. En el mensaje le decía que había un barco esperándole a cierta distancia de Kibamba y que solo tenía que tomar un bote y abordarlo. Massengo afirma que le respondió que su hermano Mitoudidi había muerto en la lucha y qué él también estaba dispuesto a morir.

Ngenje y Kumi están en estado de alerta y con instrucciones de informarnos de cualquier cosa que se produzca. Massengo está derivando todos los problemas que le plantean hacia los cubanos diciendo que ellos son los que resuelven. Inclusive el problema de Aly con el mayor de Kabimba que se le había planteado para su solución le ha dado de lado diciendo que este es un problema que Tembo debe resolver.

Siki y yo vamos a bajar mañana a hablar con Massengo como si no supiéramos nada de estos extremos, para ver qué nos dice. Mientras, estamos en estado de alerta.

Le hemos informado por radio en clave a [Oscar Fernández] Padilla estos acontecimientos a fin de que se ponga alerta pues suponemos que, si se han acercado a Massengo, también deben estar «tallando» a Soumialot y Kabila. Ya en el primer contacto que hizo con nosotros desde Dar es-Salaam, Padilla nos había pedido un informe sobre los últimos acontecimientos, la situación del lago y algo que nos lució un poco extraño y que ahora pudiera cobrar sentido, que le transmitiéramos nuestra opinión sobre Kabila.

Como se puede apreciar, los informes que traía la última parte eran sumamente alarmantes; según estos, Massengo estaba a punto de dejar la lucha. Escribí contestando lo siguiente:

Tembo y Siki:

Contesto la carta punto por punto; luego daré una apreciación de la situación aquí y lo que reste.

La situación internacional no es tan mala, independientemente de que Kabila y Massengo traicionen. Las declaraciones de Soumialot son buenas y tenemos una cabeza ahí; yo hablé con «Tremendo Punto» para que tomara el mando si Massengo se iba y organizar la resistencia a ultranza. Sobre los proyectos de Kabila, mientras los pase por la radio no hay problemas, si hay alguno conflictivo lo censuramos y vemos qué pasa. Ahora no debemos dejar la base de ninguna manera. Deben pedir a Dar es-Salaam el resultado de la entrevista con el gobierno de Tanzania.

Sobre el Lago y la Base [Superior]: el croquis de la defensa indica que son muy vulnerables a un ataque lateral. Las ametralladoras deben tener campo de tiro terrestre, defendiendo los flancos, y hacer trincheras allí también. Debe tratarse de que las armas pesadas estén servidas por cubanos firmes;[54] que no es lo mismo que cubanos a secas y tengo aquí mis dolorosas experiencias; hay que explorar y preparar defensas en los firmes de acceso a la Base. Pónganse lo más firme posible en los suministros.

Sobre Aly, mandé nota para que se incorpore a la defensa, con ellos y los de Maffu tenemos bastante gente concentrada allí y ustedes pueden disponerla de manera que tener [sic] una reserva en la mano. No descuiden la loma pelada que domina la Base, pues esa es una de las claves de la defensa (donde están los morteros y las antiaéreas).

Sobre Kazima, ya les informé sobre la exploración que mandé a hacer. Creo que si los guardias no se apuran podremos darles un susto allí en cuanto reorganice un poco mi equipo.

Sobre las comunicaciones: es una gran noticia, pero me parece excesivo comunicar tres veces por día con el otro lado y dos con Dar es-Salaam. No tendrán nada que decirse en poco tiempo, la gasolina se agota y las claves siempre pueden ser descubiertas, sin contar con la localización de la base por la aviación. Independientemente de las condiciones técnicas, que deben analizarse allí, recomiendo una comunicación diaria normal con Kigoma y una hora fija para las extraordinarias y una cada dos o tres días con Dar es-Salaam. Eso nos permite ahorrar gasolina. Deben ser nocturnas y la planta debe estar asegurada contra un ataque aéreo. Me parece bien lo de la microonda, con claves sencillas que se cambien frecuentemente.

Al recibir el antes citado informe de la actitud de Massengo, hablé como expreso en mi carta, con «Tremendo Punto»; este se derrumbó, manifestó que él no era el hombre para asumir la dirección, que tenía poca personalidad, era nervioso; estaba dispuesto a morir allí como un deber, casi como un mártir cristiano, con resignación, pero no era capaz de sacar adelante la situación, eso podía hacerlo su hermano Muyumba. Se decidió entonces escribir a Muyumba, pero no se podía explicar la situación por carta dado el peligro de que cayera en manos hostiles, se le rogó que viniera para tratar asuntos muy importantes. La carta salió con dos mensajeros y nunca supimos si llegó a destino, pues no tuvimos respuesta ni noticias de los enviados.

Debo dejar constancia de que todos estos informes sobre Massengo me parecen exagerados; su conducta posterior, la que en todo momento mantuvo conmigo, hace pensar que los informes de Siki y Tembo (que no eran de primera mano, sino recibidos a través de otras personas), fueron ampliados por el nerviosismo, la suspicacia, la falta de comunicación directa precisa, debido a la barrera del idioma, etc. Más me hace pensar esto que el mismo Massengo me escribiera una larga carta fechada el 27 de octubre, un día después de la de Tembo y Siki, en la cual hacía un recuento de todas las previsiones que se habían tomado a lo largo del frente, los campesinos que se habían solicitado, las medidas defensivas adoptadas y una frase: «Pase lo que pase, seamos siempre optimistas». Claro que no es nada más que una frase, pero indica una disposición de ánimo muy diferente a la que atribuían nuestros compañeros en su informe y mucho más acorde con su actitud real, salvo que fuera un maestro de la simulación, cosa que parece lejos de su carácter. Había decidido desentenderme de las llamadas de Tembo y Siki, cuando llegó, el día 30 por la noche, una carta fechada el 29 de octubre, perentoria, y de la cual se dan extractos:

Base de Luluabourg, octubre 29/65. 18:30 hrs.

Tatu:

Te enviamos este mensaje con carácter urgente porque en el día de hoy, siete aviones, desde las 12:00 hrs. en adelante, han estado bombardeando constantemente y lanzando unos objetos grandes que al parecer son tanques de gasolina, en dirección a Kabimba y en la zona de Jungo hacia el Lago. Como esta es la forma de proceder habitual antes de un avance o desembarco te avisamos antes de que sea demasiado tarde. El bombardeo obligó a los compañeros que servían las ametralladoras a retirarse y hay uno que no ha aparecido. Ngenje va a investigar y nos avisará inmediatamente.

Como te hemos manifestado en todos los informes anteriores, no confiamos para nada en los «congos» que defienden el Lago y cada vez confiamos menos porque el estado de desmoralización es cada vez mayor. El total de cubanos entre el Lago y la Base [Superior], muchos de los cuales están enfermos, no es suficiente para una defensa en serio, que permita conservar nuestra única y vital base de comunicación con el exterior.

En los informes anteriores te hemos tratado de dar un cuadro lo más objetivo posible de la desmoralización reinante y por lo tanto no creemos necesario insistir en ello, pero debes saber que la cosa es realmente alarmante. Cuanto descarado existía por los frentes se ha refugiado en el Lago, uniéndose a los descarados del Lago. Existen gran cantidad de presos a pesar de que, como te explicamos ayer, hay una cantidad aún mayor de delincuentes y traidores a quienes no hay autoridad capaces de prender. Los mensajes de Massengo (aún no se ha ido) pidiéndole informes a Kabila sobre la fidelidad de determinados oficiales son diarios y frecuentes. Otra acusación frecuente es la de oficiales instando a los «revolucionarios» a deponer las armas y lanzando la bola de que Soumialot es muy amigo de Kasavubu.

Como te dijimos en el anterior informe, la posición en que tú estás no nos gusta nada; sabemos que hay caminos desde el Lago que los guardias pueden tomar y dejarnos aislados. Creemos que la mejor solución sería una barrera donde tú estás y trasladar el grueso de la tropa cubana para acá.

Creemos que te estamos escribiendo bastante y que te tenemos al corriente tanto de la situación internacional como de la de aquí. Casi parecemos dos viejas chismosas. Te rogamos que hagas lo mismo con nosotros ya que siempre estamos ansiosos de noticias (así las viejas chismosas seremos tres).

Siki y Tembo S.A.

Decidimos emprender el camino de la Base. Mbili quedaría de jefe de esa zona y estaría en la primera barrera. Rebokate formaría una segunda línea de defensa, en el mismo lugar donde teníamos nuestro campamento, con una buena cantidad de congoleses en entrenamiento. Este era muy elemental, por cierto; consistía en clases de tiro, ya que los pobres no le dan a una vaca a cinco metros, y un tenue barniz de orden abierto. Hablamos con los campesinos, los que entendieron perfectamente bien la decisión, sintiéndose seguros con los hombres que quedaban y los médicos que permanecían también en el hospital, con los heridos congoleses y algunos enfermos nuestros. Nos despedimos muy amigablemente.

Acababa otro mes, octubre, y en mi diario escribía lo siguiente:

Mes de desastre sin atenuantes. A la caída vergonzosa de Baraka, Fizi, Lubondja y el frente de Lambert, se agrega la sorpresa que me dieron en Kilonwe[55] y la pérdida de dos compañeros: Awirino, desaparecido y Bahasa, muerto. Todo esto no sería nada si no hubiera al mismo tiempo un descorazonamiento total de los congoleses. Casi todos los jefes han huido y Massengo parece estar listo a levar el ancla. Los cubanos no están mucho mejor, desde Tembo y Siki hasta los soldados. Todo el mundo justifica sus propias culpas echándolas sobre los hombros de los congoleses. Sin embargo, en nuestro combate, a los errores míos se agregan las debilidades graves de los combatientes cubanos. Además, ha sido muy difícil el lograr un trato cordial entre ellos y que los cubanos se quiten su espíritu de hermano mayor despectivo, con derechos especiales en el abastecimiento y en la carga. En resumen, entramos en un mes que puede ser definitivo y en el que habrá que echar el resto.

Mi observación al trato entre congoleses y cubanos se debe a que, al ser los cocineros cubanos, trataban con algún miramiento a sus compañeros en el reparto de la comida y había cierta tendencia a que fueran los congoleses los cargadores de algunas cosas pesadas. No establecimos un trato totalmente fraterno y siempre nos sentimos, un poquito, la gente superior que viene a dar consejos.

El camino hasta la base lo hicimos en dos días; el segundo, mientras pasábamos por Nganja nos encontramos con que la aviación había ametrallado el día anterior, matando una treintena de vacas, cuyos cadáveres estaban diseminados por los contornos. Cuando comíamos un buen pedazo de carne, aprovechando las reses muertas, llegó Mundandi y hablé seriamente con él. Le dije que su intento de fuga en este momento era una locura, que la suerte de Ruanda estaba ligada al Congo y él no tendría dónde seguir la lucha, salvo que pensara abandonarla. Admitió que era una locura; algunos lo habían propuesto pero él los había disuadido y, precisamente venía a hablar para hacer un sabotaje a la línea eléctrica de Front de Force, llamando la atención del enemigo sobre ese punto.

Llegué a la Base y me encontré con un clima derrotista y de hostilidad franca contra los congoleses que provocó algunas discusiones serias con los compañeros; tenían preparada una larga lista de todos los jefes que habían huido a Kigoma, lista que no era totalmente exacta pero que reflejaba bastante la realidad, vale decir, la cobardía de los jefes, su desprecio por la lucha y su traición pero había también algunos nombres injustamente incluidos pues permanecieron hasta el último momento. Del estado de ánimo reinante dan cuenta las dos notas que transcribo; una es una carta de Tembo a un compañero y en ella se puede apreciar cómo estaría el receptor y la carta que habría escrito, la que no tengo ni leí.

La Base, jueves 28 de octubre de 1965. 13:00 hrs.

Recibí tu nota. Aunque no tiene fecha supongo que se debe haber cruzado con una que te envié con el compañero Chei.

Me escribiste después de la dolorosa pérdida de un camarada que, no lo oculto, era digno de una muerte no menos gloriosa, pero más útil.

En tus líneas se refleja el estado de ánimo producido por los últimos acontecimientos y por el cuadro de desolación y de liquidación que presenta la llamada «Revolución Congolesa». Eso me preocupa. Quiero darte mis opiniones con toda sinceridad y pedirte una vez más que confíes en mí, aunque no puedo asegurarte que de esa confianza no te sobrevenga un nuevo embarque.

Yo sé que tú no eres ningún pendejo. Creo por el contrario que eres un revolucionario que sabrás cumplir con tu deber, cualquiera que sean las circunstancias. No apelo por lo tanto a tu firmeza porque ello sería inútil y ridículo, pero sí quiero recordarte el viejo adagio que dice que «la mujer del César no solo tiene que ser honrada, sino que tiene que parecerlo». No debes dejar que nadie pueda pensar que tus opiniones sobre la situación o sobre las medidas concretas que se tomen frente a esa situación significan que te encuentras derrotado y sin ánimo para la lucha. Debes mantenerte en la máxima disposición combativa, y que tu actitud, que debe ser ostensible, sirva de ejemplo y de estímulo para los demás compañeros en las difíciles circunstancias por las que atravesamos.

Es posible que haya cosas que no entiendas, que se tomen medidas que te parezcan desacertadas, pero de ello no debes sacar la conclusión de que Tatu y los demás compañeros responsables no se dan cuenta de la verdadera situación que está a la vista tan objetivamente. No olvides que en los momentos difíciles hay que tomar medidas extremas para conservar la moral de la tropa y que no se produzca la debacle.

Siki y yo le enviamos un extenso informe a Tatu (que debe estar recibiendo en estos momentos) informándole con lujo de detalles sobre la situación. Es posible que Tatu decida venir a hablar con nosotros después de leerlo. En caso contrario yo iré a más tardar el jueves de la semana que viene para conversar con él personalmente. Mientras, hay que conservar el espíritu en alto y dar ejemplo de serenidad, de confianza y de valor. Puedes estar seguro que se hará lo que sea necesario para resolver el problema de la manera más revolucionaria y más conveniente, como cuadra a dirigentes marxista-leninistas.

Yo tengo más confianza ahora en Tatu que nunca y ustedes deben tenerla también.

No niego en absoluto que pueda equivocarse pero si se equivoca, nuestro deber, después de discutir, es seguir sus orientaciones, sean las que sean. Yo no bromeo cuando digo que es preferible mil veces morir combatiendo, aunque creamos que es por una causa inútil, que producir el espectáculo de una derrota por no querer combatir. Los revolucionarios cubanos pueden morir pero no pueden asustarse.

Espero… Estoy seguro que cumplirás con tu deber revolucionario, como soldado, como cubano y como hombre.

Y no solo con tu deber personalmente sino como compete a un dirigente, con el ejemplo.

Venceremos.

Esta otra, fechada el día primero, estaba dirigida a Tembo:

Camarada:

Le hago estas líneas, para saludarle, desde esta trinchera a tres kilómetros de los *askari*; igualmente para informarle de la situación por esta: los congos buscan el roce con nosotros, y hablan mal de Tatu, echándole la quema de las casas de los campesinos, la pérdida de las armas y la falta de comida y la vida errante de los campesinos.

En el lado nuestro el desencanto es total; me enteré de que la mayoría de los cubanos que llegaron con Tatu le pedirán a usted una reunión y plantearán irse, en la misma actitud hay por aquí 17, más siete que marchan en el grupo que llegó. Emilio, esa actitud está casi generalizada entre los compañeros; nosotros luchamos por convencerlos de que este es el momento de la mayor firmeza, pero hay un gran descontento, una gran desconfianza y un inmenso deseo de abandonar el Congo. Se basan en la actitud observada por los congos, para los cuales según ellos se acabó la lucha. Los compañeros plantean que esta situación ha llegado a este extremo por Tatu y ven en él y en su actitud, según ellos, poco deseo de hallar una salida.

Es cuanto quiero informarle para que su ayuda sea más eficaz.

Político

Como se ve por esta última carta, se producía una desintegración casi absoluta de la tropa; incluso, se había dado el caso de varios militantes que habían propuesto una reunión de Partido para plantearme la retirada. Fui extremadamente duro en las respuestas, previniendo que no aceptaría ninguna clase de demanda ni de reunión de ese tipo y que la tacharía de traición y calificando como cobardía el permitir siquiera que circularan estas proposiciones. Conservaba un resto de autoridad que mantenía algo de cohesión en los cubanos; eso era todo. Pero del lado congolés sucedían cosas mucho más graves. Recibí una carta fechada por esos mismos días y firmada por Jerome Makambile, «diputado provincial y representante del pueblo ante el CNL»; en ella hacía acusaciones de asesinato hasta de mujeres a Massengo y, después de hacerme toda una larga presentación del caso, me invitaba a reunirme en Fizi para analizar la situación de esta zona. En momentos en que estaba más en peligro la comunicación con el extranjero y teníamos un punto central de comunicaciones y un Estado Mayor que defender, este señor enviaba cartas a troche y moche (recibí varias de él) organizando la reunión. Para que se tenga una idea del limbo en que navegaba la Revolución, este párrafo:

Me permitiré reproducirle abajo, las aspiraciones, los deseos, las sugerencias de la población entera de esta región de Fizi:

1ro. La población exige que el poder militar de nuestra Revolución sea confiado a las fuerzas amigas que vienen a ayudarnos y esto hasta la estabilización del país.

2do. La población solicita una ayuda intensa de los países amigos, esta ayuda consistirá:

a) Operaciones militares, personal, armas, equipos, dinero, etc.

b) Asistencia técnica, ingenieros, técnicos de diferentes ramas, médicos, etc.

c) Asistencia social, cuerpo de enseñanza, educadores, comerciantes, industriales, etc.

La iniciativa de darle todo el poder militar a los cubanos no era más que un intento de sedición amparándose en nosotros y no tenía otra raíz que las diferencias tribales entre estas gentes y el grupo de Kabila-Massengo, a menos que estuviera de por medio la mano del enemigo.

La única noticia que rompía esta imagen absurda y tétrica era un informe de Aly, en el cual manifestaba haber tenido dos combates y haberle hecho varias bajas al ejército enemigo. Todo esto a pesar de que Aly estaba en continuas broncas con el jefe militar de la región y que prácticamente él solo, con el grupo de compañeros cubanos, había tenido que realizar las embestidas contra el ejército. En una de ellas se ocuparon documentos con los planes del enemigo y varios mapas, también un radio, dos morteros, una bazuca, cuatro FAL o super FAL, parque y depósitos. Había sido un buen ataque, una dura derrota para el enemigo, pero ya no variaba la situación. Entre los papeles secuestrados, está este que transcribo:

2

SECRETO

ORDEN OPS no. 2
OPS Sur Mapa escala 1/200 000 no. 1 Bendera
Mapa esc. 1/100 000 Katenga

1. Situación.

a) Fuerzas enemigas:
1) Bon. enemigo (± 360 hombres) bajo mando capitán Busindi compuesto en su mayoría de babembe y un grupo de tutsi (Ruanda) en Katalo.
2) Un Pl. (±40 hombres) vestidos como el ANC:
Armas: metralletas de origen chino, han cogido seis peones camineros la semana del 27 de septiembre 65 en el *km* 7 de

Kabimba y había obligado a esos peones a cargar sacos hacia su posición (campamento) tomando la carretera Mama-Kasanga-Kalenga.*

b) Fuerzas amigas:

—La 5ª Col. ocupa Baraka y mantendrá la línea Baraka-Fizi-Lulimba.

—El 9° Comando ocupa Lulimba.

—El 5° Bon. Inf. ocupa Bendera.

—Destacamento de (± voluntarios) 5° Cdo. + 1 Pl. policía (± 30 hombres) ocupa Kabimba.

—El 14° Bon. Inf. (−) tiene el raíl y ocupa Kabega-Maji-Muhala.

—1ª Cía. 14° Bon. + una Cía. 12° Bon. ocupan Albertville.

—Fuerza aérea:

La fuerza aérea (WIGMO) apoya las operaciones con: 4 T-28 y 1 helicóptero.

2 B-26 estacionados provisionalmente en Albertville. Un apoyo aéreo suplementario podría ser obtenido de la escuadrilla WIGMO (4T-28 estacionados en Ngoma en caso de absoluta necesidad).

1 DC3 FATAL es una sección de abastecimiento por aire, está en Albertville.

—Fuerza naval:

4 PT boats + Ermens-Luka (prohibirá el cruce del lago por elementos rebeldes durante toda la operación).

c) Misión:

2° Bon. −Para. (−) hará el movimiento de Albertville hacia Kabimba y se instalará en deft.

2−Fase 2:

2° Bon. −Para. (−) realizará con ayuda de los guerreros

---

* Se refiere al fallido intento de emboscada relatado en su oportunidad.

del jefe Mama-Kasanga reconocimiento en la región norte y noroeste de Kabimba para localizar las posiciones enemigas.

3 – Fase 3:

2° Bon. – Para realizar un raid de destrucción de rebeldes que se encuentran al norte de Kabimba incluida la base rebelde de Katale.

Informaciones sobre el enemigo:

1) Katsheka: ± 300 tutsi ayudados por ± 50 cubanos. El depósito se encuentra hacia el norte del río Katsheka, mandado por Joseph Mundandi (ruandés).

Armas: , , 2 morteros 81 (1 en reparación).

            , , 2 cañones 75 sin retroceso.

            , , 2 antiaéreas .50.

            , , 2 ametralladoras .30.

            , , 30 fusiles ametralladoras + bazucas.

            , , Existencia: 200 cajas municiones + 100 minas.

2) Makungu: Posición sobre el flanco de la colina. ± babembe ayudados por cubanos de Katsheka mandado por Calixte (mubembe). Armamento a comparar con Katsheka.

Existencia: ídem.

3) Katenga: Posición vivaque en la selva. ± hombres (babembe y otros).

4) Kibamba: Base enemiga, en la orilla del lago, pueblos que lo bordean, puerto de llegada de abastecimientos viniendo de Kigoma. EM general rebelde (Javua).

Centro de entrenamiento de reclutas.

Enlace: red de teléfonos desde el firme hasta el lago / a [Kionga-] Balabala.

5) Katalo: Norte Kabimba; ± 300 hombres, antiguos habitantes de Albertville ayudados por 12 cubanos. Mandado por capitán Businde [sic] (de Albertville).

Armamento: 2 cañones 75 SR.

2 morteros 81 milímetros.

12 ametralladoras .30.

150 fusiles AFN.

3 antiaéreas.

6) Lobunzo: ± 600 hombres, mandados por el coronel Petro (mubembe).

Depósito importante en casa del jefe Kilindi.

7) Kabanga: depósito y puerto (barcos entran en el estuario Luvu).

8) Kalonda-Kibuyu: ocupado por los rebeldes.

9) Fizi: Centro administrativo.

10) Simbi: Centro de abastecimiento e instrucción.

11) Depósito y puerto.

La intención era ocupar toda la costa del lago y destruir nuestras instalaciones cercanas a Kigoma; por otro lado, se observa que, a pesar de algunas incorrecciones, tenían una idea muy precisa de nuestras armas, de los hombres disponibles y de los cubanos presentes también. Es decir, el servicio de información del enemigo funcionaba perfectamente, o casi perfectamente, mientras nosotros ignorábamos lo que ocurría en sus filas.

La imagen que se presentaba a mi llegada a la Base no era nada halagüeña, sabíamos lo que quería el enemigo, pero no necesitábamos para eso tomarle esos documentos porque ya estaba claro, y el espectáculo de decaimiento era terrible.

PUÑALADAS TRAPERAS

Tomamos las primeras previsiones para transformar la base en un reducto inexpugnable o solamente reductible a costa de grandes pérdidas para los enemigos; se hicieron exploraciones por todos los firmes en dirección a Ruandasi, confeccionando un camino para conectarla con el que pasaba al sur e iba directamente de Nganja al Lago; ordenamos la construcción de una serie de pozos bien guarnecidos, en sitios ocultos, en los que trabajaron compañeros cubanos y que sirvieran para ocultar toda la impedimenta si nos veíamos obligados a evacuar. Se protegían las zonas más sensibles, cavando líneas de trincheras.

Al llegar, pasé revista a la organización de la planta de radio; esta contaba con un aparato de bastante alcance, poco práctico para las condiciones actuales, que funcionaba con acumuladores de 12 voltios, los que eran cargados con una pequeña planta; se hacía necesario tener una buena reserva de gasolina. La planta llegaba a Dar es-Salaam, aunque no con mucha potencia, y perfectamente bien a Kigoma; los tres compañeros encargados de las transmisiones, el jefe Tuma, el compañero telegrafista y el mecánico, cumplían a cabalidad su misión; en el período comprendido entre el 22 de octubre, fecha en que empezó a funcionar, y el 20 de noviembre, en cuya noche abandonamos el Lago, se transmitieron 110 mensajes en clave y se recibieron 60. La total dedicación de los compañeros a su función y la efectividad con que lo hacían, contrastaba con el clima de abandono y abulia imperante entre los nuestros; es un hecho que al enviar hombres experimentados en su materia, con cariño por ella (aunque justo es decirlo, al margen de la lucha cotidiana con los soldados congoleses), se lograba un resultado magnífico. A pesar de la salvedad apuntada, me atrevo a afirmar que, si todos los cuadros hubieran tenido la misma calidad, hubiera sido distinta nuestra actuación, si no el resultado final.

Hablé por teléfono con Massengo inmediatamente después de llegar y mostró buen ánimo. Lo primero que me planteó fue atacar Kazima; tenía el «barrenillo» de ese ataque. Le contesté que discutiríamos al día siguiente. Bajé y tuvimos otra conversación sobre el tema. Había recibido noticias de los exploradores, Nane y Kahama, indicando que en ese poblado no había guardias, y así se lo comuniqué, pero él tenía otras distintas; los hombres del capitán Salumu estaban cerca y le informaban directamente; insistía en que sí había guardias. En la discusión no se llegó a un acuerdo sobre el ataque, posponiéndolo hasta que se realizaran nuevas exploraciones para poder precisar lo que ocurría.

El comandante Mundandi se manifestó dispuesto a cumplir las demandas hechas por mí para defender mejor la base. Estas eran: hacer un sabotaje a la línea eléctrica, enviarme uno de los cañones que tenía y ocuparse de la defensa de Nganja, para poder liberar un poco de fuerzas en dirección a Kazima; pidió en contrapartida, algunos uniformes, zapatos, comida y que se le dieran técnicos cubanos para efectuar el sabotaje, manejar el cañón y ayudar a los ruandeses en su cometido.

Prometí enviar seis hombres, Tom (el político) y Aja, serían los encargados de la destrucción de los postes mediante antorcha; el compañero Angalia sería encargado del cañón, que tiraría simultáneamente, como una diversión, sobre Front de Force, tratando de darle al tubo de conducción del agua; Achali dirigiría el grupo.

Se recibió un cable anunciando que venían mensajes importantes para mí, por lo que decidí esperar en el Lago. Aproveché para tener una buena cantidad de entrevistas con los cuadros que allí restaban. Una de ellas fue con el coronel Anzurumi, jefe del Estado Mayor de la Segunda Brigada (la del general Moulana) que siempre había estado en pugna con Lambert y con la gente de la base de Kibamba, incluso con Massengo, que le demostraba mucha desconfianza. Le hice una crítica fuerte por la actitud que había mantenido; me referí a la pérdida de Baraka sin combatir (él había estado presente), le mostré cuál era el resultado de todas las intrigas y el desorden, le recordé que había ofrecido muchas veces entrenar hombres en armas pesadas en el Lago y nunca había mandado uno solo y le hice una exhortación para cambiar esa actitud. Tomó nota de mis recomendaciones, entre otras, la de mandar rápidamente hombres para rescatar el cañón de la barrera de Karamba y transportarlo a Kibamba con el fin de formar una batería de armas pesadas; ya había logrado empatarme con el que fue salvado de nuestro desastre que, tras muchas peripecias, arribó con 13 proyectiles.

En la madrugada llegó Changa; su entrada fue anunciada desde mucho antes por el trazado en el cielo de las balas lumínicas, ya que se produjo una verdadera batalla naval al ser sorprendido por las lanchas de patrullaje; traía un hombre herido en la mano por una bala de ametralladora y el propio Changa tenía la cara herida por el «rebufo» de una bazuca con la que habían disparado sus compañeros. La tripulación congolesa venía muy atemorizada y hubo dificultades para hacerla retornar en los días siguientes.

Un enviado de Rafael venía expresamente a entregarme este mensaje:

> Compañero Tatu:
>
> En la mañana de hoy Pablo [Rivalta] fue llamado por el gobierno para comunicarle que en vista de los acuerdos de la reunión de los estados africanos respecto a no intervenir en los asuntos internos de los otros países, tanto ellos como los demás gobiernos que hasta ahora han venido dando ayuda al Movimiento de Liberación del Congo, habrán de cambiar el carácter de esa ayuda. Que, en consecuencia, nos pedían que retiráramos lo que

tenemos allí, como contribución nuestra a esa política. Que reconocían que habíamos dado más que muchos estados africanos y que ahora no se diría nada al Movimiento de Liberación congolés, hasta tanto nosotros no nos hayamos retirado, que entonces el propio presidente llamará a estos dirigentes y les informará de la decisión tomada por los estados africanos. Se ha mandado una información al respecto para La Habana. Esperamos conocer tu opinión.

Saludos,

Rafael

Ese era el golpe de gracia dado a una revolución moribunda. Debido al carácter de la información no dije nada a los compañeros congoleses, esperando a ver qué sucedía en los días siguientes, pero, en las conversaciones insinué la posibilidad de que tal fuera la política de Tanzania, basándome en hechos concretos como el bloqueo de los abastecimientos en Kigoma. El día 4 se recibió un telegrama de Dar es-Salaam:

Con emisario va carta de Fidel, cuyos puntos principales resumidos son:

1ro. Debemos hacer todo menos lo absurdo.

2do. Si a juicio de Tatu nuestra presencia se hace injustificable e inútil debemos pensar retirarnos. Deben actuar conforme situación objetiva y espíritu hombres nuestros.

3ro. Si consideran deben permanecer trataremos de enviar cuantos recursos humanos y materiales estimen necesario.

4to. Nos preocupa que ustedes erróneamente tengan temor actitud que asumen sea considerada derrotista o pesimista.

5to. Si deciden salir, Tatu puede mantener *statu quo* actual regresando aquí o permaneciendo en otro sitio.

6to. Cualquier decisión la apoyaremos.

7to. Evitar todo aniquilamiento.

Pero al mismo tiempo llegaba otro telegrama:

A Tatu

De Rafael

Mensaje recibido día 4. Cualquiera sea nueva situación mercenarios blancos Tshombe continúan en el país, atacando congoleses y cometiendo toda clase de fechorías y crímenes. En ese caso sería traición retirar nuestro apoyo revolucionarios congoleses a menos que ellos lo soliciten o decidan abandonar la lucha.

Los compañeros que habían recibido estos dos cables no estaban enterados todavía del contenido de la carta de Rafael y encontraban cierto contrasentido entre ellos; el primero, era la síntesis de una carta de La Habana como respuesta a la enviada por mí el 5 de octubre y, el segundo, un telegrama que respondía al informe de Dar es-Salaam sobre la nueva actitud del gobierno de Tanzania. Redactamos la respuesta a Fidel que se transmitiría por radio desde Dar es-Salaam.

Informe para pasar por radio a Fidel:

Rafael:

En los días de tu visita desapareció Julio Cabrera Jiménez,*[56] de quien pensamos se había dado a la fuga dadas las características de la retirada, que parecía no ofrecer mayor peligro, a pesar de ser hecha con las características de desbandada que han matizado nuestras últimas acciones. Sin embargo, no ha

---

* Awirino.

aparecido más, debemos darlo por muerto o prisionero, mucho más lógico lo primero.

A raíz de la retirada llamé seriamente la atención a Rafael Pérez Castillo[57] por haber abandonado el cañón de 75 milímetros SR que fue rescatado por los congoleses. En el nuevo campamento las condiciones eran muy malas, pero me confié en la aparente inmovilidad de los guardias, y los trabajos para hacer un polvorín lejano con todo lo salvado fueron muy lentos. El día 24, como para celebrar nuestro sexto mes en esta tierra, los guardias avanzaron con la intención de quemar caseríos, según ahora está claro; nos enteramos de su presencia porque chocaron con unos congoleses que habían salido del campamento. Ordené la resistencia en el lugar para aguantar hasta la noche y salvar el parque; pero después me anuncian que gran número de guardias nos están flanqueando por la montaña, donde yo no había puesto defensa calculando que por allí no vendrían. Aquello desorganizó la defensa, hubo que cambiar apresuradamente las líneas y mandar un pelotón a chocar con los guardias en el firme. Estos en realidad avanzaban por un camino de frente y los presuntos guardias eran campesinos que huían por la loma como supimos más tarde. Las defensas eran suficientes para pararlos pero nuestra gente se retiró y avisó que los guardias estaban ya en el campamento, cosa que no era verdad, la retirada fue escandalosa y perdí hasta la provisión de tabacos. Solo un grupo hizo honor a nuestro ejército y resistió una hora más, ahora con manifiesta inferioridad numérica y de posición; entre ellos estaba Rafael Pérez Castillo (Bahasa), que sacó su cañón de la zona de peligro y se quedó peleando con un FAL. Fue mal herido y lo tuvimos que transportar por caminos infernales, peores y más largos que los de la Sierra [Maestra]. El día 26 por la madrugada, cuando parecía que salía del mayor peligro, murió. En el revés perdimos una ametralladora 12.7 (abandonada por un cubano que se había quedado sin ayudantes congoleses) y todo el parque, la confianza de los campesinos y los rudimentos de organización que estábamos logrando.

Los guardias comenzaron en esos días a avanzar por todos lados, dando la impresión de preparar el asalto final a nuestra base, sin embargo este no se ha producido y las defensas son bastante sólidas, al menos en armas, aunque nos falta algún tipo de parque y no se puede tener confianza en el recluta congolés.

Tenemos un cuadrilátero en la montaña encuadrado por los siguientes puntos (estos puntos están en manos del enemigo y en las inmediaciones nuestras fuerzas) —tal vez puedan localizarlo en algún mapa—: Baraka, Fizi, Lubondja, Lulimba, Force-Bendera y Kabimba. El enemigo tiene avanzadas más acá de Baraka y de Kabimba. Aly les hizo resistencia en tres oportunidades en el frente de Kabimba, en la segunda les capturó la orden general de la ofensiva que prevé la toma de nuestra base y su limpieza a 25 kilómetros a la redonda, mientras cuatro P.T. (Hermes Luckas) custodian el lago para impedir el abastecimiento. La aviación constituida por 8 T28, 2 B26 y 1 DC3 para reconocimiento y servicio, 1 helicóptero para enlace. Esta pequeña flota aérea inspira terror a los camaradas congoleses.

Desde el punto de vista militar, la situación es difícil en la medida en que nuestra tropa son colecciones de hombres armados sin la menor disciplina, sin espíritu de combate, pero las condiciones del terreno son inmejorables para la defensa.

Hoy acabo de ser nombrado jefe de Operaciones de la zona con plena autoridad en la instrucción de la tropa y mando sobre nuestra artillería (una batería de morteros 82, 3 cañones 75 milímetros SR, y 10 ametralladoras AA 12.7). El espíritu de los jefes congoleses ha mejorado con la sucesión de las derrotas y se han convencido de que deben hacer las cosas seriamente.* Yo los preparé para lo de Tanzania, como si fuera una suposición mía a raíz de la Conferencia de Accra⁵⁸ y dado su extraño silencio en cuanto a las armas que tienen en depósito y no entregan. Hay gente aquí que dice estar dispuesta a jugarse la cabeza y mantener la Revolución a todo trance. Aunque no sabemos la opinión de Kabila que anuncia su llegada.

He recibido los últimos cables de Fidel; parece ser uno respuesta a las cartas enviadas y el otro, a la comunicación última de Tanzania. Sobre mi carta creo que se exageró una vez más; traté de ser objetivo pero no era totalmente pesimista. Hubo un momento en que aquí se habló de la fuga masiva de todos los jefes congoleses, yo había tomado la decisión de permanecer en ese caso con una veintena de hombres escogidos (la chiva no da más leche) y enviar el resto al otro lado y seguir peleando hasta desarrollar esto o agotar las posibilidades y en ese caso tomar la decisión de ir a otro frente por tierra o acogerme al sagrado derecho del asilo en las costas vecinas. Frente a la última noticia de Tanzania mi reacción fue igual a la de Fidel, nosotros no podemos irnos de aquí. Más aún, ni un cubano debe irse en las condiciones propuestas. Y se debe hablar seriamente con los dirigentes de Tanzania para puntualizar hechos.

Estas son mis proposiciones: que una delegación cubana de alto nivel visite Tanzania o Tembo desde aquí o una conjunción de las dos. El planteamiento debe ser más o menos así: Cuba ofreció ayuda sujeta a la aprobación de Tanzania, esta aceptó y la ayuda se hizo efectiva. Era sin condiciones ni límite de tiempo. Comprendemos las dificultades de Tanzania hoy, pero no estamos de acuerdo con sus planteamientos. Cuba no retrocede de sus compromisos ni puede aceptar una fuga vergonzosa dejando al hermano en desgracia a merced de los mercenarios.

---

* Optimismo infundado de mi parte.

Solo abandonaríamos la lucha si por causas fundadas o razones de fuerza mayor los propios congoleses nos lo pidieran, pero lucharemos para que eso no suceda. Cabe llamar la atención del gobierno de Tanzania sobre el acuerdo alcanzado; es como el de Munich, deja las manos libres al neocolonialismo. Contra el imperialismo no cabe retroceso ni aplazamiento, el único lenguaje es el de la fuerza. Si la situación del Congo se estabiliza con este gobierno, Tanzania estará en peligro rodeada de países hostiles a ella en mayor o menor medida. La Revolución aquí pudiera subsistir sin Tanzania, pero a costa de grandes sacrificios; no es nuestra responsabilidad si fuera destruida por falta de ayuda, etc., etc.

Cabría exigir al gobierno de Tanzania: el mantenimiento de la comunicación telegráfica, permiso para embarques de comestibles al menos una o dos veces por semana, permitirnos traer dos lanchas rápidas, darnos algo de armamento acumulado para pasar una sola vez, y permiso para pasar correos una vez cada 15 días.

Pongo lo de la lancha porque la situación es desesperante en ese aspecto: los barquitos soviéticos son muy lentos y ellos tienen lanchas rápidas, hay que abrirse paso a tiros y la última vez Changa llegó lesionado y un muchacho herido en una mano, los barcos deben ir de a dos porque frecuentemente se les para en el camino y uno debe remolcar al otro. Seguro que Tanzania no aceptará una solución así (de combate diario) y por eso hay que tener los barcos en nuestra orilla y sacarlos a buscar cosas, regresando en la misma noche. Una de las lanchas debe ser tan manuable como para poder subirla por montañas escarpadas si transitoriamente perdemos la orilla del lago. Hay que hacer hincapié en nuestra capacidad actual para tener un punto en Tanzania conocido de muy pocos adonde se pudiera llegar de noche y salir antes del alba y que con buenas lanchas se haría como una maniobra de contrabando normal en estas costas. Pero nosotros podemos jugar limpio; es nuestro método y necesitamos tranquilidad para dedicarnos a las cosas importantes. Además recomendamos que el texto de la comunicación que se haga en definitiva sea puesto en manos de los soviéticos y chinos para prevenir cualquier maniobra de descrédito.

Por nosotros no teman, sabremos hacer honor a Cuba y no seremos aniquilados pero siempre me desembarazaré de unos cuantos flojos luego de clarificada nuestra posición. Un apretado abrazo a todos de todos.

Tatu

P.D. Creo que debe hablarse con Karume y ver la posibilidad de tener una base aérea, ya sea en Zanzíbar con escala en Tanzania, ya en Zanzíbar solo. De lo que se consiga debe depender el tipo de avión. Una oferta que tal vez fuera aceptable para Tanzania es la de tener médicos en el hospital de Kigoma lo que le permitiría moverse con alguna libertad. Estos deben hablar inglés, ser eficientes en su profesión y buenos revolucionarios, o acercarse a este prototipo. Vale.

Preocupado por la inefectividad del mando, presenté un plan para trabajar con un Estado Mayor pequeño, flexible, que sirviera para algo, pero Massengo, en la discusión que sostuvimos con todos los responsables, opinó que no era posible cambiar tan rápido ya que hacía algunos días se había confeccionado uno en que participara Siki y que estaba pendiente de la aprobación de Kabila. Trataba de que mi idea operativa se introdujera en el esquema del Estado Mayor, que pareciera el del ejército soviético en vísperas de la toma de Berlín, pero no hubo más remedio que transigir; solicité que se me diera la responsabilidad del entrenamiento de los hombres para continuar la tentativa de la academia práctica, en vez de eso se me dio la jefatura de Operaciones, teóricamente el segundo lugar al mando en el ejército, y la organización de la artillería, junto con la jefatura de Instrucción. El mando era muy relativo, pero me dediqué a hacer las tentativas humanamente practicables para detener el desmoronamiento.

Se completó la compañía de Azima, que había quedado desintegrada luego del desastre del día 24, por la huida de la mayoría de los congoleses, pero ahora no teníamos armas; mientras nosotros hacíamos esfuerzos infructuosos para organizar un núcleo de hombres en combate, una ingente cantidad de armas y equipos llegado de Kigoma había sido distribuida sin orden ni concierto, volatilizándose los pertrechos de la base. A todos nuestros males teníamos que agregar ahora el de la carencia de armamentos; había, sí, algunas cantidades de balas 12.7 y de proyectiles de morteros, pero no de cañón y, sobre todo, carecíamos de parque para los fusiles más utilizados, «point trente» en nuestra jerga (SKS).

Como mejor se pudo, organizamos los polvorines, tomábamos disposiciones para distribuir las armas y formar el grupo de artillería; Maffu, que había llegado de la zona de Mundandi, fue enviado a Kisoshi, entre Kazima y Kibamba, para tratar de dar un poco de consistencia a la defensa.

Antes de partir, me hizo un relato espeluznante: una noche llegaron al campamento dos emisarios congoleses de la cercana base de Calixte, los compañeros nuestros los invitaron a quedarse a dormir con ellos, pues ya era tarde, pero explicaron que Mundandi los había invitado a pasar la noche en su bohío, a donde se encaminaron. Al día siguiente no aparecieron; cuando preguntaron por ellos, Mundandi dijo que los había expulsado porque lo engañaron; le dijeron que eran comisarios políticos, no siendo más que soldados. Al poco tiempo dos ruandeses vestían las chaquetas azules que llevaban aquellos compañeros, las que nunca se habían visto en el campamento; también los cascos, que no usaban los ruandeses. Después, Calixte mandaba a averiguar dónde estaban sus hombres, pues no habían retornado a la base. Todo ello hace presumir que habían sido asesinados por la gente de Mundandi, no se sabe bien con qué móvil, si simplemente el del robo o porque las discrepancias entre grupos llegaban a esos extremos. Le comuniqué a Massengo mi sospecha pero no se tomaron medidas dada la precipitación de infaustos acontecimientos.

Llegaba carta de Mbili, del frente de Lubondja; en ella me comunicaba que la presión sobre sus hombres por parte de los congoleses era tremenda, que él creía que no iba a poder resistir más; la desmoralización era muy grande. Me advertía de una conspiración para solicitarme el retiro de la lucha por parte de algunos cubanos. El político Karim me escribía una sentida carta, explicándome que si él había enviado a Tembo la nota antes comentada era para prevenirnos de la situación y que haría todos los esfuerzos para cumplir con su deber; me adjuntaba una lista en la que figuraban los nombres de los compañeros que planteaban retirarse de la lucha; la mayoría de los que estaban con Mbili. Después, un grupo de los de mejor conducta hasta ese instante, planteó lo mismo a Mbili, personalmente, pero este los convenció de que retiraran ese pedido y así lo hicieron. El propio Mbili escribió una nota defendiendo al político de las imputaciones implícitas en mi anuncio de que consideraría una cobardía permitir manifestaciones derrotistas, pues Karim lo ayudaba mucho en una tarea ingrata y difícil.

Por otro lado, llegaba Aly de Kabimba a explicar sus desavenencias con los jefes de la zona y decidíamos, después de una conversación con Massengo y con «Tremendo Punto», que este fuera con Aly para cerciorarse de lo que había y si era necesario retirarlo del mando y dejar otro cubano al frente o retirar todas las tropas. A Mbili le escribía autorizándolo a que pusiera alguna distancia entre él y los hombres de la barrera de Lubondja. Mientras, seguíamos perfeccionando la defensa de la base, preparando emplazamientos y trincheras, esperando a que llegara el momento en que se concentraran los guardias y pudiéramos hacerles algún estrago. Los hombres que debían salir para trabajar con Mundandi eran advertidos de que lo hicieran juntos los seis y solo en el momento de la acción podían dividirse, cuatro y dos; se les indicaba no arriesgarse, sino hasta el punto en que los ruandeses lo hicieran, pues tenía miedo de alguna falacia debido a la cantidad de acciones dobles a que nos tenían acostumbrados.

Llegaba un telegrama de Kigoma en el que avisaban que el vicepresidente Kawawa estaba allí; había hablado con Kabila y, según las informaciones de este, le había prometido apoyo y le preguntaba qué necesidades tenía, dando seguridades de que se abriría el lago. De ser ciertas las manifestaciones de Kabila, era más incorrecta la actitud de Tanzania.

De Kazima llegaba la noticia de que había 150 guardias junto con una proposición de ataque, firmada por el comisario político de la tropa congolesa.

Mbili informaba en otra comunicación que había mandado unos hombres a explorar y estos no notaron ningún movimiento, fueron acercándose prudentemente hasta encontrarse con que los guardias habían abandonado Lubondja, dejando solamente algunos papeles con llamados a la población para deponer las armas. Rápidamente mandó hacer otra exploración constatando que en el antiguo emplazamiento de la barrera de Lambert no había nadie y por el camino a Fizi no se veía tampoco enemigo alguno; poco antes se había notado un gran movimiento de carros en la zona. Libre el campo, llegó Lambert con sus cuentos heroicos, de ataques, bajas ocasionadas al enemigo y armas tomadas, anunció que tenía rodeado a Fizi y Baraka con unos 900 hombres y venía a recoger el cañón, los morteros y las antiaéreas para atacar; se le contestó que los morteros habían sido perdidos en la retirada y que el cañón se había enviado para la defensa de la Base. En la carta explicatoria dice Mbili:

> Me hubiera gustado decirle todo lo que se merece, pero consideré de acuerdo como está la situación que no era momento oportuno. Una vez más hemos tenido que hacer el papel de bobos con esta gente.

Teníamos en la barrera una ametralladora antiaérea que se envió rápidamente a la base, para evitar la reclamación de Lambert. Ante todas estas noticias se le ordenaba a Mbili dejar solamente un grupo de hombres en el campo de entrenamiento, situado a unas dos horas de la barrera primitiva, al mando de Rebokate, y reforzar la base. Ahora quedaba por averiguar cuál sería el próximo paso de estos hombres que se retiraban, porque, evidentemente, no iban a abandonar la presa con tanta facilidad.

En otro informe, Mbili narraba una reunión de Lambert con sus hombres, en la que se había colado un observador nuestro; les explicaba que él con 23 combatientes habían detenido a los guardias y que después había dejado 150 con los cubanos y no habían sido capaces de hacer nada, perdiendo todas las armas pesadas. También anunció que el enemigo ofrecía 500 francos* a cada soldado que se entregara y la posibilidad de trabajar para ellos, preguntándoles su parecer a los combatientes, los cuales contestaron que no estaban de acuerdo; Lambert pasó entonces a advertirles que no debían caer en esa trampa dando una explicación, a juicio del informante, bastante buena; la actitud de la gente lucía firme en ese punto. Hizo algunas críticas sobre mí por haberme retirado a la base y le hizo una recomendación al mayor de su tropa, de recoger todos sus hombres y sus armas pues las necesitaba; ya este era un ataque directo sobre nosotros, mediante el cual, a pesar de mantener una

---

* Un poco más de un dólar en esa época.

actitud firme y disposición de continuar la lucha, se dedicaba a sembrar la división.

Tuve otra conversación con el compañero Massengo; ni aun esta vez le hice saber sobre las disposiciones del gobierno de Tanzania; se trató sobre todo del ataque a Kazima donde una vez más impuse mi criterio de que se hicieran nuevas exploraciones antes de tomar esa decisión. Rehuía el ataque porque temía que se produjera una desbandada y cayera todavía más la moral; antes quería asegurarme la posesión de algunas armas pesadas para poder sostener un intenso fuego sobre el enemigo e impedir que contraatacara.

El día 10 de noviembre, Hukumu llegó quemando etapas para anunciar que había estado en Nganja, después de cumplir una misión en Lubondja y se le habían juntado algunos ruandeses anunciándole que Front de Force había caído en poder del enemigo; poco después llegaban los cubanos que habían estado con Mundandi y me enteraba de que, mientras estaban preparándose para bajar a hacer el sabotaje, las postas ruandesas anunciaron la aparición de los primeros asaltantes enemigos; venían guiados por los campesinos de la región, divididos en tres grupos y habían estado perfectamente orientados. La decisión de Mundandi fue de no defenderse debido a las dificultades de la posición, pero pudo salvar prácticamente todo su parque y sus armas y estaban refugiados en Nganja. Les había pedido a nuestros compañeros que se quedaran, pero Achali, interpretando mal mis órdenes, volvió inmediatamente a la base; hablé con ellos y les expliqué la necesidad que teníamos de que apoyaran ahora más que nunca a los ruandeses y los envié de nuevo bajo la dirección de Tom, el político. Al día siguiente llegaba la noticia de la caída de Makungu (el campamento), tomado con la misma técnica, y se nos incorporaba Calixte, el jefe de ese sector, con sus hombres.

Para nosotros era importante mantener la zona de Nganja, no solamente porque era un acceso a la base, sino porque teníamos allí el ganado vacuno, única posibilidad de comer, ya que cada vez estaba más cerrado el lago y la comida estaba muy escasa; teníamos todavía tres animales que había traído el compañero Nane, pero si se nos cerraba esa vía, íbamos a pasar bastantes apuros en ese sentido y no había absolutamente nada de reserva. Mientras preparábamos a toda carrera nuestro pequeño grupo de artillería dirigido por el compañero Azi, que constaba de tres morteros con bastantes proyectiles, un cañón con 13 proyectiles y dos ametralladoras 12.7, una de ellas sin trípode, con parque abundante. Con esto pensábamos hacer la resistencia al ataque definitivo en la zona y tratar de infligir bastantes bajas al enemigo.

Enviaba al compañero Moja a Kisoshi y todas las zonas adyacentes para hacer una investigación y lo primero que me informaba es que pasaron aviones ametrallando y lo dejaron solo todos los compañeros congoleses, además anunciaba que había 13 barcos enemigos en actitud amenazante; no pasó de una amenaza.

El barco con los abastecimientos no cruzaba y Changa informaba que no lo hacía porque no tenía nada que llevar, lo que provocaba una serie de encendidos telegramas de nuestra parte a Kigoma y Dar es-Salaam. Por otro lado, firmaba un telegrama para conocimiento de Cuba, que decía:

> Presión enemiga aumenta y tentativa del bloqueo del lago se mantiene. Urge cantidades sustanciales de dinero congolés previniendo aislamiento. Ofensiva se mantiene y avanza. Hay que moverse rápido. Nos preparamos para defender la base.

Esto era firmado el 10 de noviembre, simultáneamente mandaba este telegrama a Dar es-Salaam y Kigoma:

> Si producto de la ofensiva tenemos que retirarnos y perdemos el contacto con ustedes, no dejen de llamarnos diariamente

a las doce y media y a las cinco de la tarde, hasta establecer nuevamente el contacto.

De Kigoma nos informaban que Kabila no pasaba porque su barco no estaba arreglado; esta información tenía por objeto aclarar el por qué no lo había hecho, pues para el día 9, sin falta, había anunciado su llegada; una de las tantas promesas incumplidas de Kabila. Simultáneamente había mandado una nota a Kiwe diciéndole que se preparara, que iba con él a la Conferencia Tricontinental de La Habana.[59] Vaya usted a saber.

Nuestra disposición defensiva en ese momento era la siguiente: Mbili, con un grupo de ruandeses bajo sus órdenes, dominaba el camino que va de Nganja directamente al Lago y el otro que pasa por la base era defendido por Azima y los congoleses.

Moja estaba encargado de la defensa del Lago desde Kazima y Aly en Kabimba. Teníamos lo que consideraba razonables esperanzas de hacer frente al enemigo, cuando llegó una nota del compañero Mundandi que decía lo siguiente:

Camarada Tatu:

En lo referente de la situación, que es muy grave, pongo en su conocimiento que soy incapaz de mantener la posición y asegurar la defensa. La población ha traicionado ya y ha dado a los soldados enemigos las vacas y se ha puesto pues a trabajar con el enemigo que está mejor guiado y tiene mejor información que nosotros sobre nuestra posición. Le ruego comprenderme, he decidido hacer una retirada, yo no abandono a los compañeros cubanos, solamente que debo asegurar la responsabilidad delante del pueblo ruandés. No puedo exponer a todas las fuerzas de los camaradas ruandeses a ser aniquiladas, no sería un buen comandante revolucionario y un revolucionario, además marxista, debe analizar la situación y

evitar un combate de usura. Si todos los camaradas son aniquilados es mi falta, yo he buscado ayudar esta Revolución para
poder hacer otra en nuestro país; si los congoleses no luchan
prefiero morir en nuestro suelo destinado al pueblo ruandés, si
nosotros morimos en el camino, está bien también.

Reciba mis sentimientos revolucionarios,

Mundandi

El compañero Mundandi preparaba el abandono definitivo
de la lucha y esto nos preocupaba pues era el flanco donde
razonablemente debíamos esperar el ataque enemigo (en la zona
de Nganja) y allí es donde quedaríamos más debilitados ante la
deserción. Cuando pensábamos haber estabilizado nuestra zona de
defensa, se producía un nuevo resquebrajamiento.

EL FRENTE ORIENTAL ENTRA EN COMA

Corría ya el día 12 de noviembre, cuando recibí una carta de Massengo que transcribo:

Camarada:

De acuerdo con nuestra entrevista telefónica de ayer, no veo ningún inconveniente en la proposición del camarada Moja, es decir que esa proposición es buena.*

Sin embargo, insisto aún en hablar de mi proposición que consiste en:

Primero: poner a mi disposición algunos tiradores de armas pesadas, de los cuales el número será comunicado luego.

Segundo: darme a título de préstamo 50 fusiles FAL que cuento confiar a gente de confianza y de los cuales he aquí la repartición: 20 fusiles para los 20 combatientes no armados y acantonados en Ruandasi; 10 fusiles para la escala Kibamba; 20 fusiles para la barrera de Kavumbwe; 20 fusiles para combatientes que usted tendría a bien hacer descender de la Base.

Mi objetivo esencial es lanzar un asalto sobre Kazima y esto a pesar de las dificultades actuales. Estoy presto a asumir esta responsabilidad.

En las circunstancias actuales creo que los camaradas cubanos debían ocuparse sobre todo de la defensa de la base costera y Nganja. Creo que estará de acuerdo conmigo en todo lo que precede.

---

* Para defender la Base por el norte.

Esta carta tenía sus bemoles; dejando de lado la equivocación aritmética de pedir 50 fusiles y repartir 70, se basaba en cálculos hechos por la fantasía de los congoleses sobre nuestras reservas de fusiles FAL que contradecían las afirmaciones hechas por nosotros al propio Massengo; tuvimos hasta 15 fusiles que habíamos repartido entre los compañeros congoleses, en ese momento no había nada más que uno o dos de reserva. Los había repartido con bastantes dudas puesto que esas armas eran de compañeros que habían asumido la responsabilidad de manejar piezas pesadas y quedarían desarmados si perdíamos esas piezas o si nos veíamos obligados a retirarnos dejándolas en algún lugar seguro. Sin darnos crédito se insistía en el número de 50 o 70 y, después de asegurar que se asumía la responsabilidad del ataque, nos recomendaba dedicarnos a la defensa del Lago y de Nganja. Sucedía esto pocos días después de haberme nombrado jefe de Operaciones de la zona, con amplios poderes, lo que tácitamente quería decir que debía ocuparme de la defensa completa del frente. La desconfianza subsistía.

A las «infidelidades» de la carta había que agregar otras pequeñas cosas: la orden de sembrar minas antipersonales en algunos caminos de acceso, contra mi expreso pedido de aguantar la acción hasta poder coordinarla, para evitar accidentes a nuestras patrullas de exploradores y la negativa de Massengo a que Aly se concentrara en Kibamba con sus hombres para defender el sur de la base de un eventual ataque.

Hablé con el jefe del Estado Mayor una vez más y tampoco en esta oportunidad le comuniqué la actitud semioficial del gobierno de Tanzania. Recalqué la necesidad de seguir una estrategia para independizarnos del lago e insistí en que mi puesto de jefe de Operaciones era totalmente teórico; se hablaba del ataque a Kazima y se tomaba la responsabilidad de ese ataque, acto dentro de las atribuciones del jefe de Estado Mayor (aunque consideraba que no era el momento oportuno para hacerlo, más sin tener conocimiento exacto de las posiciones del enemigo, dadas las malísimas exploraciones de congoleses y cubanos), pero no podía admitir que se me relegara a la defensa de un sector porque, como fácilmente se comprende, la defensa debe ser algo armónico, único, con una reserva para llevar a los puntos de mayor peligro, dada la velocidad de los acontecimientos. Por último había recomendado varias veces que no se entregaran municiones ni armas a grupos fantasmas que no hacían más que perderlas. Afirmé que eran mentiras la mayoría de los informes sobre grandes acciones en Fizi y otros lugares.

El compañero Massengo se quejó de nuestra actitud en Kazima, ya que se provocó una situación de tensión ante la tentativa de hacer retroceder las fuerzas congolesas; esto era cierto, pues yo le había dado la orden a Moja de concentrar todos los cubanos en Kisoshi, manteniéndolos como fuerza de reserva y él interpretó que también fueran los congoleses; estos se negaron a obedecer y en la puja llegaron a hacer desaparecer algunas partes de un mortero que ahora quedaba incompleto en las manos del operador cubano.

Massengo se comprometía a llamar a Salumu para una entrevista con Moja y que este dirigiera el ataque proyectado mediante un plan sencillo: avance sobre uno de los puntos con emboscadas en otros por donde pudieran venir refuerzos o tratar de huir. Buscaba que el ataque fuera lo menos costoso posible si se producía una retirada precipitada, a la desbandada. Consintió también en permitir venir a Aly y estuvo de acuerdo en no dar más municiones sin una precisa idea de las necesidades que de ellas se tuvieran.

En el curso de la conversación, le entregué la carta de Mundandi y, lleno de furia, dijo que él personalmente iba a ir al día siguiente a desarmarlo; como conocía las características de los compañeros ruandeses, escribí inmediatamente a Mbili para que preparara las cosas, les pidiera las armas pesadas que mantenían en su poder y les dijera que yo les garantizaba que podían cruzar a Kigoma si nos entregaban todas las armas. Pensaba influir sobre Massengo para que se produjera ese tránsito feliz, queriendo evitar que hubiera algún derramamiento de sangre inútil en días tan tensos. No llegó la sangre al río, porque Massengo no pudo salir, prometió enviar a un comisario político, y por fin nadie fue a desarmar a Mundandi.

También tuvimos una conversación sobre Kabila en la que Massengo me aseguraba que vendría en días próximos. Mi respuesta fue terminante: Kabila no cruzaría, y no lo haría porque veía que esto se acababa y no tenía interés en hacerlo en esas condiciones. La conversación sobre este punto sensible, era penosa debido a que estaban presentes otros compañeros, pero fui claro en cuanto a mi opinión sobre la llegada del jefe supremo.

A todo esto continuaba la acción disolvente de la gente de Fizi, como si estuviéramos en período de elecciones en un país sin guerra. Llegaron dos o tres comunicaciones más, intimándome en una de ellas a asistir a la reunión del día 15 y enviar acuse de recibo; di respuesta explicando que consideraba una pérdida de tiempo esa reunión y que me era imposible asistir cuando había que defender la base a todo trance y que consideraba esos hechos como una insurrección contra el poder revolucionario; mi gobierno no me había mandado para participar en ese tipo de actividades. Hasta tal extremo llegaban las cosas que, en una de las cartas, acusando a Massengo de asesino, le daban, no obstante, garantías de que iban a respetar su vida los días que estuviera en Fizi. Los miembros del ejército le daban garantías al jefe del Estado Mayor de respetar su vida, nada menos. Ese era el estado de cosas existente.

El ministro de Salud Pública, el compañero Mutchungo, demostraba también estar fuera de la realidad; envió algunas cartas que provocaron respuestas violentas de parte mía y vino a tener una explicación sobre las mismas.

En una de ellas me comunicaba que Lambert le había escrito

denunciando la sustracción de las armas pesadas por parte nuestra y pedía que se las devolviéramos para hacer algunas acciones; tuve que enfrascarme en una larga explicación de cuál había sido la actitud de Lambert en todo ese trajín. Una segunda, se refería a una reunión campesina cerca de allí, en Jungo, comunicándome los resultados de la reunión, ya que yo no había asistido. No había recibido citación ni tenía por qué ir a estas reuniones campesinas que no estaban encuadradas dentro de mi trabajo, pero el pliego de peticiones llegaba a un grado tal de lo absurdo que debía haber provocado una reacción del compañero Mutchungo. Para no dar más que un botón de muestra, el punto tres decía:

> Pedido a los amigos:
> Cada país amigo deberá enviarnos 12 000 voluntarios. Se trata de países revolucionarios. Tshombe nos combate con la ayuda de extranjeros.

Suponiendo que fueran dos o tres los países amigos, pedían de 24 000 a 36 000 hombres, lo que podía considerarse como un juego de niños tratándose de una reunión de campesinos con un grado de desarrollo mínimo y desesperados por la situación, pero que debía haber provocado alguna reacción en el compañero Mutchungo dado su cargo de ministro de Salud Pública y alto representante del Consejo Supremo de la Revolución.

Después de señalarle lo infantil de la proposición, le pregunté si conocía la actitud disolvente de los compañeros de Fizi. Me contestó que él había escuchado algo, pero lo que sabía era que venían 300 hombres en marcha de Fizi para reforzar y salvar a Kibamba; ante estas afirmaciones no fue posible seguir discutiendo tópicos parecidos. Entrando en el terreno personal, se quejó de la actitud de Massengo, afirmando que él tenía una mujer y seis hijos y que se negaban a evacuárselos, por lo cual se le creaba una situación muy difícil. De esto hablé con Massengo y se resolvió que todas las mujeres y niños de los combatientes serían evacuados para Kigoma en la primera oportunidad que se presentara.

En la madrugada del día 14 cruzó Changa el lago, esta vez sin contratiempos, trayendo abundantes víveres y un mensaje de Rafael en que me explicaba que la situación seguía igual en cuanto a la actitud del gobierno de Tanzania, que estaba esperando una respuesta nuestra; no había dado señales de pretender apresurar las cosas ni de cambiar de actitud. Preguntaba Rafael si me parecía correcto empezar a trabajar para establecer una base clandestina, debido a la actitud de las autoridades de Tanzania y le contesté inmediatamente que sí, que debía hacerse.

Ese día, Massengo, que aún no conocía la decisión explícita de Tanzania, mandó el siguiente telegrama, el cual ilustra la situación general y su estado de ánimo particular:

Kabila:

Situación militar muy grave. Front Mundandi está invadido por el enemigo. El enemigo avanza sobre Nganja hacia la base. Mundandi, Calixte y Mbili han tomado posición en Nganja. Tememos infiltración del enemigo por muchos caminos hacia la base. Te informo falta de comida. Manden urgente frijoles, arroz, sal. Insistimos sobre envío inmediato de armas y parque .30 y máuser, «pepechá», morteros, proyectiles cañón, bazuca, antitanque y espoletas minas. Posibilidad envolvimiento ofensiva enemigo por Mukundi favorable. Por falta de abastecimiento inmediato corremos riesgo aniquilamiento general nuestra fuerza. Pido intervención enérgica dirigida autoridades Tanzania. Consideramos ahogamiento Revolución Congolesa negligencia países africanos. Considere este último llamamiento. Para impedir hambre envía ayuda financiera.

Massengo

Salvo la optimista declaración sobre la posibilidad de una ofensiva en Mukundi, sobre la cual carecía de datos, el telegrama de Massengo resumía la situación. Había telegramas nuestros que daban casi la sensación de pánico, un poco para hacer mover a los compañeros, otro poco producto de la situación. A una consulta de nuestro funcionario en Kigoma sobre un pedido de Kabila para ir a Dar es-Salaam, le contestaba:

> Imprescindible que vengan hoy (se trata de los barcos), tenemos hambre, estamos rodeados, Kabila puede ir.

Los S.O.S. circulaban a toda su capacidad de patetismo. Entre la impedimenta que traía Changa venían 40 congoleses de los que estuvieron estudiando en la Unión Soviética; cargados de razones, pidieron como primera medida 15 días de vacaciones, quejándose entre otras cosas de que no tenían dónde dejar las maletas y de que no había armas dispuestas para ellos; resultaría un poco cómico si no fuera tan triste ver la disposición de esos muchachos en los que la Revolución había depositado su fe.

Massengo ponía enseguida bajo mis órdenes a estos elementos y para mí la única satisfacción era «leerles la cartilla» con toda claridad, ya que podíamos hablar en francés, pero no se encontraba un átomo de espíritu revolucionario en ellos. Hice subir los jefes a la Base Superior y les planteé las cosas muy duramente, anunciándoles que serían examinados en tiro y los que pasaran la prueba irían inmediatamente al frente, si estaban dispuestos a hacerlo, los recibiría, si no debían retirarse ahora porque no quería perder el tiempo (no había tiempo que perder). El jefe de ellos, bastante más razonable, aceptó las condiciones y en los días siguientes subieron a la base para reforzarnos en la defensa o, mejor dicho, para tomar las armas de algunos que huyeran, porque venían desarmados.

Mbili enviaba las últimas informaciones: los exploradores vieron a los guardias cerca del camino de Jungo, por lo que mandó a algunos compañeros a sembrar minas en la entrada del camino. Esta siembra ponía en peligro a nuestros hombres, ya que Mbili lo hacía por un lado y yo había mandado a hacer exploraciones por otro lado en la misma dirección, solamente por casualidad no explotó alguna en los pies de nuestros hombres. La maquinaria estaba sin piloto y cada pieza se movía por su impulso propio.

Desde la zona de Nganja-Kananga, se podía salir por cuatro caminos diferentes al Lago; no sabíamos por cuál haría el esfuerzo el enemigo, o si lo haría por todos. Nos aventajaban hasta en el conocimiento del terreno; tenían los mejores prácticos, los campesinos de la zona que vivían entre ellos y les suministraban comida. Esta vez los soldados habían aprendido algunas lecciones de la lucha antiguerrillera y parece que trataban con toda deferencia a los campesinos, mientras nosotros pagábamos los errores de nuestra actitud anterior soportando las consecuencias en su infidelidad actual.

Siguiendo su costumbre de enviarme todos los grupos de hombres que aparecían por allí, Massengo me hizo el obsequio de siete «suicidas» cuyas ansias de destrucción estaban encaminadas a hundir un barco de transporte que une Albertville y Kigoma. Les expliqué que esa era una acción relativamente fácil de hacer ya que los barcos no van convoyados, en cualquier momento podíamos realizarla, pero consideraba muy inoportuno hacerlo ahora, cuando las relaciones con Tanzania estaban tan frías, pues podía tomar esto como pretexto para poner nuevas restricciones, pero yo tenía otro trabajo para ellos; cruzar detrás de las líneas del enemigo con algunos cubanos, hacer acciones y apoderarse de armas, pero debían estar sujetos a una estricta disciplina. Me contestaron que lo pensarían y no tuve más noticias de ellos.

Changa tenía dificultades para cruzar el lago; cada vez había más barcos vigilando y su tripulación congolesa no estaba en disposición de ánimo para enfrentarse a los peligros del cruce. Se sucedían situaciones enojosas, porque se había dado la orden de evacuación de las mujeres y los niños, pero entre estos había algunos grandecitos, de 20 a 25 años, que con violentos empujones desplazaban a cualquier otro y quedaban dueños de la situación. Como el barco hizo tentativas de salir dos o tres veces, noche a noche se produjeron situaciones de este tipo provocando roces con nuestros hombres, responsables de la seguridad del barco, y más desánimo entre ellos.

De Kabila llegó un mensaje que decía:

> Massengo, transmito tu mensaje a los tanzanos; salgo hoy para Tabora y vuelvo enseguida con armas y parque. Te envío todo el resto del dinero congolés. Ahogamiento de nuestra lucha complot de las autoridades de aquí con los imperialistas. No hay dinero.
>
> *Kabila*

Kabila anunciaba que iba a Tabora pero a nosotros nos había dicho que iba para Dar es-Salaam como, efectivamente, lo hizo; fue a discutir con las autoridades, pero en el momento del desastre no estaba presente en Kigoma sino que estaba en Dar es-Salaam.

El día 16 de noviembre recibió el compañero Siki una carta de Azima, en estos términos:

> Compañero Siki:
>
> Las siguientes líneas son para explicar que yo solo tengo 16 congoleses y nueve cubanos, la retirada es muy difícil y la posición que tenemos es completamente descubierta; no hay retirada alguna para ocultarse de la aviación. Los congoleses plantearon irse; que ellos no iban a pelear, yo los tengo a la cañona aquí, desde cuando empiecen a avanzar los soldados se van a ir. Yo le explico a usted esto porque la situación es dura, perdone usted esta frase pero creo que estoy apendejado. Nosotros estamos obligando a un personal que no quiere

pelear y yo creo que eso no es lógico; sinceramente yo creo que esto no es correcto de obligarlos. Yo no tengo esos grandes conocimientos pero veo esto muy mal. Tampoco hay comida, hay crisis de carne, no hay nada para darles de comer y también llueve todos los días, desde por la mañana empieza a caer agua y no hay adonde alojarse. Bueno perdone usted la falta de ortografía que haya.

Azima

Consideré muy grave esa carta y di órdenes a Siki de que fuera a investigar. La opinión de él era que se debía a un exabrupto del compañero Azima, que los tenía frecuentemente. Por las dudas, hice subir a Kisua, el segundo de Aly que ya había arribado con sus hombres de Kibamba, para que se hiciera cargo de la defensa en caso de que el estado de Azima se viera muy débil.

Simultáneamente con Aly, llegó «Tremendo Punto» que había viajado con él y me envió una carta donde me explicaba que la situación de tirantez existente en Kabimba se debía al carácter de Aly y narraba algunos incidentes que había tenido. Manifestaba que él había hecho todo lo posible por crear la unidad; el trato con los demás cubanos era amistoso, pero Aly y el mayor no se ponían de acuerdo. Después me reiteró personalmente estas afirmaciones, agregando anécdotas, pero Aly reaccionaba violentamente frente a las imputaciones, recordando entre otras cosas, un episodio cómico debido a la imprudencia de «Tremendo Punto»: este insistió en salir de día por el lago, contra la opinión de Aly, apareciendo un avión en el horizonte apenas salidos de la orilla; el compañero «Tremendo Punto» se tiró como una exhalación al agua con tanta fuerza que tumbó la canoa, pero lo más grave fue que Aly no sabe nadar y casi se ahoga. Su resentimiento contra «Tremendo Punto», expresado en los frecuentes cortes en la narración que producían su gaguera más la indignación, era de mucha comicidad en esos momentos trágicos.

Mbili me envía las últimas informaciones explicando las medidas que ha tomado en el entronque a Jungo y anunciando que hubo un avance del enemigo y ni los congoleses ni los ruandeses ocuparon sus posiciones. Había ocho cubanos en cada una de las dos alas en que se dividía la defensa y no se podía contar con muchos defensores más; los comandantes Calixte y Huseini se quedaban en la retaguardia a pesar de las instancias para que acompañaran a sus hombres; Mbili no confía más que en los cubanos, y tampoco completamente en ellos, para la defensa de ese punto. Enfrente se puede calcular que hay unos 400 guardias y da la impresión de que han llegado refuerzos.

Esta era la situación del día 16 de noviembre en que se enviaron distintos telegramas; uno de ellos firmado por mí, decía:

> Rafael, necesitamos urgente balas SKS, proyectiles de cañón 75 milímetros, de bazuca china. Si fuera posible 200 fusiles con su parque. Lo primero es importantísimo y están bloqueando en Kigoma. Si no lo van a dar deben decirlo con franqueza. Insiste en lenguaje claro. Changa no puede salir de aquí. Hay barcos enemigos. Necesitamos que se muevan rápido.

Massengo mandaba este otro:

> Me encuentro imposibilitado de ejecutar ofensiva. Por tanto plan de evacuación cerco enemigo imposible. Insisto sobre gravedad situación. Pido urgente información sobre posibilidad abastecimiento, armas y parque.
>
> *Massengo*

La situación se complicaba por momentos y no se observaba signo favorable por ninguna parte, simplemente había que esperar a ver cuáles eran las fuerzas del enemigo, su real decisión de llevar las cosas hasta el final.

EL DESPLOME

Siki volvía de realizar el viaje de inspección y me informaba que había encontrado aquello bastante bien; las posiciones defensivas eran buenas y se podía combatir mientras se efectuaba una retirada paulatina, dado que no era razonable hacer una defensa inmóvil con combatientes de tan baja moral. Informaba que en los congoleses no se podía confiar pero los ruandeses habían reaccionado bastante bien e iban a apoyar a Mbili; lo único que podían era no mezclarse con aquellos; habían dado toda clase de seguridades de lealtad. Azima enviaba un mensaje personal, jurando que iba a defender ese lugar como un pedacito de Cuba; no era necesario el reemplazo.

Siki había salido temprano por la mañana. No había acabado de hacer todo el informe y sentarse a descansar de las fatigas del viaje, cuando llegó un mensajero con la siguiente carta de Mbili, dividida en dos partes; la primera fechada a las 09:00 hrs.

Tatu:

Los congoleses que quedaron se negaron a hacer las trincheras y el que tengo de jefe de ellos plantea ir a atacar a los guardias que, según él, era mejor que hacer trincheras. Nosotros mandamos a Charles a que le hablara explicándole que era mejor hacer las trincheras, hubo una fuerte discusión entre Charles y el jefe de los congos, se tiraron unos piñazos y el jefe cogió el fusil para matar a Charles, nosotros le quitamos el fusil. Este le dijo a Charles que estaba de parte de los cubanos, que los cubanos eran malos y que Charles era igual, y que cuando los guardias vinieran ellos se iban a retirar y nos iban a tirar a nosotros. Esto se debe a que uno de los jefes que está aquí fue el que me dijo en la emboscada que los cubanos éramos malos,* creo que aquí ha seguido insistiendo; la actitud de los congoleses es de franca hostilidad y se manifiesta en no hacer nada.

Importante, 11:15 hrs.

Tatu:

Todos los ruandeses se fueron. A las 10:00 hrs. me dieron la noticia. Mandé a verificar a Akika y efectivamente, se fueron ayer, convenimos un plan y hoy, sin decirme nada, se fueron, creo que rumbo a su país, ya que lo plantearon en días anteriores.

Cuando llegó la noticia el ayudante de Mundandi estaba conmigo, se lo dije, se asombró, se fue y no regresó más. Según veo se llevaron las armas y no me dijeron nada, ayer quedaron en reforzarme con 10 hombres y una ametralladora de carrito, ya que los congos se fueron y no vino nadie, mandé a averiguar por Calixte y nadie lo ha visto, y nadie sabe informarme dónde está.

Esto puede ser una traición, le propongo retirarnos un poco más atrás como tenemos planeado, dividirnos en dos grupos, tomar nuevas posiciones y minar el camino, necesitamos refuerzos urgentes, voy a tomar medidas de precaución en caso de traición. El compañero que traiga la respuesta que venga por el camino nuevo. Patria o muerte.

Nota: Los congos aquí ya saben la noticia y se van.

Después de algunas horas, la aviación ametrallaría las posiciones ocupadas por Mbili anteriormente, pero este se había retirado; puede ser esto una coincidencia o simplemente traición.

---

* En los días de la emboscada de Katenga ese jefe había solicitado los hombres con los mismos argumentos.

Empezamos a buscar hombres con que reforzarnos, desarmábamos a algunos que venían huyendo hacia la base y le dábamos el arma a otro. Este cambalache no prometía mucho, pero era lo que se podía hacer, teníamos en cada una de las emboscadas ocho cubanos y, aproximadamente, unos 10 congoleses.

Los nuevos reclutas, los estudiantes llegados de la Unión Soviética, fueron informados de que tenían que ir a la primera línea y manifestaron que ellos no podían ir divididos, tenían que hacerlo todos juntos, pero tras la correspondiente descarga y conminación (iban o se retiraban de ahí), hubo unos cuantos dispuestos a ocupar la primera línea.

«Tremendo Punto» llegó por la tarde con un compañero cuyo nombre, lamentablemente, no recuerdo y no dejé apuntado, parecía inteligente y quería hacer algo, solo que no tenía ninguna experiencia. Hablamos de muchas cosas pero lo fundamental fue esta afirmación mía:

> Estamos frente a una situación de desmoronamiento total; se puede tomar una de las dos actitudes: hacer una defensa elástica, ir cediendo terreno y retirarnos hacia otro punto o, simplemente, hacer una defensa rígida, luchar hasta el límite de nuestras fuerzas; lo que no podemos hacer es estar cruzados de brazos esperando que los guardias avancen hasta un nuevo lugar y nos lo quiten sin combate, provocando la deserción de más hombres.

Esa táctica (o falta de táctica) iba a conducir a que perdiéramos todo y quedáramos completamente desorganizados. El compañero de «Tremendo Punto», pidió la palabra para decir que, si había dos posibilidades, él elegiría inmediatamente la defensa rígida. Los cubanos que estaban conmigo lo miraron como para matarlo o para comérselo; a mí me dio pena. El lugar, las circunstancias, aconsejaban una defensa rígida, pero una defensa rígida, ¿con quién?

Los congoleses y los ruandeses se habían ido. ¿Podía exigirle a los cubanos que murieran en sus trincheras para defender ese pedazo de nada? Y, todavía más importante; si lo hicieran, ¿daría algún resultado? En realidad había expuesto lo de la defensa rígida como una alternativa pedagógica; lo único que se podía hacer era «dejar una raya».

«Tremendo Punto» bajó esa misma noche a pesar de la inclemencia del tiempo para hablar con Massengo, y yo lo hice al día siguiente. Participaron en la discusión, «Tremendo Punto», el compañero cuyo nombre no recuerdo, el compañero Kent, de Kenia, incorporado al Ejército de Liberación, Charles Bemba, que había ido a informar de sus cuitas, y algún otro. Se deliberó sobre las posibilidades de lucha; descartando la defensa rígida porque, en definitiva, confesé que había muy poca gente, la nuestra solamente, y no podía confiar totalmente en ella y se descartó la retirada hacia Fizi por las condiciones imperantes allí. Quedaban como posibles lugares de refugio, Uvira, para ir al cual se debía marchar por el lago, una ruta peligrosa, o a pie, atravesando las líneas del enemigo y pasando por el territorio de Fizi en una marcha muy larga y difícil, y el sur, donde había algunos pueblos como Bondo, que ofrecían posibilidades de organizar la defensa. Se decidió que Aly y Moja fueran a hacer una exploración rápida de Bondo; en un día debían ir y tomar la decisión. Aly atribuyó eso a un nuevo «embarque» de «Tremendo Punto», ya que, según él, era una posición mala. Tuve un pequeño altercado con Aly, que refunfuñaba diciendo que ya estaba bueno de estar corriendo lomas sin tener la cooperación de esa gente; le contesté cortantemente que organizaríamos la evacuación desde Bondo y que él podía salir con el grupo que dejara la lucha. Replicó inmediatamente que se quedaba conmigo hasta el final pero, para no perder, agregó: «correteando por las lomas 20 años».

Me pareció oportuno informarle al compañero Massengo de

la decisión tomada por Tanzania, pues no consideraba correcto mantenerlo más tiempo en secreto. La actitud de ese gobierno no era honesta; se podía admitir que con nosotros había sido correcta, pero había un procedimiento revolucionario, al cual se debían, que no cumplieron. Le dije a Massengo que hacía unos días había recibido el cable en que se me comunicaba la decisión del gobierno, pero había tratado de que no se hiciera público, incluso entre los cubanos, dada la situación existente; en esos momentos se lo decía a él solo para que sacara conclusiones. Parece que inmediatamente discutió con los compañeros, pues al anochecer llegó «Tremendo Punto»; me informó que Massengo había venido a hablar conmigo para plantear el cese de la lucha, pero como yo le había hablado de la evacuación hacia otro punto y de toda una serie de tareas que teníamos por delante, no se había animado a hacerlo; todos los compañeros responsables estaban de acuerdo en el cese de la lucha por ahora.

Le respondí que esa era una decisión muy seria; había hombres en Fizi y en Mukundi, dentro de ese frente, organizados todavía; además estaban los de Uvira y quedaba el frente de Mulele; en cuanto nos fuéramos las tropas enemigas estarían libres para atacar esas agrupaciones; nuestra fuga contribuiría a su dispersión pues sabíamos que no tenían fuerzas para resistir. Le pedía que me diera una carta, donde Massengo expusiera esa decisión. «Tremendo Punto» se mostró asombrado y algo dolido, pero insistí; le dije que había una cosa llamada historia que se compone a partir de muchos datos fragmentarios y puede ser tergiversada. En suma, quería tener esa carta en la mano por si alguna vez se malinterpretaba nuestra actuación y le recordé los últimos antecedentes de calumnias contra nosotros, para reforzar los argumentos. Contestó que esa era una exigencia dura y no sabía si Massengo la aceptaría. Para mí era claro que si Massengo no aceptaba darme esa carta consideraba que estaba haciendo algo incorrecto y la responsabilidad de esa retirada nunca podía ser nuestra. Así se lo dije.

La conversación quedó trunca pues «Tremendo Punto» fue a conferenciar con sus compañeros. En eso llegó una llamada telefónica de la Base Superior; los guardias habían avanzado y Azima se había retirado sin combatir, eran muchos y venían en tres columnas, fueron atacados durante la retirada no sufriendo bajas, pero, el observador, al parecer se había refugiado del ataque de la aviación que había precedido el avance y no vio venir a los guardias; tenían pocas esperanzas de que se hubiera salvado; Suleman era su nombre. El otro vigía, un congolés que estaba con él, tampoco apareció.

Me dirigí inmediatamente a informarle esto a Massengo y propuse organizar una retirada inmediata, lo que fue aceptado; «Tremendo Punto» tomó la palabra para decir que habían discutido y que debíamos retirarnos definitivamente. El jefe de la Policía Militar estaba allí y escuchó la conversación; a los cinco minutos habían desaparecido todos los telefonistas, toda la policía militar había huido y el caos estaba entronizado en la base.

Propuse a Massengo que él lidiara con su gente y yo organizaría la retirada desde todos los puntos donde estaban los cubanos; se hizo así y di órdenes de que se guardaran en los refugios previamente preparados todos los equipos, incluyendo el transmisor, salieran esa misma noche quemando todo lo que quedara, escondieran las municiones y las armas pesadas; yo los esperaría abajo. Había que transportar el transmisor portátil con el cual ya habíamos hecho comunicación con Kigoma y, desde la Base Superior por lo menos, se recibía bien y se lograba llegar, a pesar de que las características del equipo estaban consignadas para 20 kilómetros y había unos 70 hasta el puerto tanzano.

En el intervalo, se habían pasado por radio una serie de telegramas que mostraban la situación; en noviembre 18, este:

Rafael:

La situación se derrumba, tropas enteras y campesinos se pasan al enemigo. No hay tropas congolesas seguras. Desde hoy nuestra salida al aire por la planta principal puede interrumpirse, mantendremos comunicación con Kigoma por planta auxiliar. Changa aquí por dificultades mecánicas. Urge tripulación y lanchas en buen estado.

Sin embargo por fin había podido cruzar Changa, con un tremendo cargamento de mujeres y niños, que provocó un altercado con el comisionado de Kigoma, pues este decía que le traíamos nada más que vagos y parásitos, que teníamos que llevarlos de nuevo a la zona de donde venían; cosa que, por supuesto, no hicimos.

En esa misma fecha, enviaba Rafael un telegrama, en que expresaba lo siguiente:

Tatu:

Segunda conversación con Kawawa le planteamos con energía la situación y demandamos entrega inmediata de materiales, prometió resolver antes de irse para Corea. Vimos en el camino a Kigoma un camión con muy pocas cosas para allá. Hablamos con Cambona ayer, prometió ocuparse y darnos respuesta hoy de conversación con el presidente. Fue planteamiento directo y definitivo responsabilizándolos con consecuencias. Hablamos con soviéticos y chinos imponiéndolos de la situación de burla con la entrega de material que ellos han mandado. Proponemos hablar con embajadores de RAU [República Árabe Unida], Ghana y Mali para decirles que por acuerdo de [la Conferencia de] Accra, Tanzania no entrega materiales a nacionalistas que resisten mercenarios blancos, que responsabilidad aniquilamiento caerá sobre dirigentes africanos y gobierno de Tanzania. Kabila en coordinación con nosotros entrevístase con figuras gobierno haciendo los mismos planteamientos, también con chinos y soviéticos en igual sentido.

Le envié esta respuesta:

Rafael:

Queremos saber resultado de último informe a Cuba sobre Comisión para discutir con gobierno de Tanzania. Sobre asunto a discutir con gobierno de Ghana, Mali, RAU hacerlo en forma de pregunta. Cuál fue el acuerdo en realidad y si era dejarnos en las condiciones en que estamos. Pensamos gestiones estás haciendo van a llegar tarde. Eso demoraría alrededor de un mes, esto no da para eso. Pensamos evacuar este lugar y hacer evacuación de la mayoría de cubanos como segunda etapa. Quedaremos un grupo pequeño como símbolo del prestigio de Cuba. Informa a Cuba.

Mi intención era enviar a los enfermos, a los débiles y todos los que estuvieran «flojos de piernas» y quedarme con un grupo pequeño para continuar la lucha. Con vista a ese objetivo efectué un pequeño «test de decisión» entre los compañeros combatientes, el cual arrojó resultados desalentadores, casi nadie estaba dispuesto a seguir luchando, si eso dependía de su propia decisión.

Entre los problemas de evacuación que se planteaban, uno era que Maffu había mandado dos de sus hombres a hacer una exploración sobre Kazima y esos hombres no habían regresado; se decidió que otro compañero saliera a localizarlos y todos vinieran en el más corto tiempo.

Debían dejar bien guardadas las armas pesadas que no pudieran transportar y trasladarse con el resto; algunos compañeros como Mbili y su grupo, debían hacer una larguísima marcha si queríamos abandonar la base inferior por la madrugada. Calculaba, de acuerdo con las características de los ataques enemigos, que nos dejarían un día de descanso para luego intentar otras maniobras; eso nos permitiría salir con relativa facilidad, pero debíamos tomar medidas para eludir el contacto y poder salvar la mayoría de las cosas.

Nuestros enfermos —tres— junto con Ngenje, el encargado de la base, salieron en barco rumbo a un pueblecito llamado Mukungo, donde pensábamos organizar la resistencia, llevando con ellos algunas armas pesadas del equipo de Azi, no todas porque la disolución atacó también la parte congolesa de nuestras fuerzas y quedó mucha cosa regada. Los congoleses se encaminaban hacia la zona de Fizi; al principio tuve intención de atajarlos pero, pensándolo mejor, di orden de que se dejara ir a todo el que quisiera, pues en el momento de la evacuación, si esta se producía, no podríamos llevar a todo el mundo.

En la madrugada dimos fuego a la casa que nos había servido de habitación durante casi siete meses; había mucho papel, muchos documentos que podían quedar olvidados y era mejor liquidar todo de una vez. Al poco tiempo, ya de día, empezaron a arder los polvorines por una decisión inconsulta, pues ni Massengo ni yo dimos órdenes en ese sentido, al contrario había tratado de convencer a los congoleses de la importancia del traslado del material, si no se podía hasta la nueva base por lo menos hasta el monte cercano. Nada de eso se hizo y alguien le dio candela perdiéndose un material importante. Observaba los fuegos artificiales del valioso cargamento ardiendo y explotando, desde la primera loma del camino a Jungo, mientras esperaba a los rezagados. Estos eran muchos y venían con un cansancio que parecía de siglos, con una falta de vitalidad alarmante; dejaban piezas de las armas pesadas buscando aliviar el peso, sin importarles lo que pudiera significar el arma en un combate. Prácticamente no quedaban congoleses en los grupos y todo lo traían los cubanos; les insistí en la necesidad de cuidar esas armas, vitales para nosotros si teníamos que aguantar un último ataque, y salieron los hombres arrastrando los pies y haciendo frecuentes paradas, con la carga de un cañón y una ametralladora, habiendo dejado dos por el camino.

Estaba esperando el equipo de comunicaciones; a las 06:00 hrs.

debíamos intentar la primera comunicación y observaba al jefe del equipo, Tuma, que venía bajando la loma opuesta desde la Base Superior hasta el Lago. Aquello era desesperante; una loma que se baja en 10 minutos, los compañeros emplearon tres horas para hacerlo, y debieron tomar aliento antes de seguir caminando. Les ordené que dejaran todo lo superfluo y trataran de caminar más rápido; entre las cosas superfluas que dejaban, el telegrafista olvidó la clave y hubo que mandarla a buscar. Hablé seriamente con los operadores, haciéndoles ver la importancia que tenían para la comunicación, e incitándolos a hacer un nuevo esfuerzo para llegar al punto de concentración. Tentamos hacer la comunicación habitual de las 10:00 hrs. y fracasamos. Seguimos al paso lento que imponían los tres compañeros; totalmente inhabituados a caminar en las lomas, marchaban solamente con el espíritu.

Habíamos avanzado bastante poco; un caminador normal debe hacer entre Kibamba, donde estaba nuestra base, y Jungo, tres o cuatro horas. A las tres de la tarde, cuando debíamos hacer la segunda comunicación con Kigoma, todavía estábamos relativamente lejos del punto de concentración. A esa hora logramos pasar y que nos recibieran, el siguiente mensaje:

> Changa:
>
> Perdimos la base, actuamos con el equipo de emergencia, contesten urgente si pueden venir esta noche.

Después un segundo mensaje:

> Changa:
>
> Hoy aún el enemigo no está en la costa, nuestra posición es Yunga unos 10 kilómetros al sur de Kibamba. Massengo decidió abandonar la lucha y lo mejor para nosotros es salir cuanto antes.

La expresión de todos los compañeros presentes cuando se escuchó el «comprendido» del Lago, cambió como si una varita mágica hubiera tocado los rostros. Nuestro último mensaje fue para preguntar si Changa había llegado. Los mensajes se preparaban en clave y había que descifrarlos y cifrar la respuesta. La contestación —aparente— fue: «Aquí no ha llegado nadie». Acto seguido manifestaron tener dificultades con la planta y se fueron del aire. El mensaje quería decir que no había llegado la tripulación esperada y estaba cifrado desde antes, pero cuadraba con nuestra pregunta. Parecía que Changa había tenido dificultades en el lago (sobrevolado ese día por aviones enemigos) lo que implicaría la pérdida de los botes y, por ende, de la posibilidad de salir; las caras volvieron a ser cubiertas por la máscara de cansancio y ansiedad. Hicimos otro intento de contacto a las siete y se fracasó; las condiciones del lago permitían solamente una buena transmisión, para nuestro pequeño aparato, a las tres de la tarde.

Llegamos a Jungo a dormir; imperaba el desorden; ni comida habían preparado. Hicimos el recuento de los hombres; nos faltaban cuatro, el vigía que se había perdido cuando el avance de los guardias, los dos que estaban en la exploración de Kazima y un cuarto que venía en uno de los grupos desde la Base Superior, e, inexplicablemente, había desaparecido sin que nadie pudiera dar noticias de él. A los hombres de Kazima se les había enviado un compañero para que los buscaran, pero el encargado de hacerlo había regresado sin encontrarlos. Desesperado por la idea de quedarse, hizo un recorrido superficial y retornó; el cálculo de las horas empleadas así lo indicaban, pero no le dije nada, pues nada se remediaba. Organizamos un grupo al mando de Rebokate para que fuera a tomar el camino que venía de Nganja por la montaña y tener así dominados los dos puntos por donde podían aparecer los guardias, el alto y el lago. Cuando los hombres se dirigían hacia su destino, se oyó una explosión en la cumbre de la loma por la que pasaba el camino. Como estaba minado el terreno, pensamos que eran los guardias avanzando, ya no teníamos tiempo de organizar la defensa en el alto. Tomamos algunos firmes, estructurando una defensa reducida y seguimos caminando hacia Sele, pueblo situado bastante cerca de Jungo.

Los intentos de comunicación de las 06:00 hrs. y el de las 10:00 hrs. del día 20 de noviembre, fracasaron también. El paso de los telegrafistas era tan lento que llegamos al mediodía a Sele, cuando el recorrido se debe hacer en no más de una hora. Allí estaba la mayoría de la gente reunida y teníamos algo con que aplacar el hambre. Al atardecer llegó Banhir, el hombre que había quedado rezagado en la marcha. Había caído sufriendo un esguince, le pidió a un compañero que avisara para que fueran a buscarle su mochila y, esperando, se quedó allí; el otro no cumplió su encargo, o lo dio mal, y por la mañana todavía estaba en el punto donde había sufrido el accidente, completamente solo, estuvo en la base hasta las nueve de la mañana del día 20, hora en que la dejó creyendo que ya había perdido contacto con nosotros. No habían entrado los guardias en la base; todos los caminos estaban desiertos, todas las casas abandonadas.

A las 14:30 hrs. hicimos contacto con Kigoma; el parte enviado decía:

Changa:

Total de hombres a evacuar menos de 200, cada día que pase será más difícil. El punto Sele en el que estamos, está a 10 ó 15 kilómetros al sur de Kibamba.

Y se recibía el mensaje anhelado:

Tatu:

Esta noche se decide el cruce. Ayer el comisionado no nos dejó cruzar.

La gente estaba eufórica. Hablé con Massengo; le propuse salir desde ese mismo punto por la noche. Debido a que había muchos congoleses, se hizo una reunión de Estado Mayor en la cual se resolvió que Jean Paulis quedaría en el Congo con sus hombres y nosotros y los distintos jefes evacuaríamos; la tropa autóctona quedaría allí, pero no se le diría de la intención de retirarnos, sino que se le enviaría con distintos pretextos al pueblo cercano. Llegó un barquichuelo de los que todavía teníamos para hacer travesías entre diversos puntos del lago y se llevó una buena parte de congoleses, pero los que estaban incorporados a nuestra tropa se olieron algo y querían quedarse; ordené hacer una selección de los que habían demostrado mejor comportamiento hasta ese momento para llevarlos como cubanos; Massengo daba su autorización para hacer lo que me pareciera.

Para mí la situación era decisiva; dos hombres a los que habíamos enviado a una misión, por cumplirla correcta y exhaustivamente quedarían abandonados si no llegaban dentro de pocas horas;*[60] apenas nos fuéramos caería sobre nosotros el peso de todas las calumnias, dentro y fuera del Congo; mi tropa era un conglomerado heterogéneo, podía extraer, según mis investigaciones, hasta 20 hombres que me siguieran, a estas alturas con el ceño fruncido. Y después, ¿qué haría? Todos los jefes se retiraban, los campesinos demostraban cada vez más hostilidad hacia nosotros. Pero la idea de desalojar completamente e irnos como habíamos venido, dejando allí campesinos indefensos y hombres, armados pero indefensos, dada su poca capacidad de lucha, derrotados y con la sensación de haber sido traicionados, me dolía profundamente.

Para mí quedarme en el Congo no era un sacrificio, ni uno, ni

---

* Fueron rescatados un mes más tarde por un grupo de voluntarios integrado por Ishirini, Achali, Aja, Arasili y Adabu, bajo la responsabilidad de Siki y con la cooperación de Changa y el grupo de marinos llegados a última hora.

los cinco años con que había atemorizado a mi gente; era parte de una idea de lucha que estaba totalmente organizada en mi cerebro. Podía contar razonablemente con que seis u ocho hombres me acompañarían sin el ceño fruncido; el resto lo haría por un deber, algunos de tipo personal hacia mí, otros moral hacia la Revolución, y sacrificaría gente que no podría luchar con entusiasmo. No hacía mucho, ahí mismo, había podido palpar esto: irrumpí en una conversación en la que se dirigieron a mí para interrogarme, en tono jocoso, sobre algunos de los dirigentes congoleses y mi respuesta fue violenta; les dije que había que preguntarse primero cuál había sido nuestra actitud, si podíamos decir con el corazón en la mano que había sido la más correcta; no lo creía así. Se hizo un silencio penoso, hostil.

En realidad, la idea de quedarme siguió rondándome hasta las últimas horas de la noche y quizás nunca haya tomado una decisión, sino que fui un fugitivo más.

La forma en que los compañeros congoleses verían la evacuación me parecía denigrante; nuestra retirada era una simple huida y, peor, éramos cómplices del engaño con que se dejaba a la gente en tierra. Por otro lado, ¿quién era yo ahora? Me daba la impresión de que después de mi carta de despedida a Fidel, los compañeros empezaron a verme como un hombre de otras latitudes, como algo alejado de los problemas concretos de Cuba, y no me animaba a exigir el sacrificio final de quedarnos.

Pasé así las últimas horas, solitario y perplejo y, al fin, a las dos de la mañana llegaron los barcos con la tripulación cubana, que había arribado esa misma tarde e inmediatamente se había puesto en camino. Era demasiada gente para las lanchas y la hora muy avanzada, puse como límite de salida las tres de la mañana; a las cinco y media sería de día y estaríamos en la mitad del lago. Se organizó la evacuación; subieron los enfermos, luego todo el Estado Mayor de Massengo, unas 40 personas elegidas por él, subieron todos los cubanos, y empezó un espectáculo doloroso, plañidero y sin gloria; debía rechazar a hombres que pedían con acento suplicante que los llevaran; no hubo un solo rasgo de grandeza en esa retirada, no hubo un gesto de rebeldía. Estaban preparadas las ametralladoras y tenía los hombres listos por si, siguiendo la costumbre, querían intimidarnos con un ataque desde tierra, pero nada de eso se produjo, solo quejidos, mientras el jefe de los huidizos imprecaba al compás de las amarras al soltarse.

Quisiera dejar aquí los nombres de aquellos compañeros en los cuales sentí siempre que me podía apoyar, por sus condiciones personales, su fe en la Revolución y la decisión de cumplir con su deber pasara lo que pasara. Algunos de ellos, en el último minuto, también habían flaqueado, pero descontaremos ese minuto final, ya que esa flaqueza había sido de su fe, no en cuanto a su decisión de sacrificio. Hubo, seguramente, más compañeros de esta categoría, pero no tuve un trato íntimo con ellos y no puedo certificarlo. Es una lista incompleta, personal, muy influida por factores subjetivos; que me perdonen los que no estén en ella y piensen que eran de la misma categoría: Moja, Mbili, Pombo, Azi, Maffu, Tumaini, Ishirini, Tisa, Alau, Waziri, Agano, Hukumu, Ami, Amia, Singida, Arasili, Almari, Ananane, Angalia, Badala, Anara,[61] Mustafa, los médicos Kumi, Fizi, Morogoro y Kusulu y el inefable «almirante» Changa, dueño y señor del lago. Mención aparte merecen Siki y Tembo, con quienes discrepé a menudo y, a veces, violentamente, en mi evaluación de la situación, pero siempre me brindaron su devoción sin dobleces. Y una última para Aly, bravo soldado y mal político.[62]

Pasamos el lago sin problemas a pesar de la lentitud de las lanchas y, en pleno día, llegamos a Kigoma, teniendo de compañero de arribo el barco de carga que hacía la travesía entre Albertville y este puerto.

Parecía que se hubiera roto una amarra y la exultación de cubanos y congoleses desbordaba como líquido hirviente el pequeño recipiente de los barquitos, hiriéndome sin contagiarme; durante estas últimas horas de permanencia en el Congo me sentí solo, como nunca lo había estado, ni en Cuba ni en ninguna parte de mi peregrinar por el mundo. Podía decir: «Jamás como hoy he vuelto con todo mi camino a verme solo».

EPÍLOGO

Resta solo, a manera de epílogo, intentar unas conclusiones que engloben el escenario de la lucha, la actuación de los distintos factores y mi opinión sobre el futuro de la Revolución Congolesa. Haré hincapié en la zona que constituía el Frente Oriental por ser la que conocí y para no generalizar una experiencia en un país de características tan disímiles como el Congo.

El escenario geográfico en que nos tocó vivir está caracterizado por la gran depresión que llena el Lago Tanganyika, de unos 35 000 kilómetros cuadrados de superficie y una anchura media de 50 kilómetros, aproximadamente. Es el que separa Tanzania y Burundi del territorio del Congo; a cada lado de la depresión hay una cadena montañosa, una pertenece a Tanzania-Burundi, la otra es la del Congo. Esta última, de una altura media sobre el nivel del mar de unos 1 500 metros (el lago está a 700 metros), se extiende desde las proximidades de Albertville al sur, ocupa todo el escenario de la lucha y se pierde más allá de Bukavu, al norte, al parecer, en colinas descendentes sobre las selvas tropicales. La anchura del sistema varía pero podemos estimar para la zona unos 20 a 30 kilómetros como promedio; hay dos cadenas más altas, escarpadas y boscosas, una al este y otra al oeste, encuadrando entre ellas una altiplanicie ondulada, apta para la agricultura en sus valles y para la cría de reses, ocupación que efectuaban preferentemente los pastores de las tribus ruandesas, que tradicionalmente se han dedicado a la cría del ganado vacuno. Al oeste, cae a pico la montaña sobre una planicie de una altura aproximada a 700 metros sobre el nivel del mar, que pertenece a la cuenca del río Congo. Es del tipo de sabana, con árboles tropicales, yerbazales y algunos prados naturales que rompen la continuidad del monte; tampoco es un monte firme el cercano a las montañas, pero al internarse con rumbo oeste, zona de Kabambare, es de características completamente tropicales, cerrado.

Las montañas emergen desde el lago y dan una característica muy accidentada a todo el terreno; hay pequeñas planicies propicias al desembarco y la estancia de tropas invasoras, pero muy difíciles de defender si no se toman las elevaciones adyacentes. Las vías de comunicación terrestre acaban, por el sur, en Kabimba, donde estaba una de nuestras posiciones, por el oeste contornean las montañas mediante la ruta de Albertville, Lulimba-Fizi y de este último punto sale hacia Bukavu, por Mwenga, un ramal y otro por la costa pasando por Baraka y Uvira para llegar a aquel punto. Desde Lulimba, el camino penetra en la montaña, escenario conveniente para la guerra de emboscadas, como lo es también, aunque en menor medida, la parte que atraviesa la llanura de la cuenca del río Congo.

Las lluvias son muy frecuentes, diarias, en el período de octubre a mayo y casi nulas en el que media entre junio y septiembre, aunque en este último mes comienzan las precipitaciones aisladas. En las montañas siempre llueve, pero con poca frecuencia, en los meses de seca. En la planicie hay caza abundante de animales del tipo de los venados; en las montañas se puede cazar búfalos, no muy abundantes, elefantes y monos, estos últimos en gran cantidad. La de mono es una carne comestible, más o menos agradable; el elefante tiene una carne gomosa, dura, pero sazonada por el hambre se come bien. Los frutos fundamentales son la yuca y el maíz, que constituyen la base de la alimentación vegetal, y de las palmas se extrae el aceite. Hay mucho chivo y se crían aves de corral; en algunos pocos lugares, puercos. Con algunas dificultades, tropas guerrilleras que no posean base de operaciones pueden alimentarse en la zona.

Al norte de Baraka-Fizi hay una mayor variedad de cultivos y un poco al norte de Uvira un central azucarero. En la zona de

Kabambare-Kasengo, se cultiva mucho arroz y maní; antes, también el algodón, pero en esta época estaba prácticamente suprimido como cultivo; desconozco cuál sería el tipo de explotación de este vegetal en la fase agrícola, pero su aprovechamiento era capitalista, con desmontadoras modernas instaladas en centros estratégicos por compañías extranjeras.

El lago es rico en peces pero en la última época no se pescaba casi debido a la aviación por el día y a las incursiones de las lanchas de la dictadura por las noches.

Para su análisis, podemos dividir el escenario humano de esta contienda, del lado de las fuerzas revolucionarias, en tres grupos: campesinos, jefes y soldados.

Los campesinos están agrupados en distintas tribus, de las cuales hay una gran variedad en la zona. Si se observa el informe que da el ejército enemigo en su plan general de ataque, se nota que, en cada caso, especifica la tribu a que pertenecen los hombres de la región, dato importante para el trabajo político. Las relaciones entre ellos suelen ser cordiales, pero nunca son de una hermandad absoluta y entre algunos grupos tribales hay rivalidades serias. Entre los ruandeses y el resto de las tribus congolesas se puede observar este fenómeno, pero también se observa con caracteres nítidos entre las tribus pertenecientes al área étnica de Nor-Katanga, que ocupaban la parte sur de nuestro territorio guerrillero, y las tribus que pertenecen al área étnica de la provincia de Kivu, que ocupaban la parte norte, las cuales tenían sus representantes más conspicuos en Kabila por un lado y Soumialot por el otro.

Los campesinos plantean ante nosotros uno de los problemas más difíciles y apasionantes de la guerra del pueblo. En todas las guerras de liberación de este tipo se observa, como característica fundamental en ella, el hambre de tierra, la gran miseria del campesinado explotado por latifundistas, señores feudales y, en algunos casos, por compañías de tipo capitalista; en el Congo no se da este fenómeno, al menos en nuestro escenario y es probable que tampoco en la mayor parte del país; tiene solamente unos 14 millones de habitantes distribuidos en más de 2 millones de kilómetros cuadrados, es decir, una densidad mínima, y tierras muy fértiles. En el Frente Oriental no se aprecia el hambre de tierra, no hay cercados individuales y, en los lugares cultivados, una simple convención garantiza que el fruto pertenezca al cultivador.

No se practica la defensa de la propiedad contra intrusos; solamente en las hortalizas se hacen pequeñas defensas para guardarlas de los chivos y otros animales dañinos. El concepto de propiedad sobre la tierra, en todas las zonas que visitamos, es prácticamente inexistente y las inmensas extensiones que abarca la cuenca del Congo ofrecen la oportunidad, a quien quiera ir a trabajar, de apropiarse del terreno sin mayores requisitos. Tengo entendido que en la parte norte, en la zona de Bukavu, el feudalismo está mucho más desarrollado y hay verdaderos señores feudales con sus siervos, pero en la parte montañosa, donde morábamos, la independencia del campesino es completa y no se da este fenómeno.

¿Cómo se podrá calificar el grado de desarrollo de estas tribus? Habría que hacer un estudio mucho más profundo que el que tuvimos oportunidad de realizar, con muchos más datos, y dividirlas en subregiones porque, evidentemente, cada una responde a condiciones especiales, históricas y sociales que hacen variar mucho su desarrollo. En los grupos nómadas se dan, creo, rasgos de comunismo primitivo; al mismo tiempo existen trazas de esclavismo que se nota sobre todo en el tratamiento a la mujer, aunque no pudimos observarlo con respecto al hombre. La mujer es una mercancía, un objeto de compra y venta, y su posesión individual no está limitada en esa zona por ninguna ley ni convención; la capacidad económica de cada uno determina el número que puede tener. Una vez comprada, pasa a ser propiedad absoluta del dueño, del marido, que, en general, no trabaja o trabaja muy poco en las labores de la vivienda y del cultivo de la tierra; solo realiza algunas tareas como la caza, pero también acompañado por mujeres que participan activamente en la misma. Ella es la encargada de labrar la tierra, de transportar los frutos, de hacer la comida, velar los niños; es un verdadero animal doméstico. El feudalismo, como ya dije, se observa en las zonas norteñas del sector, no en esta, donde no existe dominio sobre la tierra. El capitalismo actúa en una forma superficial, sin dominar en la esencia el panorama, a través de pequeños comerciantes instalados en la periferia y con la introducción de lo que pudiéramos llamar, siguiendo a los norteamericanos, el efecto demostración, con algunos artículos utilizados por los campesinos; por ejemplo, la olla de aluminio reemplaza aceleradamente a la de barro, la lanza de manufactura industrial a la lanza casera o de forjadores de la zona, algunos paños y vestidos modernos son utilizados por los campesinos y se ven radios en las casas de más posibilidades económicas. Es el intercambio de productos de la tierra o de la caza el que permite al campesino adquirir artículos industriales.

En alguna época anterior trabajaban como obreros o, simplemente, a través de intermediarios, en la extracción del oro en los ríos que descienden de la montaña hasta la cuenca del río Congo. Se observan las trincheras realizadas a este efecto, pero las labores estaban abandonadas. Algunos cultivos, como el algodón, reciben el tratamiento capitalista en cuanto a su aprovechamiento mediante el desmotado y empacado por medio de máquinas modernas. No hay en la zona textileras, las que se encuentran en Albertville; no hay obreros industriales (salvo los del central cuyo *status* desconozco) y, no vi muestras de trabajo asalariado; el campesino daba su trabajo al ejército y el resto del tiempo lo dedicaba a mantenerse mediante la caza, la pesca o la agricultura; los sobrantes se venden por dinero. Se acepta el dinero congolés, que es medida de valor, pero no penetra en las profundidades de las relaciones de producción.

El imperialismo da solo esporádicas señales de vida en la zona; su interés en el Congo se basa fundamentalmente en las grandes reservas de minerales estratégicos de Katanga, donde existe un proletariado industrial; en las reservas diamantíferas de Katanga y de Kasai; en yacimientos de estaño ubicados cerca de nuestra región, pero no específicamente en ella. Como cultivos agrícolas, el algodón, el maní y hasta cierto punto el aprovechamiento de la palma para la extracción del aceite, pero con una recolección y un intercambio que se hacen también con relaciones primitivas.

¿Qué podía ofrecer el Ejército de Liberación a ese campesinado? Es la pregunta que siempre nos inquietó. No podíamos hablar aquí de Reforma Agraria, de propiedad sobre la tierra porque esta estaba allí, a la vista de todos; no podíamos hablar de créditos para entregar útiles de labranza, porque los campesinos comían de lo que labraban con sus instrumentos primitivos y las condiciones físicas de la región no se prestan tampoco a ello; habría que buscar métodos para introducir la necesidad de adquirir artículos de la gran industria que, evidentemente, los campesinos estaban dispuestos a aceptar y a pagar por ellos, lo que traería la necesidad de un intercambio mercantil más acusado, pero, en las condiciones en que se desarrolló la lucha, no podíamos pensar en eso.

Debíamos insistir en la explicación de la explotación de que eran objeto, pero, ¿cómo se ejerce esta en su apariencia externa? Lo visible es el maltrato de la población; se puede demostrar que en las zonas ocupadas por el ejército enemigo se multiplican las violaciones de mujeres, asesinatos de hombres, mujeres y niños, se obliga a entregar comida y prestar otros servicios por la fuerza. Lo fundamental es la negación del individuo humano que llega hasta su eliminación física, ya que ese ejército, como cuerpo moderno, tenía su logística organizada, previendo la escasez de abastecimientos o la enemistad de los pobladores. Por otro lado, ¿qué ofrecer? Protección, hemos visto en el transcurso de esta historia que se brindó muy poca. Educación, que hubiera sido un gran vehículo de comunión, no se ofrecía ninguna. Servicios médicos, solamente los de los pocos cubanos, con escasas medicinas y con un sistema bastante primitivo de administración, sin organización de sanidad. Creo que exige una labor de investigación y de pensamiento más profundo este problema de táctica revolucionaria que plantea la no existencia de relaciones de producción que hagan del campesino un hambriento de tierra. El campesinado es el principal estrato social de esta zona; no hay proletariado industrial y la pequeña burguesía de intermediarios está poco desarrollada.

¿Qué tipo de jefes ha tenido la Revolución? Podemos dividirlos, para su descripción, en los de carácter nacional y de carácter local. Los jefes que me ha sido permitido conocer como de carácter nacional son Kabila y Massengo, en primer lugar. Kabila es sin duda el único de ellos que une a un cerebro claro, a una capacidad de raciocinio desarrollada, una personalidad de dirigente; se impone por su presencia, es capaz de obligar a la lealtad, al menos a la sumisión, es hábil en su trato directo con la población (muy escaso, por cierto); en suma, un dirigente capaz de movilizar las masas. Massengo es un individuo de muy poco carácter, sin conocimiento del arte de la guerra ni capacidad organizativa, que fue superado totalmente por los acontecimientos. Presentó una característica distintiva; su extraordinaria lealtad a Kabila y mostró deseos de continuar la lucha más allá de lo previsto, aun contra la opinión de una gran cantidad de sus allegados. Sería injusto pedirle más; hizo lo que su capacidad le permitía.

Entre todos los jefes de distintas secciones del Estado Mayor y los llamados jefes de brigadas, no se puede mencionar ninguno que reúna condiciones de dirigente nacional. El único que pudiera desarrollarse en el futuro es el compañero Muyumba, que todavía está en el interior del Congo, no sabemos en qué situación. Es un hombre joven, serio, al parecer inteligente, decidido, hasta el momento y el punto en que lo pudimos observar, pero de quien no se puede decir nada más.

De los dirigentes nacionales del Congo, la gran incógnita es Mulele, casi un fantasma; no ha sido visto nunca en reuniones, no ha salido de su zona luego de iniciada la lucha. Hay muchos indicios de que se trata de un hombre de categoría superior, pero sus enviados, o los que dicen ser sus enviados, presentan todas las características negativas de sus iguales, los miembros de las distintas comisiones y sectores del Movimiento de Liberación, que deambulan por el mundo cometiendo la estafa de la Revolución.

Entre los hombres que han logrado algún prestigio en estos últimos tiempos está el general Olenga, cuya historia he narrado por boca de otro en estos relatos y que ha demostrado, independientemente de que sea verdad o no esa relación, su incapacidad para hacer ningún sacrificio, viviendo durante meses, que se van convirtiendo en años, del mito de la Revolución, como general en el exilio. Los otros lo hacen como dirigentes políticos, pero este es un general que dirige sus operaciones por control telepático desde El Cairo o alguna capital de ese tipo.

Otro es Soumialot, que considero es un individuo útil como dirigente medio de la Revolución. Bien orientado y controlado podía haber rendido alguna labor, como Presidente del Consejo Supremo de la Revolución, su gran tarea es viajar, vivir bien, dar conferencias de prensa sensacionales y nada más. Carece de toda capacidad organizativa. Sus luchas con Kabila en las que se emplearon de parte y parte multitud de artimañas, contribuyeron como lo que más al fracaso momentáneo de la insurrección.

De Gbenyé no vale la pena hablar; es simplemente un agente de la contrarrevolución.

Pudiera ser que surgieran algunos jóvenes que aunaran condiciones de dirigentes con un verdadero espíritu revolucionario, pero no los he conocido o no lo han demostrado hasta ahora. Los jefes locales son de dos categorías: de agrupaciones militares y dirigentes campesinos. Los jefes militares han sido nombrados por los métodos más arbitrarios, sin preparación de ningún tipo, teórica, intelectual, militar, organizativa. Su único mérito es ejercer alguna influencia sobre las tribus de la región en que habitan, pero se pueden suprimir de un plumazo sin pérdida para la Revolución.

Los jefes campesinos locales son los *kapitas* y presidentes, están nombrados por la antigua administración de Lumumba o por sus continuadores y quieren ser el germen de un poder civil pero, frente a la realidad de la presencia tribal, se eligió el camino cómodo de hacer presidentes y *kapitas* a los jefes tradicionales de la tribu. No son más que caciques disfrazados, entre los cuales hay buenos y malos, más o menos progresistas, más o menos conscientes del sentido de la Revolución, pero no han alcanzado un desarrollo político ni siquiera mediano. Controlan un grupo de campesinos y son encargados de conseguir alimentos para una tropa en tránsito, cargadores para trasladar algo, ocuparse del abastecimiento de algún grupo instalado en las cercanías, ayudar a la construcción de viviendas, etcétera. Fueron intermediarios útiles para solucionar este tipo de problema, pero no hacen ni la sombra de un trabajo político.

Las tropas tenían su comisario político, título que han copiado de las versiones socialistas de un ejército de liberación o un ejército popular. Quien haya leído las narraciones de la labor de los comisarios en todas las guerras de liberación o se entere, por los relatos, del heroísmo y del espíritu de sacrificio de estos compañeros, no podría reconocerlos en el Congo. El comisario político se elige entre hombres que han tenido alguna educación —casi siempre conocen el francés—, pertenecientes a familias de la pequeña burguesía urbana; desarrollaban un tipo de labor semejante a la de magnavoces esporádicos; en un momento dado se reunía la tropa y el comisario era el encargado de lanzar su «descarga» sobre problemas concretos, luego esta quedaba librada a sus propios medios para seguir las orientaciones verbales. Ni estos ni los jefes, salvo honrosas excepciones, participaban directamente en los combates; cuidaban su pellejo, tenían mejor alimentación y vestido que el resto de la tropa y gozaban de frecuentes vacaciones, yendo a emborracharse a los poblados cercanos con el nefasto *pombe*. El comisario político, en las condiciones en que se realiza esa tarea en el Congo, es un verdadero chulo de la Revolución y también puede ser suprimido sin perjuicio ninguno, aunque lo correcto sería desarrollar verdaderos revolucionarios para ocupar ese cargo, importantísimo para un ejército popular.[63]

Los soldados son de extracción campesina, sin ningún desarrollo, captados con la idea de tener un uniforme, un arma, a veces hasta zapatos, y cierta autoridad sobre la región. Pervertidos por la inacción y los hábitos de ordeno y mando sobre el campesinado, saturados de concepciones fetichistas sobre la muerte y sobre el enemigo, sin ninguna educación política organizada; por ende, sin conciencia revolucionaria, sin proyección hacia el futuro, sin otro horizonte que el abarcado tradicionalmente como territorio de su tribu. Indisciplinado, haragán, sin espíritu de lucha ni espíritu de sacrificio, sin confianza en sus jefes (que solo pueden ser ejemplo en la obtención de mujeres, *pombe* o alguna comida, en fin, pequeñas prebendas), sin el ejercicio constante de la lucha que le permitiera desarrollarse, aunque más no fuera como matador de hombres, sin entrenamiento de ningún tipo, ya que no se realizaron durante toda nuestra estancia, sino ejercicios de orden cerrado. Con todas esas características, el soldado revolucionario congolés es el más pobre exponente de luchador que he tenido la oportunidad de conocer hasta ahora.

Contando con todo el apoyo de los jefes, hacer de ese individuo un soldado revolucionario hubiera sido tarea gigantesca; dadas la nulidad del mando superior y la obstrucción de los jefes locales, se convirtió en la más ingrata de todas nuestras funciones y fracasamos rotundamente en el esfuerzo.

Entre los comisarios políticos y algunos instructores de armas especiales, se daba mucho el estudiante que había llegado de algún país socialista, donde cursaba estudios de seis meses. Las promociones más abundantes venían de Bulgaria, Unión Soviética y China. No se podía hacer maravillas con esos hombres; la selección previa había sido muy mala y era un caso de lotería encontrar allí verdaderos revolucionarios u hombres probados en la lucha, al menos. Trajeron una gran dosis de suficiencia, un concepto muy desarrollado de la obligación personal de cuidar el cuadro (ellos mismos) y la idea claramente expresada en sus actos y demandas de que la Revolución les debía mucho por el hecho de haber estudiado esa temporada en el extranjero y tendría que pagárselo en alguna forma, ahora que venían a hacer el sacrificio de estar junto a sus compañeros. No participaron en los combates casi nunca; podían ser instructores, para lo cual no estaban califi- cados, salvo unos pocos, o hicieron organizaciones políticas paralelas que decían ser marxista-leninistas, pero conducían a ahondar las divisiones. Considero que la mayoría de estos males se deben a la falta de una selección previa; una buena educación desarrolla extraordinariamente a un individuo con una conciencia en despertar, pero a este tipo de revolucionario, domesticado y acomodaticio, lo único que se le desarrollaba, durante los meses de permanencia en los países socialistas, era la ambición de conseguir después un cargo de dirección en base a sus colosales conocimientos. Y, en el frente, una añoranza de los buenos días pasados en el extranjero.

Cabe plantearse, ¿qué queda después de nuestra derrota? Desde el punto de vista militar no es tan pavorosa la situación;

cayeron los pequeños poblados dominados por nuestro ejército, pero a su alrededor siguen las tropas intactas; con menos parque, con pérdida de armas, pero en general indemnes. Los soldados enemigos no ocupan nada más que el territorio por donde pasan; eso es una gran verdad. Pero, desde el punto de vista político, quedan solo grupos dispersos, en continuo proceso de descomposición, de los cuales habrá que sacar un núcleo o varios que permitan, en el futuro, hacer surgir un ejército guerrillero. Hoy por hoy, quedan fuerzas en la zona de Fizi-Baraka, sin control de localidad alguna, ni control permanente de territorio; en Uvira, con el control de la carretera que va de Baraka a Bukavu —en un buen tramo— y más o menos organizadas hasta este momento; en Mukundi, donde está el compañero Muyumba con lo que puede ser el germen de una organización con sentido político de la lucha. En Kabimba, también quedan algunas tropas que tenían bastante buen armamento y en Kabambare y Kasengo deben subsistir núcleos en el monte, aunque nosotros no teníamos contactos con ellos desde tiempo atrás.

Es importante señalar que todos estos grupos tienen muy poco que ver entre sí, prácticamente no obedecen órdenes superiores y su horizonte no llega más allá de la zona donde están enclavados. Por todo ello, no constituyen los gérmenes del nuevo ejército, sino los restos del viejo. Puede haber en la zona entre 4 000 y 5 000 armas, distribuidas sin ton ni son en muchas manos individuales de campesinos, las que no serán fácilmente recuperadas, y se salvó algún armamento pesado cuya cantidad no puedo precisar hoy. Si surgiera un solo jefe con las características necesarias, en un solo punto, en poco tiempo el Frente Oriental tendría las mismas conquistas territoriales que había alcanzado hasta el momento de la derrota. Últimamente, ha surgido en la persona del ministro de Relaciones Exteriores del Consejo Supremo de la Revolución, Mbagira, que permanecía en Uvira, un competidor de Soumialot y Kabila, pero no podemos emitir ningún juicio concreto sobre él;

serán los acontecimientos los que determinarán si realmente es un jefe con la capacidad que demanda el escenario del Congo.

¿Qué características tiene el enemigo? Hay que decir antes, a modo de explicación, que el antiguo ejército congolés había quedado como una herencia de la época colonial belga, mal instruido, sin cuadro de dirección, sin espíritu de lucha y fue barrido por la ola revolucionaria; estaba desmoralizado hasta el extremo que se tomaban las ciudades sin combate (parece ser rigurosamente cierto que los *simbas* anunciaban por teléfono su intención de llegar a una ciudad y las tropas del gobierno se retiraban). Después pasa a manos de instructores norteamericanos y belgas y se ha hecho un cuerpo armado con características de un ejército regular, capaz de combatir sin ayuda, aunque en la última etapa de la lucha fueron auxiliados por mercenarios blancos. Está entrenado, tiene cuadros preparados y con disciplina. Los mercenarios blancos luchan eficientemente —mientras no son golpeados, por lo menos— y los negros luchan a su lado. Su armamento, en el momento actual, no es gran cosa; el arma más eficaz ha resultado ser las lanchas P.T., que han impedido el tránsito por el lago; su aviación, a la que me he referido, es anticuada y no muy eficaz y sus armas de infantería solo comenzaron a remozarse en el último minuto.

En general, el Ejército de Liberación tenía mejores armas de infantería que el ejército de Tshombe. Es algo inconcebible pero real; era una de las razones por las cuales los patriotas ni se preocupaban por ocupar las armas de los caídos y mantuvieran hacia este tipo de abastecimiento una indiferencia absoluta.

La táctica del enemigo era la habitual de este tipo de guerra; protección de aviación para ataques de columnas a centros poblados, patrullajes de las carreteras por la fuerza aérea, como guardiana, y, en el último momento, cuando ya se hizo patente la desmoralización de nuestro ejército, ataque directo a los reductos de la montaña mediante columnas que avanzaron sobre nuestras posiciones y las tomaron, si bien es cierto que sin lucha. Es un ejército que necesita ser golpeado para disminuirle su moral, lo cual, dadas las condiciones geográficas, puede ser realizado muy fácilmente procediendo con una táctica correcta.

Cabe hacer un análisis de nuestro grupo. La gran mayoría eran negros. Eso podía haber dado una nota simpática y de unidad con los congoleses pero no fue así; en nuestro trato no se pudo apreciar que el ser negro o blanco influyera mucho en las relaciones; los congoleses sabían distinguir las características personales de cada uno y solo en mi caso, a veces, tuve la sospecha de que algo influía mi condición de blanco. Lo cierto es que nuestros propios compañeros tenían una base cultural muy escasa y un desarrollo político relativamente bajo también. Llegaron, como siempre sucede en estos casos, pletóricos de optimismo y buena voluntad, pensando hacer un paseo triunfal por el Congo. Hubo algunos que, antes de comenzar la lucha, se reunieron, comentando que Tatu estaba muy alejado de las cosas de la guerra, que no podía impedirles hacer una acción a fondo por timidez al apreciar la correlación de fuerzas; que íbamos a penetrar por una punta y salir por la otra. Estaba liberado el país; podíamos volver a La Habana.

Mi advertencia sobre la duración de la guerra fue siempre de tres a cinco años, pero nadie lo creyó; todos se inclinaban a soñar con el paseo triunfal, la despedida, probablemente con grandes discursos y grandes honores, las condecoraciones y La Habana. La realidad fue golpeando; faltó comida, hubo muchos días de yuca sola, sin sal, o de *bukali*, que es lo mismo; faltaron medicamentos, a veces ropa y zapatos y aquella identidad con que soñé, entre nuestra tropa de hombres experimentados, con una disciplina de ejército, y los congoleses, no se realizó jamás.

Nunca hubo la integración necesaria y no se puede achacar al color de la piel; tan negros eran algunos que no podían distinguirse de los compañeros congoleses, sin embargo, a uno de esos prietos oí decir: «Mándame dos negros de esos para acá»; dos congoleses. Los nuestros eran extranjeros, seres superiores, y lo hacían sentir con demasiada asiduidad. El congolés, sensible al extremo por los vejámenes sufridos a manos de los colonialistas, notaba ciertos gestos de desprecio en el trato de los cubanos y lo sentía en lo más hondo. Tampoco pude lograr que la comida se distribuyera en una forma totalmente justa y, aun cuando es necesario reconocer que, la mayoría de las veces quienes más cargados íbamos éramos los cubanos, siempre que se presentaba la oportunidad se hacía cargar a algún congolés, con cierta falta de sensibilidad. Es un poco difícil de explicar este contrasentido, pues se trata de interpretaciones subjetivas y de sutilezas, pero hay un simple hecho que puede arrojar alguna luz: no pude lograr que los congoleses fueran llamados así; siempre fueron los «congos», apelativo que parece más simple y más íntimo, pero que portaba una buena dosis de veneno. Otra barrera real fue el idioma; difícil fue para una tropa como la nuestra, sumergida en la masa congolesa, trabajar sin poseer su lengua. Algunos de los que convivieron desde el primer momento con los congoleses aprendieron muy rápidamente a hablar y lo hacían de corrido en el swahili básico, es decir, una media lengua, pero fueron pocos y siempre se corría el peligro de malas interpretaciones que agriaban nuestras relaciones o nos inducían a error.

He tratado de pintar el proceso de derrumbe de nuestra tropa en la forma que ocurrió; fue gradual pero no de un incremento incesante, sino que acumulaba material explosivo para descargarse en ocasiones de derrota. Momentos culminantes fueron: el fracaso de Front de Force; las sucesivas deserciones de los congoleses en las emboscadas de Katenga, donde se sufrió mucho con las enfermedades; mi desastre personal con el cortejo del traslado del herido que se realizó con poca colaboración congolesa; la deserción final de nuestros aliados. Cada uno de estos momentos señalaba una agudización de la desmoralización, del desgano de nuestra tropa.

Al final, ya había sido contagiada del espíritu del lago; querían volver a la Patria, soñaban con el retorno y se mostraban, en términos generales, incapaces de sacrificar la vida para que el grupo se salvara o la Revolución fuera adelante en su conjunto. Todos querían llegar al otro lado, a la salvación. La disciplina se había resquebrajado de tal modo que sucedieron episodios realmente grotescos, merecedores de que se aplicaran penas muy severas contra algunos combatientes.

Si hiciéramos lo que podríamos llamar un análisis imparcial, encontraríamos que la justificación cubana para la desmoralización era muy grande, extraordinariamente grande, y que hubo muchos compañeros que mantuvieron, si no el espíritu, la disciplina y la responsabilidad hasta el final; si he hecho más hincapié en las debilidades es porque considero que lo más importante de nuestra experiencia es el análisis del derrumbe. Este se produce bajo la acción de una serie concatenada de hechos adversos. El problema estriba en que las dificultades con que tuvimos que enfrentarnos van a ser difíciles de obviar en el inicio de las etapas próximas de la lucha en el África, pues son características de países con un grado de evolución muy pequeño. Uno de nuestros compañeros decía, en tono festivo, que en el Congo están dadas todas las anticondiciones para la Revolución; esta caricatura tiene algo de verdad si se le mira con el lente de una revolución madura, cristalizada, pero el magma del cual el artífice debe hacer surgir el espíritu revolucionario, presentaba características básicas muy semejantes a las del campesinado de la Sierra Maestra en las primeras etapas de la Revolución.

Nos interesa averiguar qué condiciones debemos exigirle a un militante para que pueda sobreponerse a los traumas violentos de una realidad adversa con la cual tendrá que enfrentarse. Creo que previamente deben pasar los candidatos por un proceso de selección muy riguroso, más un proceso de desengaño previo. Como he dicho antes, nadie creía el anuncio de que la Revolución precisaría tres a cinco años para imponerse; cuando la realidad lo demostró, sufrieron un gran derrumbe interior, el derrumbe de un sueño. Los militantes revolucionarios que vayan a pasar una experiencia parecida deben comenzar sin sueños, dejando todo lo que constituía su vida y sus afanes como perdido ya, y solo deben hacerlo aquellos con una entereza revolucionaria muy superior a lo normal —aun en un país revolucionario—, de una experiencia práctica ganada en la lucha, de un desarrollo político elevado y de una disciplina sólida. El proceso de incorporación debe ser gradual, a partir de un grupo pequeño pero acerado, para poder realizar la selección inmediata de los nuevos combatientes, expulsando a todo el que no cumpla las condiciones exigidas. Debe seguirse por lo tanto, una política de cuadros. En esa forma se podrá ir aumentando las dotaciones sin debilitar el núcleo e, incluso, crear nuevos cuadros del país dador en la zona insurreccional del país receptor; que no somos simples maestros, sino que asistimos a nuevas escuelas revolucionarias.

Otra dificultad que soportamos, a la que se debe prestar extraordinaria atención en el futuro, es la de la base de apoyo. Cantidades relativamente grandes de dinero desaparecieron en sus fauces insaciables, y cantidades infinitesimales de alimentos y equipos llegaron a las tropas en campaña. Primera condición, el mando debe ser indiscutible y absoluto en las zonas de operaciones, con controles rigurosos sobre la base de apoyo, descontando los controles naturales a ejercer desde los centros superiores de la Revolución, y la selección de hombres para cumplir esas tareas debe ser seriamente realizada mucho tiempo antes. Hay que ver lo que significa una cajetilla de cigarros para un individuo que está en una emboscada sin hacer nada durante 24 horas de un día, y hay que ver lo poco que significa en gastos las cien cajetillas diarias que pudieran fumarse, comparándolas con el costo de cosas innecesarias o perdidas inútilmente en el curso de la acción. Me toca hacer el análisis más difícil; el de mi actuación personal. Profundizando hasta donde he sido capaz en el análisis autocrítico, llegué a las siguientes conclusiones: desde el punto de vista de las relaciones con los mandos de la Revolución, me vi trabado por la forma un tanto anormal en que entré al Congo y no fui capaz de superar ese inconveniente. En mis reacciones fui disparejo; mantuve mucho tiempo una actitud que podría calificarse de excesivamente complaciente, y, a veces, tuve explosiones muy cortantes y muy hirientes, quizás por una característica innata en mí; el único sector con quien mantuve sin desmayos relaciones correctas, fue con los campesinos, pues estoy más habituado al lenguaje político, a la explicación directa y mediante el ejemplo, y creo que hubiera tenido éxito en este campo. No aprendí el swahili con la suficiente rapidez y con la suficiente profundidad; fue un defecto atribuible, en primera instancia, al conocimiento del francés, lo que me permitía comunicarme con los jefes, pero me alejaba de las bases. Faltó voluntad para realizar el esfuerzo necesario.

En cuanto al contacto con mis hombres, creo haber sido lo suficientemente sacrificado como para que nadie me imputara nada en el aspecto personal y físico, pero mis dos debilidades fundamentales estaban satisfechas en el Congo; el tabaco, que me faltó muy poco, y la lectura que siempre fue abundante.[64] La incomodidad de tener un par de botas rotas o una muda de ropa sucia o comer la misma pitanza que la tropa y vivir en las mismas condiciones, para mí, no significa sacrificio. Sobre todo, el hecho de retirarme a leer, huyendo de los problemas cotidianos, tendía a alejarme del contacto con los hombres, sin contar que hay ciertos aspectos de mi carácter que no hacen fácil el intimar. Fui duro, pero no creo haberlo sido excesivamente, ni injusto; utilicé métodos que no se usan en un ejército regular, como el de dejar sin comer; es el único eficaz que conozco en tiempos de guerrilla. Al principio quise aplicar coerciones morales y fracasé. Traté de que mi tropa tuviera el mismo punto de vista que yo en cuanto a la situación, y fracasé; no estaba preparada para mirar con optimismo un futuro que debía ser avizorado a través de brumas tan negras en el presente.

No me animé a exigir el sacrificio máximo en el momento decisivo. Fue una traba interna, psíquica. Para mí era muy fácil quedarme en el Congo; desde el punto de vista del amor propio de combatiente, era lo que cuadraba hacer; desde el punto de vista de mi actividad futura, si no lo que más convenía, era indiferente en el momento actual. Cuando sopesaba la decisión, jugaba en mi contra el que supiera lo fácil que resultaba el sacrificio decisivo. Considero que debía haberme sobrepuesto en mi interior al lastre de ese análisis autocrítico e imponer a una determinada cantidad de combatientes el gesto final; pocos, pero debíamos habernos quedado. Además, no tuve el valor o la visión de romper las amarras de la costa e internarme con la tropa cubana, íntegra o depurada, a lugares donde no se hiciera presente la tentación perenne del lago y sus esperanzas de retorno ante cualquier fracaso.

Por último, pesó en mis relaciones con el personal en los últimos días —lo pude palpar bien aun cuando es completamente subjetivo—, la carta de despedida a Fidel. Esta provocó el que los compañeros vieran en mí, como hace muchos años, cuando empecé en la Sierra, un extranjero en contacto con cubanos; en aquel momento, el que estaba de llegada, ahora el que estaba de despedida. Había ciertas cosas comunes que ya no teníamos, ciertos anhelos comunes a los cuales tácita o explícitamente había renunciado y que son los más sagrados para cada hombre individualmente: su familia, su tierra, su medio. La carta que provocó tantos comentarios elogiosos en Cuba y fuera de ella, me separó de los combatientes.

Tal vez parezcan insólitas estas consideraciones psicológicas en el análisis de una lucha que tiene escala casi continental. Sigo fiel a mi concepto del núcleo; yo era el jefe de un grupo de cubanos, una compañía nada más; y mi función era la de ser su jefe real, su conductor a la victoria que impulsaría el desarrollo de un auténtico ejército popular, pero mi peculiar situación me convertía al mismo tiempo en soldado, representante de un poder extranjero, instructor de cubanos y congoleses, estratega, político de alto vuelo en un escenario desconocido y un Catón-censor, repetitivo y machacón, en mis relaciones con los jefes de la Revolución. Al tirar de tantos hilos, se formó el nudo gordiano que no tuve decisión para cortar. Si hubiera sido más auténtico soldado hubiera podido tener más influencia en los demás aspectos de mis complejas relaciones. He narrado cómo llegué al extremo de cuidar el cuadro (mi preciosa persona) en los momentos de particular desastre en que me vi envuelto y cómo no me sobrepuse a condiciones subjetivas en el momento final.

He aprendido en el Congo; hay errores que no cometeré más, otros tal vez se repitan y cometa algunos nuevos. He salido con más fe que nunca en la lucha guerrillera, pero hemos fracasado. Mi responsabilidad es grande; no olvidaré la derrota ni sus más preciosas enseñanzas. ¿Qué nos depara el futuro del Congo? Claro está que la victoria, pero está lejana.

La lucha de liberación contra los poderes coloniales de nuevo tipo debe ofrecer dificultades extremas en África. De hecho no hay ningún ejemplo que permita mostrar sus distintas fases hasta la victoria; la Guinea llamada Portuguesa es una demostración no acabada de una guerra del pueblo bien conducida pero contra el colonialismo. Argelia no debe considerarse como ejemplo útil para nuestras experiencias puesto que Francia había desarrollado formas neocoloniales que pudiéramos llamar típicas dentro de su opresión colonial.

El Congo es el escenario de la más cruel y enconada lucha de liberación, por tanto, el estudio de esta experiencia nos podrá dar útiles ideas para el futuro.

A diferencia de América Latina, donde el proceso de neocolonización se ha producido en medio de violentas luchas de clase y la burguesía autóctona ha participado en la lucha antiimperialista antes de su capitulación final, África ofrece la imagen de un proceso planificado por el imperialismo; muy pocos son los países que han obtenido su independencia en lucha armada, todo ha transcurrido con una suavidad de mecanismo aceitado, en su conjunto. Prácticamente solo el cono sur de África resta oficialmente colonizado y hay un clamor tan generalizado contra la permanencia de ese sector que hace preveer su rápida extinción, al menos en las colonias portuguesas. La Unión Surafricana presenta problemas diferentes.

En la lucha de la liberación africana, las etapas adelantadas del proceso serán parecidas a los modelos actuales de la lucha del pueblo. El problema radica en cómo implantarla sólidamente y es allí donde se plantean interrogantes que no estoy en capacidad de aclarar; quisiera solo dejar expuestos algunos puntos de vista, producto de mi débil y fragmentaria experiencia. Si la lucha de liberación puede tener éxito en las actuales condiciones de África es preciso actualizar algunos esquemas del análisis marxista.

¿Cuál es la contradicción principal de la época? Si esta fuera la de los países socialistas y los imperialistas o entre estos y sus clases obreras, el papel del llamado Tercer Mundo se vería muy disminuido; no obstante, hay cada vez más serias razones para considerar que la contradicción principal es entre naciones explotadoras y pueblos explotados. No estoy en condiciones de iniciar aquí un intento de demostración de este hecho y de cómo no se opone a la caracterización de la época como de paso al socialismo. Esto nos llevaría por engorrosos caminos laterales y precisaría de abundantes datos y argumentaciones. Lo dejo como una suposición que la práctica indica.[65]

De ser así, el África tendría un papel activo importante en la contradicción principal. Sin embargo, considerando el Tercer Mundo como actor en su conjunto de esa contradicción, en este momento histórico, hay gradaciones entre países y continentes. Podemos decir, haciendo un análisis somero, que América Latina en su conjunto ha llegado a un punto en el que la lucha de clases se agudiza y la burguesía nacional ha capitulado totalmente frente al poder imperialista de tal manera que su porvenir, a corto plazo histórico, es el de una lucha de liberación coronada por una revolución de tipo socialista.[66]

En el Asia se asiste a este mismo proceso aunque el cuadro es mucho más complicado; hay países imperialistas colonizados, como el Japón; países socialistas de tanta importancia como China; y títeres del imperialismo tan grandes y peligrosos, por ciertas características de prestigio anterior, como la India; sin embargo, en los países que pudiéramos llamar tipo, en los que la guerra de liberación puede llegar, las burguesías nacionales no han agotado su papel como opositores del imperialismo, aunque es preciso considerar que se avanza rápidamente en ese sentido. Son países que acaban de lograr su liberación, no tienen esa libertad ficticia de que goza Latinoamérica desde hace más de 100 años y tardará un tiempo en hacerse visible la inevitabilidad de la Revolución.

En el África, y sobre todo en la parte llamada África negra, por el color de la piel de sus habitantes, se puede apreciar desde el comunismo primitivo, siguiendo una larga cadena hasta encontrar el proletariado en algunos puntos aislados en el mapa, y las burguesías en desarrollo. De acuerdo con el nuevo esquema de acción del imperialismo, no existe oposición de ningún tipo entre las burguesías nacionales y los poderes neocoloniales. Cada país aislado, al establecer su esquema de lucha de liberación, tiene que comenzar por considerar como sus enemigos a los imperialistas, a las capas en que se apoya su fuerza (como los ejércitos coloniales que han dejado y, más peligroso aún, la mentalidad colonial de los oficiales) y todos los nuevos ricos, los importadores e industriales que comienzan a nacer, pero aliado íntimamente al capital monopolista en forma de capitalismo burocrático.

En estas condiciones, la clase que lleva la lucha contra los poderes extranjeros es la pequeña burguesía. Pero, ¿qué es la pequeña burguesía de los países africanos? Es una capa que, después de servir al imperialismo o al neocolonialismo, se ha dado cuenta de ciertas limitaciones que se imponen a su desarrollo o a su dignidad humana. Esta clase envía a sus hijos a estudiar a los países coloniales más inteligentes, que dan más facilidades para ello, y, en esta nueva etapa, a los países socialistas. Evidentemente, como estrato dirigente de una lucha popular, es sumamente endeble. Están también los campesinos, divididos en el Congo, como ya he dicho, en una infinita variedad de agrupaciones tribales, mayores y menores, cuyos lazos se hacen más firmes a medida que se disminuye en la escala territorial; es decir, hay grandes agrupaciones, entre las que he conocido, Katanga y Kivu, con lazos de «nacionalidad»; dentro de ellas, grupos territoriales más compactos y pequeñas agrupaciones tribales formando aldeas.

La solidaridad entre aldeas del mismo grupo es muy grande, la solidaridad entre los miembros de la aldea más aún, pero con el marco restringido, al menos en nuestra zona, de la vida natural que he descrito. En otras regiones se ven obligados a recoger ciertos productos de la maravillosa naturaleza congolesa para servir a los capitalistas, como el copal, los colmillos de elefantes, en una época pasada, la nuez de la palma de aceite, etc., y esto condiciona relaciones de otro tipo que no he examinado de cerca. Por otro lado, existen núcleos de proletariado desarrollado en los puntos donde la Unión Minière tuvo necesidad de realizar una parte de la transformación de su producto en el Congo. Al principio, estos obreros eran llevados a la fuerza, porque su medio primitivo, natural, no les exigía en absoluto ningún cambio en su vida; ahora parece que, a pesar de los salarios de hambre (considerados a la europea), este proletariado no es un factor de rebeldía. Quizás tenga añoranzas de su vida libre, pero ya ha sido ganado por esas pequeñas comodidades que da la civilización. Una vez más debo disculparme por la superficialidad del análisis, hecho a partir de experiencias prácticas fragmentarias y de conocimientos generales y pobres de la cuestión social del Congo.

En todo caso, ¿qué estrategia se debe seguir? Hay, evidentemente, puntos de conflicto en las ciudades; una inflación grande, una recolonización con discriminación marcada, ahora no solamente de negros por blancos, sino también de negros pobres por negros ricos y ocurre, en cierto modo, una vuelta a la aldea de mucha gente que se había acercado a las luces de la ciudad. Esos descontentos pueden ocasionar motines aislados pero la única fuerza capaz de decidir es el ejército colonial, que cuenta con todas las prebendas y que interviene simplemente para asegurarlas o para desarrollarlas más.

Entre el campesinado la miseria es absoluta; pero es una miseria en la cual la historia no arroja un saldo más negativo ahora que hace 10 años, salvo en las zonas en guerra; el campesino no se siente inclinado a tomar las armas como una necesidad vital debido a condiciones de vida objetivamente declinantes. Y vale decir aquí que, para la real evaluación de las condiciones objetivas, interesa mucho menos el nivel de vida comparativo de un pueblo con respecto a otros que el nivel comparativo de ese pueblo con respecto a sí mismo. La miseria de nuestro campesino en América del Sur es auténtica con respecto a sí misma; aumenta la explotación, aumenta el hambre y la pobreza; en el Congo, en muchas regiones, presumiblemente no es así. Todo esto da una idea de lo difícil que es levantar el país en base a consignas de marcado carácter económico; ya me he referido a la principal de ellas en la guerra del pueblo: la tierra, la primera demanda que surge a los ojos. La palanca utilizada abundantemente es la de las relaciones tribales, pero con eso no se puede caminar muy lejos en una guerra de liberación. No puedo afirmar si es útil o necesario el apoyarse en ella en una primera etapa, lo evidente es que, si no se va hacia la destrucción del concepto tribal, no se puede avanzar. Mientras se mantenga, al tratar de realizar avances, el grupo tribal en evolución tendrá que chocar, no ya con el ejército opresor, sino con la tribu vecina. En el desarrollo de la lucha habrán de realizarse uniones de tribus para un objetivo común, por eso es tan importante buscar ese objetivo, y el partido o el hombre que lo simbolice.

Un factor muy importante en el desarrollo de la lucha es la universalidad que están adquiriendo los conceptos enfrentados; es evidente que el imperialismo obtiene un triunfo en cualquier lugar del mundo donde logre una regresión en las luchas populares y lo es, también, que sufre derrotas en cualquier lugar del mundo en que un gobierno auténticamente progresista suba al poder. No debemos considerar los países como cotos cerrados, al efecto de los análisis sociales; así como hoy podemos decir que América Latina en su conjunto es un continente neocolonizado, en el que predominan las relaciones capitalistas de producción, a pesar de encontrar infinita cantidad de ejemplos de relaciones feudales, y donde la lucha se ha encarado con un claro sentido popular, antiimperialista, es decir anticapitalista, es, en último extremo, socialista; así también debemos aceptar en el Congo, o en cualquier país del África, la posibilidad del desarrollo de las nuevas ideas del mundo, que permitan vislumbrar algo enteramente nuevo, algo más allá del pequeño coto de caza, o de la región donde se cultivan los frutos de consumo directo. El impacto de las ideas socialistas debe llegar a las grandes masas de los países africanos, no como un trasplante, sino como una adaptación a las nuevas condiciones y ofreciendo una imagen concreta de mejoras sustanciales que puedan ser, si no palpadas, imaginadas claramente por los habitantes.

Para todo ello, sería ideal la organización de un partido de bases realmente nacionales, con prestigio en las masas, un partido con cuadros sólidos y desarrollados; ese partido no existe en el Congo. Todos los movimientos lumumbistas son estructuras verticales, con jefes de cierto desarrollo intelectual a la cabeza y totalmente copados por cuadros de la pequeña burguesía, claudicantes y acomodaticios.

En las condiciones del Congo, un partido nuevo, basado en las enseñanzas del marxismo y adaptado a estas nuevas condiciones, debe basarse, en un primer instante al menos, en figuras de prestigio, que sean reconocidas por su honestidad, por la representación real de la nueva nacionalidad congolesa, por su espíritu de sacrificio, por su capacidad de mando, su capacidad de aglutinación; esos hombres imaginarios serán el resultado de la lucha.

Hoy persiste el compañero Mulele, haciendo un trabajo subterráneo y desconocido para nosotros, pero también puede trabajarse en la zona oriental donde ha nacido esa base fundamental del ejército guerrillero que es la rebeldía del hombre contra la opresión, la experiencia con el arma de fuego, la convicción íntima de las posibilidades que brinda; pero es un pueblo sin fe en sus dirigentes, sin partido que lo dirija. De donde surge, como tarea fundamental en el momento actual, el desarrollo de un partido dirigente de la Revolución de ámbito nacional, con consignas engarzadas en el pueblo, con cuadros respetados; y para eso se necesita un equipo dirigente de capacidad, de heroísmo y de visión. En etapas posteriores se realizaría la ligazón con los obreros; eso no quiere decir que neguemos la llamada alianza obrero-campesina; se efectuará en el primer momento como la alianza de un campesinado sumamente atrasado con la ideología del proletariado. Después, ese obrero industrial, privilegiado dentro de su explotación, en las condiciones actuales del Congo, cerrará filas con el movimiento guerrillero por la acción catalizadora de la propia acción armada; la propaganda armada en el sentido vietnamita debe constituir tarea fundamental en el desarrollo de todo el proceso.

Es preciso anotar una vez más: la guerra de guerrillas, la guerra del pueblo, es una lucha de masas; no podemos admitir la contraposición a veces establecida entre lucha de masas y guerra de guerrillas (es decir, de núcleos escogidos de combatientes armados); esa idea es falsa, tan falsa si se le considera desde el punto de vista de los seguidores dogmáticos de una estrategia general basada en el predominio de la clase obrera, como si se le considera, por parte de algunos guerrilleros, como un simple instrumento de lucha de los grupos más decididos para quitar el poder a los explotadores. La principal función de la guerra de guerrillas es la educación de las masas en sus posibilidades de triunfo, mostrándoles, al mismo tiempo, la posibilidad de un nuevo futuro y la necesidad de efectuar cambios para lograr ese futuro en el proceso de la lucha armada de todo el pueblo.[67]

Será necesariamente una guerra prolongada, pero lo que nos interesa, no es el proceso que va a seguir después de estar firmemente asentada en zonas rurales y extenderse hacia nuevas zonas, provocando nuevas derrotas del enemigo; nos interesa saber cómo se puede desarrollar ahora. Porque estamos en un momento de regresión y de derrota pero están dadas, en esta zona del Congo, las condiciones fundamentales para la lucha armada: un campesinado que conoce la rebeldía; que ha sido derrotado, maltratado y vejado, pero conoce la rebeldía; ha hecho la experiencia de la lucha armada, tiene armas; ha vivido la guerra.

Hoy está dividido en grupos autónomos con jefes locales, sin visión de un Congo unificado, sin siquiera la visión de un Congo como nación; para ellos, su nación abarca las tribus que la rodean. Por eso es tan importante organizar un núcleo (aunque sea uno solo, pero de acero) con los mejores combatientes, considerando que no se debe aumentar en un solo hombre la guerrilla si no hay un aporte cualitativo con su incorporación. Sobre esa base, con los dirigentes de la guerra en el territorio que va a ocupar la guerrilla, empezar a crecer educando a un pueblo que debe pasar como torbellino por las etapas históricas mediante el ejercicio de la lucha revolucionaria. De ese primitivismo actual, cercano, en algunos casos, al comunismo primitivo, al esclavismo o al feudalismo, tiene que pasar a las concepciones más avanzadas. Debe irse armando ese pueblo poco a poco, con recursos propios en lo fundamental. El propio esfuerzo es el que permite educarlo. Que cada arma sea un premio al combatiente y que este realice todas las tareas necesarias para el mantenimiento del ejército del pueblo como requisito insoslayable a recibirla; que el arma sea la confirmación de su estado de gracia de combatiente del pueblo. Claro que para toda esta tarea paciente y gigantesca debemos empezar por barrer los cuadros actuales; no considerarlos, simplemente, y comenzar con el núcleo, tan pequeño como sea necesario, tan grande como sea posible. Así surgirán los nuevos cuadros de dirección, puliéndose mediante el sacrificio y el combate y soportando la rigurosa selección de la muerte en el campo de batalla.

Dadas las condiciones, es imprescindible que surja el dirigente que vea más allá, el dirigente sacrificado y de prestigio que, en el interior del país, sea actor en el desarrollo impetuoso de las condiciones revolucionarias. Este gran proceso de lucha debe crear simultáneamente al soldado, al cuadro y al dirigente; porque en el sentido estricto de la palabra nada de eso tenemos hoy. La lucha debe llevarse del campo a los pueblos y luego a las ciudades, primero en pequeños grupos que no demanden una defensa rígida de territorio, mejorando la técnica de concentraciones y desconcentraciones rápidas y con un aprendizaje metódico de la técnica militar moderna y de la técnica guerrillera; sembrando continuamente la semilla revolucionaria, sembrando ejemplos. Ese es el camino del triunfo. Cuanto más rápido surjan los dirigentes sacrificados y capaces que puedan dirigir a su vez, cuadros de dirección media, sacrificados y capaces, orientando el desarrollo del ejército del pueblo sobre la base de un campesinado rebelde en esencia, más rápido llegará la victoria.

Se plantean problemas de extraordinaria envergadura; necesitamos recurrir a la teoría y a la práctica revolucionaria, estudiar con seriedad los métodos a emplear, buscar los más adecuados para engarzar al campesinado en el ejército del pueblo y hacer una sola fuerza de todo ese conjunto. Comenzará entonces una etapa larga pero cualitativamente irreversible de guerra prolongada, mediante la cual se irán ganando otras capas en regiones apartadas y se irá incorporando el proletariado de las zonas industriales del Congo. El tiempo no se puede precisar; se puede hacer, eso es todo. Tenemos auxiliares valiosos; las condiciones actuales de la humanidad, el desarrollo de las ideas socialistas, la crueldad de un enemigo que ofrece siempre la contravisión negativa a las esperanzas puestas en el ejército del pueblo; pasados los años, llegará la victoria.

Creo que el África es importante para el imperialismo, norteamericano sobre todo, como reserva. Cuando la guerra del pueblo se desarrolle en toda su magnitud en las regiones de América Latina, será difícil para él seguir aprovechando en la misma medida las grandes riquezas naturales y los mercados que son el asiento de su fuerza; pero, si existe un África que desarrolla su neocolonialismo tranquilamente, sin grandes conmociones, podrá trasladar sus inversiones hacia aquí —como lo hace ya—, para sobrevivir, puesto que este continente inmenso y riquísimo está prácticamente sin explotar por el imperialismo.

En el marco de una lucha de características mundiales, la estrategia para el África es impedir que las bases de reserva del imperialismo permanezcan quietas, y por eso cada pueblo debe impulsar al máximo su lucha por la liberación auténtica, como parte de su obligación dentro de la gran lucha de los pueblos del mundo, y es nuestra obligación apoyar consecuentemente a los movimientos que ofrezcan esperanzas de una real y seria movilización hacia la victoria.[68]

¿Cuál será nuestra participación en todo esto? Quizás enviar un núcleo de cuadros elegidos entre algunos de los que ya tienen la experiencia congolesa y no hayan pasado por el proceso de derrumbe que he narrado; dar una ayuda en armas, si los aliados lo permiten; tal vez financiera, además del entrenamiento de cuadros. Pero tenemos que cambiar uno de los conceptos que ha guiado nuestra estrategia revolucionaria hasta hoy: se habla de ayuda incondicional y eso es una equivocación. Cuando se ayuda se toma una posición y esa posición se toma en base de determinados análisis sobre la lealtad y la efectividad de un movimiento revolucionario en la lucha contra el imperialismo, en la lucha por la liberación de un país; para asegurar ese análisis debemos conocer y, para ello, intervenir más dentro de los movimientos. La ayuda debe ser condicionada, si no corremos el peligro de que se transforme en todo lo contrario de lo que deseamos; en dinero para vacaciones principescas de los Señores de la Revolución, de los *Freedom Fighters* que sacrifican y venden sus pueblos y que atrasan el desarrollo revolucionario. Es decir, nos convertiremos también en aliados del imperialismo. Porque (estoy seguro de que si el imperialismo no lo practica aún, lo hará en el futuro) no hay nada más barato para él que tirar unos miles de dólares en el tapete de una mesa de conferencias de los movimientos de liberación que hay en el África; el reparto provocará más disturbios, divisiones y derrotas que un ejército en el campo de batalla.

Debemos extraer consecuencias de estos hechos objetivos, palpables, y condicionar la ayuda a la línea de conducta revolucionaria de los movimientos y sus dirigentes. Suplantar el colonialismo por el neocolonialismo o los neocolonialistas por otros, aparentemente menos malos, no es una correcta estrategia revolucionaria.

Por último, si se me preguntara si hay alguna figura en el Congo a quien considerara con posibilidad de ser un dirigente nacional, no podría contestar afirmativamente, dejando de lado a Mulele, a quien no conozco. El único hombre que tiene auténticas condiciones de dirigente de masas, me parece que es Kabila. En mi criterio, un revolucionario de completa pureza, si no tiene ciertas condiciones de conductor, no puede dirigir una Revolución, pero un hombre que tenga condiciones de dirigente no puede, por ese solo mérito, llevar una Revolución adelante. Es preciso tener seriedad revolucionaria, una ideología que guíe la acción, un espíritu de sacrificio que acompañe sus actos. Hasta ahora, Kabila no ha demostrado poseer nada de eso. Es joven y pudiera ser que cambiara pero, me animo a dejar en un papel que verá la luz dentro de muchos años, mis dudas muy grandes de que pueda superar sus defectos en el medio en que actúa. Los otros dirigentes conocidos serán casi todos barridos por los hechos. Los nuevos, probablemente estén hoy en el interior, empezando a escribir la verdadera historia de la liberación del Congo.

Enero de 1966

ANEXO

LISTADO GENERAL DE COMBATIENTES[69] CUBANOS EN EL CONGO

1. Abdala: Soldado Luciano Paul González
2. Abdallah: Sargento Alipio del Sol Leal
3. Achali: Alcibíades Calderón Rodríguez
4. Adabu: Soldado Dioscórides Romero Delgado
5. Afendi: Soldado Roberto Rodríguez Moniel
6. Aga: Soldado Eduardo Castillo Lora
7. Agano: Sargento Arquímedes Martínez Sauquet
8. Aguir: Soldado Esmérido Parada Zamora
9. Ahili: Soldado Dioscórides Mariño Castillo
10. Ahiri: Soldado José Antonio Aguiar García
11. Aja: Soldado Andrés A. Arteaga Martínez
12. Ajili: Soldado Sandalio Lemus Báez
13. Akika: Sargento Herminio Betancourt Rodríguez
14. Akiki: Soldado Roger Pimentel Ríos
15. Alakre: Soldado Sinecio Prado Ferrera
16. Alau: Soldado Lorenzo Espinosa García
17. Almari: Sargento Argelio Zamora Torriente
18. Aly: Capitán Santiago Terry Rodríguez
19. Amba: Soldado Luis Díaz Primero
20. Ami: Soldado Ezequiel Jiménez Delgado
21. Amia: Soldado José L. Torres Salazar
22. Ananane: Soldado Mario Thompson Vega
23. Anasa: Gonzalo Sanabria Cárdenas*

---

* No se ha podido determinar los grados militares que tenían los combatientes Gonzalo Sanabria Cárdenas (Anasa), Víctor Manuel Salas Semant (Anaza), Félix Hernández Elías (Chiba) y Rogelio de la Cruz Lafargues (Nafimi) y Francisco Castillas Martínez (Yolivos) al salir de Cuba hacia el Congo.

24. Anaza: Víctor Manuel Salas Semanat
25. Andika: Soldado Vicente Yant Celestien
26. Anga: Soldado Juan F. Aguilera Madrigal
27. Angalia: Soldado Luis Monteagudo Arteaga
28. Ansa: Soldado Moisés Delisle Mayet
29. Ansama: Cabo Arnaldo Domínguez Reyes
30. Ansurune: Capitán Crisógenes Vinajera Hernández (Muere en Front de Force, 29 de junio de 1965)
31. Anzali: Cabo Octavio Rojas Garniel
32. Arasili: Soldado Virgilio Jiménez Rojas
33. Arobaini: Soldado Salvador J. Escudero Pérez
34. Arobo: Soldado Mariano García Rodríguez
35. Au: Soldado Andrés J. Jardines Jardines
36. Awirino: Soldado Francisco Semanat Carrión (Desaparecido en el Congo)
37. Azi: Teniente Israel Reyes Zayas
38. Azima: 1er. Teniente Ramón Armas Fonseca
39. Badala: Cabo Bernardo Amelo Planas
40. Bahasa: Soldado Orlando Puente Mayeta (Muere en el Congo, 26 de octubre de 1965)
41. Bahati: Soldado Melanio Miranda López
42. Barafu: Soldado Ismael Monteagudo Rojas
43. Changa: Capitán Roberto Sánchez Barthelemí
44. Changa: Soldado Domingo Pérez Mejías
45. Chapua: Soldado Roberto Pérez Calzado (Uno de los combatientes que se extraviaron en la retirada, y fueron rescatados posteriormente)
46. Chegue: Soldado Tomás Rodríguez Fernández
47. Chembeu: Soldado Eddy Espinosa Duarte
48. Chen (también aparece como Chei o Chail): Soldado Virgilio Montoya Muñoz
49. Chiba: Félix Hernández Elías

50. Chumi: Médico Raúl Candevat Candevat
51. Chungu: Soldado Luis Hechevarría Cintra
52. Danhusi: Soldado Nicolás Savón Sayús
53. Doma: Sargento Arcadio Hernández Betancourt
54. Duala: Cabo Dionisio Madera Romero
55. Dufu: Sargento Armando A. Martínez Ferrer
56. Dukuduku: Soldado Santos Duquesne García
57. Faada: Soldado Antonio Pérez Sánchez
58. Falka: Soldado Fernando Aldama Asmaris
59. Fara: Médico Gregorio Herrera Guerra
60. Fizi: Médico Diego Lagomosino Comesaña
61. Hamsini: Soldado Constantino Pérez Méndez
62. Hanesa: Soldado Osvaldo Izquierdo Estrinio
63. Hatari: Cabo Adalberto Fernández González
64. Hindi: Médico Héctor Vera Acosta
65. Hukumu: Soldado Rodovaldo Gundín Rodríguez
66. Ishirini: Soldado Martín Chivás González
67. Isilay: Soldado Elio H. Portuondo Turca
68. Israel: Sargento Carlos Caña Wilson
69. Kahama: Sargento Alberto Man Sullivan
70. Karatasi: Soldado Arsenio Puentes González
71. Karim: Teniente José Antonio Palacio Ferrer
72. Kasambala: Cabo Roberto Chaveco Núñez
73. Kasulu: Adrián Sansaricq Laforet (Médico haitiano, muere en su país en 1966)
74. Kawawa: Cabo Wagner Moro Pérez (Muere en Front de Force, 29 de junio de 1965)
75. Kigulo: Soldado Noelio Revé Robles
76. Kimbi: Anestesista Domingo Oliva
77. Kisua: Teniente Erasmo Videaux Robles
78. Kukula: Soldado Augusto Ramírez Fortesa
79. Kumi: Médico Rafael Zerquera Palacio

80. Maffu: Teniente Catalino Olachea de la Torre
81. Maganga: Sargento Ramón Muñoz Caballero
82. Maongeso: Soldado Germán Ramírez Carrión
83. Marembo: Soldado Isidro Peralta Sano
84. Masivizano: Soldado Casiano Pons González
85. Mbili: Oficial José María Martínez Tamayo (*Papi* en la guerrilla de Bolivia)
86. Milton: Soldado Jesús Álvarez Morejón
87. Moja: Comandante Víctor Emilio Dreke Cruz
88. Morogoro: Médico Octavio de la Concepción de la Pedraja
89. Mustafa: Soldado Conrado Morejón Ferrán
90. Nafimi: Rogelio de la Cruz Lafargues
91. Nane: Sargento Eduardo Torres Ferrer
92. Ngenje: Sargento Marcos A. Herrera Garrido
93. Nne: 1er. Teniente Norberto Pío Pichardo (Muere en Front de Force, 29 de junio de 1965)
94. Nyenyea: Soldado Luis Calzado Hernández (Uno de los combatientes que se extraviaron en la retirada, y fueron rescatados posteriormente)
95. Ottu: Cabo Santiago Parada Faurez
96. Paulu: Soldado Emilio Mena Díaz
97. Pilau: Soldado Daniel Cruz Hernández
98. Pombo: 1er. Teniente Harry Villegas Tamayo
99. Rabanini: Soldado Lucio Sánchez Rivero
100. Raúl: Soldado Florentino Nogas Lescaille
101. Rebokate: Teniente Mario Armas Fonseca
102. Saba: Soldado Pedro O. Ortiz Montalvo
103. Safi: Soldado Vladimir Rubio Barreto
104. Sakumu: Soldado Florentino Limendú Zulueta
105. Samani: Soldado Wilfredo de Armas Álvarez
106. Samuel: Soldado Fidencio Semanat Romero
107. Shellk: Soldado Raumide Despaigne Isaac

108. Siki: Comandante Oscar Fernández Mell
109. Singida: Sargento Manuel Savigne Medina
110. Sita: Soldado Pablo B. Ortiz Montalvo
111. Sitaini: Soldado Ángel Hernández Angulo (se retiró por enfermedad)
112. Sitini-Natato: Sargento Giraldo Padilla Kindelán
113. Siwa: Teniente Víctor Schueg Colás
114. Suleman: Soldado Cecilio Francisco Acea Torriente (Uno de los combatientes que se extraviaron en la retirada, y fueron rescatados posteriormente)
115. Sultán: Soldado Rafael Vaillant Osmil
116. Tamusini: Soldado Domingo Pie Fiz
117. Tano: Soldado Aldo García González
118. Tatu: Comandante Ernesto Che Guevara de la Serna
119. Tembo: Capitán Emilio Aragonés Navarro
120. Thelathini: Sargento Víctor M. Valle Ballester (Muere en Front de Force, 29 de junio de 1965)
121. Tisa: Sargento Julián Morejón Gilbert
122. Tom: Soldado Rafael Hernández Bustamante (Comisario Político hasta la llegada de Karim)
123. Tulio: Soldado Tomás A. Escandón Carvajal
124. Tumaini: Sargento Carlos Coello (Muere en Bolivia, 1967)
125. Tumba (Mauro): Teniente Justo Rumbaut Hidalgo
126. Uta: Capitán Aldo Margolles Dueñas
127. Víctor: Sargento Víctor Cañas William
128. Waziri: Soldado Golván Marín Valdivia
129. Yolivos: Francisco Castillas Martínez

NOTAS

1. Las condiciones en que fue escrito originalmente este texto, así como *el Diario* y las notas que sirvieran de fuente para su redacción; unido a las diferencias entre la escritura y la pronunciación del swahili, explican que varios nombres —tanto aquellos con los que fueran bautizados los combatientes cubanos como de lugares geográficos—, presenten diferencias entre la manera como aparecen escritos en el original, y su correcta ortografía. Algunos nombres de lugares geográficos también han variado, desde el momento en que fuera escrito el texto, hasta hoy, tal como se señala oportunamente.

   En el caso de los nombres en swahili de los combatientes cubanos, se han cotejado las distintas fuentes disponibles y, cuando ha sido posible, se ha consultado un diccionario de ese idioma. En la mayoría de los casos, se ha logrado confrontar todas las fuentes y la manera en que aparecen escritos es el resultado final de tal labor. En aquellas ocasiones en que, por diversas razones, ello no ha sido posible, se especifica en nota aclaratoria, la primera vez en que aparece mencionado.

   La escritura de los nombres geográficos locales también ha sido cotejada con mapas de la región, tanto de la época como actualizados, considerando además la fonética swahili. En este caso, cuando se han encontrado diferencias entre la manera como aparecen escritos en el texto editorial, y la escritura correcta, con el propósito de facilitar la comprensión exacta por parte del lector —en términos geográficos—, se aclara —en nota al final del texto, la primera vez que aparece mencionado— la ortografía correcta.

2. Hoy Kalemie.

3. En el caso de algunos nombres geográficos propios, se ha asumido la ortografía que se corresponde con la aceptada en la actualidad en español. En este caso se encuentran: Tanganyika, Ruanda, Kenia, Suráfrica y Corea.

4. No ha sido posible identificar el verdadero nombre de este combatiente; pudiera tratarse de un error de mecanografiado en el original.

5. La ortografía correcta es: *ugali*.

6. Aparece indistintamente como Chei o Chail; se trata del combatiente bautizado con el nombre de guerra Chen.

7. Moïse-Kapenda Tshombe. Líder del movimiento separatista de la provincia de Kananga, iniciado desde 1959. Once días después de la independencia —el 30 de junio de 1960— y del inicio del gobierno de Patricio Lumumba, Tshombe, con el apoyo de la Unión Minera de Kananga y de Bélgica, declara la secesión de esa provincia suroriental, instalando un gobierno propio. Comienza un conflicto que se acrecienta en los meses siguientes, marcado por la presencia de tropas belgas y las acciones secesionistas, que culmina con la traición de Joseph Kasavubu a Lumumba y el asesinato de este, el 17 de enero de 1961, en Elizabethville, capital katanguesa, con la participación del ministro del Interior del gobierno tshombista. Siguen años marcados por las maniobras del imperialismo, con el objetivo de lograr la dominación neocolonial del país, la intervención de las Naciones Unidas,

así como las acciones de resistencia y luchas de los continuadores de Lumumba. En 1963, frente a la acción de los cascos azules de la ONU, los secesionistas katangueses se ven obligados a renunciar a sus propósitos, y Tshombe se exilia en España. Pero ante el avance de las acciones de la insurgencia, que cobran fuerza a partir de finales de ese mismo año y continúan su incremento y victorias en 1964, así como la retirada total de las fuerzas de la ONU y la incapacidad del ejército de Mobutu para contener su expansión, se concilia un «Gobierno transitorio», con la anuencia de Estados Unidos, y se nombra a Tshombe como jefe del mismo, con el propósito de utilizar sus influencias en el proceso de negociación con los rebeldes. Tshombe se mantiene en este cargo hasta que, el 13 de octubre de 1965, Kasavubu decreta el fin de su mandato transitorio; marcha nuevamente a España, y muere en Argelia, en 1969.

8. Joseph Desiré Mobutu (Mobutu Sese Seko, desde el 10 de enero de 1972). Agente encubierto de los servicios especiales belgas, y colaborador, desde 1960, de la CIA. Nombrado coronel jefe del Estado Mayor del Ejército Nacional Congolés por Lumumba en la primera semana de su gobierno. Ante el vacío de poder creado por la no aceptación del Parlamento de las destituciones de Lumumba por el traidor Kasavubu, y de este por aquel, Mobutu nombra —el 29 de septiembre de 1960—, un «gabinete técnico», suspende las funciones del Parlamento y ordena a los «embajadores comunistas» que abandonen el Congo. Uno de los responsables del magnicidio de Lumumba, se mantiene como jefe del ejército que —con la participación de mercenarios blancos, y el apoyo belga y norteamericano— combatió a las fuerzas revolucionarias lumumbistas. El 25 de noviembre de 1965, destituye a Kasavubu, y se proclama Presidente del Congo, con un mandato por cinco años, aunque su dictadura se extendió por más de tres décadas, hasta mayo de 1997, cuando una rebelión bajo el liderazgo de Laurent-Désiré Kabila —al frente de la Alianza de Fuerzas Democráticas para la Liberación del Congo-Zaire (AFDL)—, que se había iniciado en diciembre de 1996, logra el control del país. El 16 de mayo, Mobutu, ante el empuje de las fuerzas rebeldes, abandona el país rumbo a Marruecos, donde fallece el 7 de septiembre de ese mismo año.

9. La Base Superior, coincide con el punto geográfico denominado Luluabourg. Esta y la llamada Base del Lago (véase nota correspondiente), resultan dos puntos de importancia en los hechos narrados en estos *Pasajes...*, de ahí que se mencionen con frecuencia en el texto. En numerosas ocasiones, sin embargo, se hace referencia a cualquiera de ellas, indistintamente, como «la Base»; por ello, en los casos en que se ha considerado necesario, para evitar ambigüedades, se ha agregado, entre corchetes, a cuál de las dos bases se hace referencia.

10. La correcta escritura del nombre del poblado es: Yungu.

11. Como apunta Che en su «Aclaración de algunos términos», la base de las fuerzas rebeldes congolesas en la costa occidental del Lago Tanganyika por la cual desembarcaban los cubanos, se encontraba ubicada en un punto llamado Kibamba. Para establecer la diferencia, a lo largo del texto, entre las referencias a este punto —conocido como Base del Lago—, y las menciones al lago en su condición de accidente geográfico, en el primer caso, la palabra «lago» siempre aparecerá con mayúscula; en el segundo, solo cuando esté acompañado del nombre: Lago Tanganyika.

12. Hoy Kisangani.

13. El Consejo Supremo de la Revolución Congolesa (CSRC), fue creado en la conferencia celebrada por el Consejo Nacional de Liberación (CNL) entre finales de mayo e inicios de abril de 1965, en El Cairo, con la participación de representantes de los países africanos progresistas. El Consejo —cuya fecha fundacional se considera el 27 de mayo—, quedó integrado por 15 miembros y 3 zonas militares, su presidencia la ocupó Soumialot y las dos vicepresidencias Mulele y Kabila. Como parte de este proceso de reestructuración del movimiento revolucionario, Gbenyé fue designado presidente del Gobierno Revolucionario, cargo del cual sería destituido por Soumialot el 5 de agosto y se designó a Abdoulaye Yerodia Ndombasi como presidente del Comité Ejecutivo, con el encargo de la orientación revolucionaria del movimiento. En sus *Pasajes…* Che lo refiere indistintamente como Consejo Supremo o Consejo Superior.

14. No se ha podido localizar este sitio. Por la información que se ofrece sobre su localización, pudiera tratarse del punto llamado Kalamba.

15. Aparece también como Kozolelo-Makungu.

16. La escritura correcta del nombre del río es: Kiyimbi.

17. La ortografía correcta es: *mganga*.

18. En las distintas fuentes consultadas aparece, indistintamente, como Mundandi o Mudandi, y se aclara su pertenencia a la etnia tutsi. Che siempre utiliza la primera variante, y hemos mantenido esta en el texto.

19. Organización fundada el 3 de octubre de 1963, en Brazzaville —capital del antiguo Congo francés—, con el objetivo de crear un organismo de coordinación político-militar de los partidos opuestos al gobierno de Leopoldville, luego de que el presidente Kasavubu decretara la clausura definitiva del Parlamento, el 30 de septiembre. Bajo un ideario que se define como lumumbista, entre sus fines figura, según su declaración, la institución de un «gobierno revolucionario nacional y popular» así como la destrucción «de la empresa imperialista de Estados Unidos para permitir la vía libre y democrática»; su propósito es dirigir la acción para «derrocar el gobierno de Adoula y realizar la descolonización total y efectiva del Congo, dominado por la coalición de potencias extranjeras».
    En el CNL convergen el Movimiento Nacional Congoles-Lumumba (MNC), el Partido Solidario Africano (PSA) y otros grupos de menor importancia.

20. Aparece indistintamente como Nabikumo y Nabikume.

21. En el texto original aparece «Njanga»; sin embargo, todo parece indicar que se trata de un error de mecanografiado, y en realidad se hace referencia al lugar llamado Nganja. En las distintas fuentes consultadas, aparece también como Nganya, pero se ha mantenido la ortografía utilizada por Che.

22. Oscar Fernández Padilla, entonces viceministro del Ministerio del Interior cubano. Sustituyó a Pablo Rivalta como jefe del grupo de apoyo, al asumir la responsabilidad de jefe del equipo de inteligencia de la embajada de Cuba en Tanzania. Arribó a Dar es-Salaam el 7 de septiembre de 1965, acompañado de cinco especialistas cubanos en comunicaciones, con sus equipos de radio.

23. La salida de Che de Cuba hacia el Congo —luego de un proceso de transformación física para asumir la personalidad de Ramón Benítez—, se realiza el 1ro. de abril de 1965; lo acompañan José María Martínez Tamayo y Víctor Dreke.

La noche antes, Fidel los había visitado, para despedirlos. El trayecto seguido fue: Cuba-Praga-El Cairo-Tanzania, a donde llegan el 5-6 de abril. El resto de los integrantes de la columna salió de Cuba en las semanas siguientes, en grupos de tres o seis, siguiendo rutas distintas, por razones de seguridad. La llegada de estos a Tanzania, se inició en los días siguientes al arribo de Che, Martínez Tamayo y Dreke.

24. Es desde esta perspectiva que Che analiza la dominación imperialista, en tanto sistema mundial al interior del cual se articulan de manera armónica —en función de proteger sus intereses, garantizar la explotación y enfrentar cualquier intento de resistencia y liberación—, sus distintas fórmulas o maneras de expresarse —en ese momento, colonialismo y neocolonialismo— así como los distintos centros de dominación. Y es, en correspondencia con las características de ese mecanismo dominador, que se requiere una acción de enfrentamiento que responda al mismo en idéntica dimensión, a partir de la articulación global de las luchas, más allá de fronteras, que muchas veces no son más que divisiones establecidas por el propio imperialismo, como parte de su estrategia de dominio. En absoluta coherencia con este ideario, se encuentra su actuar, a través de la práctica del internacionalismo, como máxima expresión de ese propósito coordinador y unificador de la lucha antiimperialista.

25. Che realizó ese recorrido por África —que se extendió por tres meses— luego de su participación en las XIX Asamblea General de las Naciones Unidas. El 17 de diciembre de 1964, desde Nueva York, inició el trayecto que lo llevaría a ocho países africanos —Argelia, Mali, el Congo (Brazzaville), Guinea, Ghana, Dahomey (hoy Benin), Tanzania y Egipto—, además de una muy breve visita a China. Durante su periplo por el continente negro, Che se entrevistó con los principales dirigentes de estos países, así como con líderes de movimientos de liberación de la región, con el propósito de estrechar los vínculos de la Revolución cubana con los mismos, y ofrecerles la ayuda que necesitaran para su lucha. Sostuvo encuentros con Ahmed Ben Bella, Gamal Abdel Nasser y Sékou Touré —presidentes argelino, de la RAU y guineano, respectivamente—; los angolanos Agostinho Neto y Lucio Lara, del Movimiento Popular para la Liberación de Angola (MPLA); los mozambicanos Samora Michel y Marcelino Dos Santos; el líder congolés Laurent-Désiré Kabila, entre otros.

De suma importancia, resulta su participación —durante este recorrido— en el Segundo Seminario Económico de Solidaridad Afroasiática, celebrado en Argelia, y al cual Cuba fue invitada como observadora y única representante de América Latina. En su discurso en este encuentro (incluido en: *Che Guevara presente. Antología mínima*. Ocean Sur, Melbourne, 2005, pp. 356-366), Che analiza la dimensión y naturaleza necesariamente mundiales de la lucha antiimperialista, por lo que, apunta, el internacionalismo proletario no constituye «solo un deber de los pueblos que luchan por asegurar un futuro mejor; además, es una necesidad insoslayable». De ahí que considere imprescindible la alianza de los dos actores fundamentales, entonces, de tal enfrentamiento: los pueblos subdesarrollados y los países socialistas; aun cuando reconoce que «estas uniones no se pueden hacer espontáneamente, sin que anteceda un parto, doloroso a veces».

En ese camino de unidad y solidaridad mundial, Che realiza una crítica a la posición de los países socialistas —en tanto vanguardia del momento—, que considera tienen como deber moral, asumir una postura verdaderamente solidaria con los pueblos que inician su liberación, en lugar de establecer con ellos relaciones económicas, comerciales y políticas que resultaban, en cierta forma, tácitamente cómplices de la explotación imperial.

Para él, esa nueva naturaleza de la relación entre países socialistas y el Tercer Mundo, resultaría expresión del imprescindible cambio en las conciencias, que debe caracterizar la nueva sociedad socialista, provocando «una nueva actitud fraternal frente a la humanidad, tanto de índole individual, en la sociedad en la que se construye o está construido el socialismo, como de índole mundial en relación a todos los pueblos que sufren la opresión imperialista».

Che regresó a Cuba el 14 de marzo de 1965.

26. Se refiere al Consejo Supremo de la Revolución.

27. En sus análisis y denuncias sobre las agresiones imperialistas contra toda experiencia liberadora de cualquier pueblo del mundo, en reiteradas ocasiones Che hizo referencia al caso del Congo y de su líder asesinado, Patricio Lumumba, a quien calificara como mártir de la Revolución en el mundo. Para Che, los sucesos trágicos del Congo, resultaban ejemplo de la forma más brutal y extrema de penetración y desarrollo del neocolonialismo, así como prueba evidente de la barbarie y la bestialidad de las que es capaz el imperialismo en sus propósitos hegemónicos, de control sobre los pueblos y sus recursos naturales. En las propias Naciones Unidas, en su discurso ante la XIX Asamblea General (Incluido en: *Che Guevara presente. Una antología mínima,* ed. cit., pp. 340-355), denunció el papel desempeñado por ese organismo internacional —utilizado por el imperialismo en función de sus intereses, tras el habitual pretexto de cumplir una misión «humanitaria»—, «los rejuegos y maniobras que sucedieron a la ocupación de ese país por tropas de las Naciones Unidas, bajo cuyos auspicios actuaron los asesinos del gran patriota africano». Las agresiones contra la Revolución Congolesa, asimismo, resultaban confirmación de la naturaleza sistémica y mundial del imperialismo, al converger en las acciones contrarrevolucionarias, los sectores reaccionarios congoleses, con el apoyo e incluso la participación directa —aunque de distintas maneras—, de Estados Unidos, Gran Bretaña y Bélgica. A través de la solidaridad y el internacionalismo, «todos los hombres libres del mundo deben aprestarse a vengar el crimen del Congo»; tal fue el llamado de Che ante las Naciones Unidas.

28. El concepto de soldado revolucionario, en Che, no se limita a la dimensión militar, sino que supone una integralidad, en tanto forma parte de la vanguardia del pueblo, en su camino a la liberación. En *La Guerra de guerrillas,* (Ocean Sur, México, 2006) define al soldado revolucionario, al guerrillero, como un reformador social que «se lanza contra las condiciones especiales de la institucionalidad de un momento dado y se dedica a romper, con todo el vigor que las circunstancias permitan, los moldes de esa institucionalidad». Él encarna —pero sin que ello signifique monopolio alguno sobre estos, sino solo en la condición de ejemplo movilizador—, los anhelos y aspiraciones del pueblo de cambio del régimen social imperante. El soldado revolucionario y el conjunto de estos —vale decir, el ejército revolucionario— deben ser actor y escenario, en la medida que las condiciones lo permitan, que adelanten el proceso de transformación individual y social a emprender. Por tanto, no solo debe reunir una serie de características relativas al momento del combate, sino también una entrega total a la causa revolucionaria al punto que la mayor satisfacción sea el cumplimiento del deber,

una identificación creciente con el pueblo, y un conjunto de valores humanos, sentido de la justicia social, ética y moral revolucionaria.

Frente al ejército reaccionario de la dominación, Che considera que las armas fundamentales del ejército de la revolución, son la moral y la disciplina. Moral en dos dimensiones que se complementan mutuamente: moral en su sentido ético y moral en su sentido heroico, como fuerza combativa y fe en el triunfo final. El nexo que las convierte en un todo armónico, resulta la disciplina. En el soldado revolucionario, mucho más importante que la disciplina exterior al individuo —expresada en reglamentos e instituciones—, es la disciplina interior, nacida del convencimiento y el compromiso. De ahí que, al analizar la experiencia cubana en *El socialismo y el hombre en Cuba*, para Che, ya «en la actitud de nuestros combatientes [del Ejército Rebelde], se vislumbraba al hombre del futuro», cuestión aleccionadora sobre la que, considera, se debe volver a menudo en el trabajo de educación revolucionaria.

Véanse, entre otros, sus artículos: «¿Qué es un guerrillero?» (Periódico *Revolución*, 19 de febrero de 1959); «Moral y disciplina de los combatientes revolucionarios» (Revista *Verde Olivo*, 17 de marzo de 1960) y «Guerra de guerrillas: un método» (Revista *Cuba Socialista*, septiembre de 1963), este último aparece también en *Che Guevara presente. Una antología mínima*, ed. cit., pp. 72-87; así como su libro *La Guerra de guerrillas* (1960) cuya versión revisada y ampliada por Che durante su estancia en Praga, fue publicada por Ocean Sur en 2006.

29. Actualmente, Rhodesia es un término empleado con un sentido geográfico, no político, para hacer referencia al área que ocupan Zambia y Zimbabwe. Rhodesia del Norte (hoy Zambia), se separó en 1910 de Rhodesia del Sur, que en 1964 pasó a llamarse solamente Rhodesia —a la cual hace referencia Che—, nombre que mantuvo hasta el 1ro. de junio de 1979, en que pasó a llamarse Zimbabwe Rhodesia, y solo Zimbabwe desde el 18 de abril de 1980, luego de que se le otorgara la independencia como resultado de la Conferencia de Lancaster House, celebrada en Londres, entre septiembre y diciembre de 1979.

30. El proceso de selección y preparación de los combatientes cubanos que participarían en la guerrilla del Congo, se inició a finales de enero de 1965, mientras Che realizaba el mencionado recorrido por África, una vez que este informó al gobierno cubano, en sus comunicaciones con La Habana, de la solicitud hecha al respecto por líderes de movimientos de liberación africanos. La selección se realizó paralelamente en los ejércitos Oriental, Central y Occidental, así como otras unidades del Alto Mando de las Fuerzas Armadas Revolucionarias (FAR), siguiendo como criterio que los seleccionados fueran negros —para facilitar la integración en los ejércitos revolucionarios africanos— y que estuviesen dispuestos a cumplir una misión internacionalista. El entrenamiento se realizó durante los meses de febrero y marzo, en distintos campamentos ubicados en las montañas de la provincia de Pinar del Río. Allí se concentraron alrededor de medio millar de combatientes cubanos, con distintos grados militares y niveles de experiencia combativa. De entre ellos, se seleccionaron 113 hombres para participar en la misión internacionalista en el Congo. Inicialmente, al frente de la columna fue designado el comandante Víctor Dreke, a quien se le comunicó, a finales de marzo, la decisión de nombrar a otro jefe: Che.

31. Se refiere a Pablo Rivalta, quien fuera profesor de la Escuela de Reclutas de Minas de Frío en la Sierra Maestra, y pasara a formar parte de la Columna 8 «Ciro Re-

314 PASAJES DE LA GUERRA REVOLUCIONARIA: CONGO

dondo» comandada por Che Guevara. Esta columna, junto a la «Antonio Maceo» al mando de Camilo Cienfuegos, protagonizaría la invasión a Las Villas, y operaría en esa región central del país hasta el triunfo revolucionario del 1ro. de enero de 1959.

32. Se refiere a los Montes Mitumba, en la orilla oeste (congolesa) del Lago Tanganyika.

33. En un relato testimonial, que titulara *La duda,* Che ofrece un singular análisis, matizado por la reflexión filosófica y desde una visión humana y cultural, sobre este aspecto místico-religioso entre los soldados congoloses. Publicado en: *Che desde la memoria.* Ocean Sur, 2004, pp. 240-242.

34. Hoy Kinshasa.

35. Se ha respetado la mayúscula que aparece en el original de Che.

36. Se refiere a la conferencia del CNL efectuada entre fines de mayo y principios de abril de 1965, en la cual quedó constituido el Consejo Supremo de la Revolución.

37. Hermano del comandante Camilo Cienfuegos. Fue ministro de Obras Públicas del Gobierno Revolucionario cubano y presidente de la Comisión de Relaciones Exteriores del primer Comité Central del PCC —integrada por Raúl Roa, ministro de Relaciones Exteriores, y el comandante Manuel Piñeiro Losada, quien luego del triunfo de la Revolución ocupó diversos cargos. Con posterioridad, Osmany Cienfuegos ocupó la responsabilidad de secretario general de la Organización de Solidaridad con los Pueblos de Asia, África y América Latina (OSPAAAL).

38. Este momento, particularmente doloroso para Che, fue reflejado en un relato testimonial, titulado *La piedra,* de honda sensibilidad y valor literario, en el cual se muestra, en toda la profundidad de sus sentimientos, el ser infinitamente humano que fue. Publicado en: *Che desde la memoria.* Ocean Press, Melbourne, 2004, pp. 236-239.

39. Para Che, una característica del núcleo guerrillero, es que en cierta forma garantiza que el poder político revolucionario permanezca indemne, al encontrarse el mismo relativamente a salvo de las contingencias de la guerra; eso sí, aclara, «siempre considerando que está *relativamente a salvo, pero no fuera de la guerra, ni la dirige desde otro país o desde lugares distantes; está dentro de su pueblo, luchando».* Esta importante aclaración, resaltada por el propio Che en su artículo «Cuba: ¿excepción histórica o vanguardia en la lucha anticolonialista?» —publicado el 9 de abril de 1961 (Incluido en: *Che Guevara presente. Una antología mínima,* ed. cit., pp. 137-150)—, resulta esencial en su comprensión del lugar de la vanguardia revolucionaria, de su función de ejemplaridad, y de su imprescindible sacrificio e interrelación con el pueblo, en este caso, en la etapa de lucha armada. Precisamente, este será uno de los aspectos que se reitera en su análisis crítico del movimiento revolucionario congolés y sus líderes.

40. Primer Ministro de la República Popular China desde 1949, hasta su fallecimiento, en 1976. También ocupó el cargo de ministro de Asuntos Exteriores (1949-1958). Presidió la delegación china a la Conferencia de Bandung, en 1955.

41. Es, en realidad, la base de Kibamba o Base del Lago; aunque en el original aparece Kabimba, este resulta otro punto de la costa del lago, ubicado más al sur, y en el cual Che no estuvo durante su estancia en territorio congolés.

42. Sucede lo mismo que se aclara en la nota anterior: es la base de Kibamba.

43. El esquema mencionado no se encuentra en el original.

44. Los caídos en esta acción fueron: Wagner Moro Pérez (Kawawa), Norberto Pío Pichardo (Nne), Víctor M. Ballester (Thelathini) y Crisógenes Vinajera (Ansurune).

45. Partido Unido de la Revolución Socialista de Cuba (PURSC), hasta el 3 de octubre de 1965, en que se constituye en Partido Comunista de Cuba (PCC). Es en la presentación pública de su primer Comité Central, que Fidel se ve obligado —ante la ausencia inexplicable de Che entre sus miembros— a leer la carta de despedida de este.

46. Las ideas expresadas en el «Mensaje a los combatientes», resultan coherentes con las concepciones de Che sobre la lucha guerrillera, en su dimensión política, en tanto escenario del cambio individual y social por el cual se lucha; adelanto de la nueva sociedad y el hombre nuevo. En este caso, esa condición política, se ve aumentada por tratarse, además, de una experiencia signada por el ejercicio del internacionalismo, máxima expresión de la solidaridad entre los hombres. Che considera, por ello, las particularidades —sobre todo, los mayores sacrificios y la especial significación del ejemplo— que se agregan; de ahí la importancia que otorga a la actitud de los combatientes internacionalistas. «[...] este tipo de lucha nos da la oportunidad de convertirnos en revolucionarios, el escalón más alto de la especie humana, pero también nos permite graduarnos de hombres [...]», escribirá el 8 de agosto de 1967 en su diario de Bolivia.

47. Che aquí hace referencia a un refrán, utilizado en determinadas situaciones, cuando a una persona —por alguna razón— se le responsabiliza por actos que, en realidad, cometen la mayoría o todos los individuos.

48. Capitán Aldo Margolles, entonces viceministro del Interior de Cuba.

49. La importancia que Che concedía a la labor de divulgación informativa y de propaganda como parte de la lucha, se encuentra en correspondencia con su consideración de la misma en su doble condición político-militar; de ahí que considere este un punto en su concepción organizativa del frente guerrillero, tal como explica en el capítulo III de *La Guerra de guerrillas*. Esta labor tiene, a su juicio, una función múltiple: informativa, propagandística y educativa. Pero su particular significación, no se limita al momento de la lucha armada, sino que se mantiene —e incluso crece, y adquiere nuevas dimensiones— una vez se ha alcanzado el triunfo y se ha iniciado el camino en la construcción de la nueva sociedad socialista, dado que las campañas mediáticas contrarrevolucionarias serán uno de los ejes de la acción imperialista, como labor preparatoria de condiciones favorables en la opinión pública para justificar una agresión, tal como Che analizara en distintas oportunidades.

    Durante su participación en la Revolución Cubana, Che fue impulsor permanente de esta labor de divulgación y propaganda. En la etapa de lucha armada, fundó la emisora Radio Rebelde y el periódico *El Cubano Libre*; luego del triunfo revolucionario, también prestó particular importancia a esta cuestión, al promover la fundación de la revista *Verde Olivo* —en abril de 1959, como parte de las acciones del Departamento de Capacitación del Ejército Rebelde, del cual ocupó su jefatura, y en cuyas páginas ejerció el periodismo, bajo el pseudónimo de *El Francotirador*, el mismo que había utilizado en *El Cubano Libre*—; la agencia de noticias Prensa Latina —junto al periodista argentino Jorge Ricardo Masetti, en junio de 1959—, así como la revista *Nuestra industria*, en junio de 1963, mientras ocupaba la responsabilidad de ministro de Industrias del Gobierno Revolucionario.

50. El concepto de «verdad revolucionaria», en Che, se encuentra en total sintonía con el eje de la ética, central en todo su pensamiento y su práctica política. «Frente a la mentira reaccionaria, la verdad revolucionaria», será el lema inicial de todos sus comunicados al pueblo boliviano, durante la gesta guerrillera en ese país, y de los cuales solo el primero se publicaría en la prensa. En sus análisis sobre la labor de propaganda durante la lucha guerrillera, y en particular del especial papel que otorgaba a la radio —dadas las características del medio, y el momento histórico en que se desarrolló su práctica revolucionaria— como instrumento de la propaganda realizada desde dentro de la zona de la guerrilla, la cuestión de la verdad será uno de los puntos que considera esenciales. La verdad es, en palabras de Che, «el principio fundamental de la propaganda popular [...]; es preferible decir la verdad, pequeña en cuanto a dimensiones efectistas, que una gran mentira cargada de oropel».

51. José Ramón Machado Ventura. Ministro de Salud Pública de Cuba, 1960–1968. Su llegada y encuentro con Che se produjo el 4 de octubre de 1965.

52. El mapa mencionado no se encuentra en el original.

53. El croquis mencionado no se encuentra en el original.

54. Subrayado y resaltado en el original.

55. La ortografía correcta es: Kilombwe.

56. Todo parece indicar que Che emplea aquí el nombre falso del pasaporte, en lugar del verdadero nombre —Francisco Semanat Carrión— del soldado bautizado como Awirino en swahili.

57. Che emplea aquí el nombre falso, utilizado en su pasaporte, por Orlando Puente Mayeta, verdadero nombre del soldado conocido por Bahasa, como pseudónimo de guerra en swahili.

58. Che se refiere a la segunda sesión ordinaria de la asamblea de jefes de Estado y gobierno de la Organización de la Unidad Africana (OUA), efectuada entre el 21 y 25 de octubre de 1965 en Accra, capital de Ghana. Durante la reunión, Joseph Kasavubu, todavía presidente del Congo, anuncia que la rebelión en ese país ha llegado prácticamente a su fin, por lo que era posible prescindir del servicio de los mercenarios blancos, quienes podían ser enviados de regreso a sus respectivos países. Ante esa decisión, entendida como el punto final de la afrenta que significaba para un África independiente la presencia de estos mercenarios extranjeros, los países africanos consideraron que debían estar de acuerdo con terminar su apoyo a los rebeldes congoleses. Esta decisión quedó fijada en la «Declaración sobre el problema de la subversión», suscrita por los mandatarios participantes, en la cual se comprometían a no tolerar «ninguna subversión originada en nuestros países, contra otro Estado miembro de la Organización de la Unidad Africana», así como tampoco «el uso de nuestros territorios para ninguna actividad subversiva directa contra ningún Estado miembro».

59. La Primera Conferencia Tricontinental de Solidaridad con los Pueblos de Asia, África y América Latina, se realizó del 3 al 15 de enero de 1966 en La Habana,

con la participación de más de 500 delegados. Como resultado de la misma, fueron creadas la Organización de Solidaridad con los Pueblos de Asia, África y América Latina (OSPAAAL), y la Organización Latinoamericana de Solidaridad (OLAS) —constituida el día 16—. La Conferencia Tricontinental, y las organizaciones resultantes del encuentro, significaron un importante momento en los esfuerzos por la coordinación, la unidad y la solidaridad de las luchas de los pueblos del Tercer Mundo contra el colonialismo, el neocolonialismo y el imperialismo. Es la culminación —en su forma institucional— de un proceso de reconocimiento y unión entre los pueblos que han compartido históricamente la posición del dominado en el concierto mundial, en respuesta a un propósito explícito de mantenerlos divididos y en el desconocimiento mutuo. El análisis de tal cuestión, parte y fundamento de esa estrategia de dominio, atraviesa el ideario y la práctica de Che, quien dedicara sus esfuerzos, desde el escenario de la Revolución Cubana, a impulsar ese proceso unitario de las fuerzas revolucionarias del mundo. Desde su artículo «América desde el balcón afroasiático» (publicado en la revista *Humanismo*, de septiembre-octubre de 1959), hasta su «Crear dos, tres, muchos Vietnam... esa es la consigna» —publicado en abril de 1967 (incluido en *Che Guevara presente. Una antología mínima*, ed. cit., pp. 367-379)—, estos conceptos y tesis tercermundistas de Che sobre la necesidad de romper ese aislamiento y articular las luchas, como parte de una estrategia mundial de liberación, se desarrollan y profundizan, a la par de su madurez intelectual, experiencia práctica y conocimiento de la realidad de los pueblos de los tres continentes.

60. Otra versión del listado, plantea que el grupo de rescate estaba conformado por Siki, Ishirini, Abdallah, Achali, Alau y Wasiri. En total, en el momento de la partida, quedaban en el Congo cuatro combatientes: Awirino, Nyenyea, Chapua y Suleman. Los tres últimos fueron rescatados por el grupo que quedó en Kigoma; el primero quedó definitivamente desaparecido.

61. No ha sido posible identificar el verdadero nombre de este combatiente. Pudiera tratarse de un error de mecanografiado en el original.

62. Esta resulta, con las limitaciones que él mismo reconoce, una valoración general de algunos de los combatientes de la guerrilla congolesa que ofrece Che, además de los criterios que, puntual e individualmente, se encuentran a lo largo del texto, como habrá apreciado el lector. También hay, en distintos momentos, evaluaciones de su propia acción, la cual sistematiza —como muestra del ejercicio de la autocrítica que lo caracterizara— en el «Epílogo» de estos *Pasajes...*

63. Estos juicios se corresponden con la conceptualización guevariana de la lucha revolucionaria en una doble dimensión militar y política, y no únicamente desde la primera, como han pretendido presentarla algunos análisis reduccionistas del pensamiento de Che. De igual forma, los criterios expresados sobre este cargo de Comisario Político y quienes lo ejercen, resultan coherentes con el ineludible valor del ejemplo y la ética que debe caracterizar a los sujetos de la vanguardia revolucionaria, en tanto motivador de la acción, creador de conciencia y muestra de la posibilidad del cambio, en su interacción con el pueblo. Para una síntesis de tales ideas, véase su conocido ensayo «El socialismo y el hombre en Cuba», incluido en *Che Guevara presente. Una antología mínima*, ed. cit., pp. 224-239.

64. En sus lecturas —desde la estancia congolesa, hasta la guerrilla boliviana—,

junto a la literatura cubana y universal, así como a textos sobre historia y política —tanto generales como específicos sobre los dos escenarios nacionales en los cuales se desarrollaron estas dos experiencias guerrilleras—, se destacan títulos de filosofía, en una línea de continuidad que remite a sus *Cuadernos filosóficos* de juventud, que incluye desde los clásicos hasta abundantes lecturas filosóficas marxistas. Ese estudio consciente y crítico de la filosofía, era considerado por Che parte indispensable de la cultura tanto de la vanguardia, como del pueblo en general, pero siempre con la condición de estar alejada de todo dogmatismo, acomodamiento o seguidismo ideológico, tal como expresa en una carta a Armando Hart, entonces secretario de Organización del Comité Central del PCC, fechada el 4 de diciembre de 1965.

Este estudio profundo y sistemático de la filosofía, lo realiza a partir de un programa, establecido siguiendo un ordenamiento histórico y temático, desde los clásicos filosóficos, pasando por los grandes dialécticos y materialistas, hasta los filósofos modernos; además, incluía a los clásicos del pensamiento económico, Marx y el pensamiento marxista, los temas de la transición socialista y, finalmente, dos puntos que confirman su madurez intelectual y política: los pensadores heterodoxos y capitalistas, y las polémicas, que consideraba imprescindibles, pues, como apunta, los avances en el pensamiento marxista tienen su fundamento precisamente en la polémica. Véase, al respecto, la mencionada misiva, en la cual explica en detalles este plan de estudios filosóficos, publicada en: *Che desde la memoria*, ed. cit., pp. 212-213.

65. Un análisis de las distintas contradicciones, en sus expresiones fundamentales, que a su juicio caracterizaban entonces la etapa histórica, se encuentra en sus discursos en Ginebra —25 de marzo de 1964— y en la Asamblea General de la ONU —11 de diciembre de 1964—. Estas contradicciones, cuyo análisis consideraba debía realizarse tanto en términos políticos como económicos, resultaban: la existente entre países socialistas y países capitalistas; aquella que tiene lugar entre los distintos países capitalistas desarrollados, y la contradicción entre el campo de los países explotados y los países explotadores. En el caso de esta última, tal como había apuntado en sus palabras durante el Segundo Seminario Económico de Solidaridad Afroasiático de Argelia, contemplaba tanto la lucha contra el imperialismo, en sus formas coloniales y/o neocoloniales, como contra el atraso y la pobreza que resulta de su dominación, pues «ambas son etapas de un mismo camino que conduce a la creación de una sociedad nueva, rica y justa a la vez»; es decir, la sociedad socialista. Véase *Che Guevara presente. Una antología mínima*, ed. cit.

66. América Latina es uno de los ejes centrales en todo el pensamiento y la acción revolucionaria de Che, desde sus viajes de juventud, que marcan el inicio de un proceso de comprensión de la realidad del continente, en el que se entrelazan la vivencia y la búsqueda de respuestas históricas y teóricas ante el panorama de la región. A los análisis iniciales del joven Ernesto, siguen el examen riguroso, profundo y complejo, desde un fundamento marxista, de Che, el revolucionario y dirigente de dimensiones mundiales; latinoamericanismo y antiimperialismo, van indisolublemente unidos en el análisis guevariano de Nuestra América. Desde su experiencia de la Revolución Cubana, Che comienza a diseñar un proyecto de cambio para América Latina, con un horizonte de libertad, justicia social y verdadero desarrollo, frente al histórico propósito de dominación regional de Estados Unidos.

El análisis de la realidad del continente, signada por las consecuencias económicas, sociales y políticas de siglos de colonialismo primero y dependencia neocolonial luego, lleva a Che a considerarlo como el más avanzado del Tercer Mundo y a la vez el más contradictorio, llamado a ser la vanguardia —como parte de una estrategia de resistencia y lucha mundial— en el enfrentamiento al imperialismo, sustentada en la unidad e integración verdaderas. Para una sistematización del pensamiento de Che sobre América Latina, desde sus textos de juventud hasta sus análisis de madurez, véase: *América Latina. Despertar de un continente*, Ocean Press, México, 2007.

67. Estas ideas resultan síntesis de las teorizaciones que realizara Che sobre este método de lucha, las cuales se pueden encontrar en los artículos y el libro escritos por él sobre este tema, ya mencionados en notas anteriores.

68. Teniendo en cuenta las particularidades de cada uno de los continentes explotados —Asia, África y América Latina— Che analiza el lugar a ocupar por cada uno de sus pueblos como parte de la imprescindible estrategia de enfrentamiento global al colonialismo y al neocolonialismo, cuyo fundamento y condición de posibilidad resulta la unidad y la solidaridad, a través del ejercicio del internacionalismo. Véanse los ya referidos discurso de Argelia y su «Mensaje a la Tricontinental», ambos incluidos en *Che Guevara presente. Una antología mínima*, ed. cit.

69. Los grados militares que se consignan en este listado corresponden a los alcanzados por los combatientes por su desempeño en las Fuerzas Armadas Revolucionarias de Cuba, pues al elaborar el listado, el propio Che no atribuye grado alguno a los hombres bajo su mando.

ÍNDICE DE NOMBRES